Elke Wagner
Intimisierte Öffentlichkeiten

Sozialtheorie

Elke Wagner (Dr. phil.), geb. 1975, lehrt Soziologie mit dem Schwerpunkt der medialen Transformation von Öffentlichkeit und Privatheit an der Universität Würzburg. Sie promovierte an der Ludwig-Maximilians-Universität in München und war an der Johannes Gutenberg-Universität in Mainz als Juniorprofessorin tätig.

Elke Wagner

Intimisierte Öffentlichkeiten

Pöbeleien, Shitstorms und Emotionen auf Facebook

[transcript]

Bibliografische Information der Deutschen Nationalbibliothek
Die Deutsche Nationalbibliothek verzeichnet diese Publikation in der Deutschen Nationalbibliografie; detaillierte bibliografische Daten sind im Internet über http://dnb.d-nb.de abrufbar.

transcript Verlag | Hermannstraße 26 | D-33602 Bielefeld | live@transcript-verlag.de

Umschlaggestaltung: Kordula Röckenhaus, Bielefeld
Umschlagabbildung: pingebat / fotolia.com
Korrektorat: Janina (Jenso) Scheer, Berlin
Satz: Michael Rauscher, Bielefeld
Druck: Majuskel Medienproduktion GmbH, Wetzlar
Print-ISBN 978-3-8376-4026-7
PDF-ISBN 978-3-8394-4026-1
https://doi.org/10.14361/9783839440261

Gedruckt auf alterungsbeständigem Papier mit chlorfrei gebleichtem Zellstoff.
Besuchen Sie uns im Internet: *https://www.transcript-verlag.de*
Bitte fordern Sie unser Gesamtverzeichnis und andere Broschüren an unter: *info@transcript-verlag.de*

Inhalt

I. Einleitung ... 7

1. Ein praxeologischer Medienbegriff: Becoming Media ... 10
2. Medien, Öffentlichkeit und Privatheit ... 15

II. Schreibpraktiken 2.0 ... 19

1. Mediendebatten zum Web 2.0 ... 19
   - 1.1 Unsichtbare Medien? ... 22
   - 1.2 Historische Mediendebatten ... 26
   - 1.3 Funktionale Unbestimmtheit von Medien ... 29
2. Internetforschung als Methode und Befund ... 35
   - 2.1 Uneigentliche Räume: der differente Ort des Beobachters ... 36
   - 2.2 Unterschiedliche Zeitlichkeiten und dauerhafte Veränderung ... 40
   - 2.3 Körperlose Sprecher und die Unzugänglichkeit von Bewusstseinen ... 42
   - 2.4 Datengrundlage ... 44

III. Die Öffentlichkeit des Privaten ... 47

1. Privatheit in der vernetzten Öffentlichkeit ... 47
   - 1.1 Netzwerke affizieren Netzwerke ... 49
   - 1.2 Überraschte Autorschaften ... 52
   - 1.3 Überraschende Öffnungen: Peinlichkeiten und Fremdschämen ... 55
2. Transformationen ... 67
   - 2.1 Unbestimmte Sprecher: the ever changing profile picture ... 67
   - 2.2 Emoticons und Nicht-Wörter: die fremden Heiligen des Web 2.0 ... 74
   - 2.3 Gute Kopien ... 78
   - 2.4 Listen ... 102
   - 2.5 Zusammenfassung ... 111

IV. Die Privatheit des Öffentlichen ... 113
1. Black Boxing: Das Ausblenden ungeliebter Netzwerkkontakte ... 114
2. Technische Beobachter: Algorithmen ... 118
3. On doing Hate Speech ... 123
3.1 Reiterationen ... 125
3.2 Definitionsprobleme: Was ist Hass auf Facebook? ... 128
3.3 Kulturen des Hasses ... 134
3.4 Entscheidungsprozesse: Was tun gegen den Hass? ... 138
4. Rückblicke ... 142
4.1 Tönnies: Öffentlichkeit und das Differenzverhältnis von Gemeinschaft und Gesellschaft ... 143
4.2 Habermas: Öffentlichkeit als universalisierbare Argumentationsgemeinschaft ... 146
4.3 Laclau und Mouffe: Die Dekonstruktion von Gemeinschaft und Gesellschaft – Diskursöffentlichkeit und die Unmöglichkeit des Sozialen ... 147
4.4 Der Internet-Diskurs der 90er Jahre: Zwischen Community, Netzwerk und Schwarm ... 148
4.5 Social Network Sites als Öffentlichkeit? Zwischen personalisierten *Mini-Publics* und technisch-vermarkteten Diskursen ... 157
5. Intimisierte Öffentlichkeiten ... 166
5.1 Die zunehmende Überlagerung von Öffentlichkeit mit privaten Praktiken ... 166
5.2 Die Technisierung von Publika im Web 2.0 ... 168
5.3 Die ökonomischen Strukturen von Diskursen im Netz ... 169
5.4 Die Bedeutung von Affekten ... 171

V. Schluss: Digitale Publika – zwischen Abschottung und Vernetzung ... 175

Literatur ... 179

I. Einleitung

> »Los geht's. Mittwoch, 4.2.98, Sonnentag, Berlin. Anruf von Herrn Häberlen. Ich soll jetzt mal mit Texten rüberkommen.«
> *Rainald Goetz, Abfall für Alle*

Mit diesen Worten hat Rainald Goetz vor inzwischen über zwanzig Jahren seinen Beitrag zum Internet begonnen. Seit dieser Zeit hat sich das Internet merklich gewandelt. Die ehemals euphorischen Eindrücke haben sich verdüstert. Shitstorms, Pöbeleien und Emotionen im Netz haben die Hoffnung auf einen demokratischen Diskurs durch mehr Partizipation in weiten Teilen abgelöst. Sichtbar wird stattdessen die algorithmische Steuerung von Diskursen zu Marketingzwecken, Wahlbeeinflussung und die Verbreitung von Hass durch Fake News im Netz.

Die neueren medialen Aufschreibesysteme im Netz haben zu einer Polarisierung von Öffentlichkeiten beigetragen. Der Tweet der ZDF-Journalistin Nicole Diekmann vom 01. Januar 2019 (»#Nazis raus«) hatte etwa zunächst einen Shitstorm, daraufhin wiederum einen Candystorm – also eine Welle der Solidarität – zur Folge. Die Polarisierung von Diskursen geht inzwischen so weit, dass sie einstige Teilnehmer derart entmutigt, dass sie sich von Sozialen Netzwerken öffentlichkeitswirksam wieder abmelden. Der Grünen-Vorsitzende Robert Habeck hat etwa im Januar 2019 seine Mitgliedschaft auf Twitter und Facebook aufgekündigt, mit der Begründung, dass Twitter ein aggressives Medium sei, was sich wiederum auf den politischen Diskurs auswirke. Auf seinem Blog schreibt Habeck:

> »Twitter ist, wie kein anderes digitales Medium so aggressiv und in keinem anderen Medium gibt es so viel Hass, Böswilligkeit und Hetze. Offenbar triggert Twitter in mir etwas an: aggressiver, lauter, polemischer und zugespitz-

> ter zu sein – und das alles in einer Schnelligkeit, die es schwer macht, dem Nachdenken Raum zu lassen. Offenbar bin ich nicht immun dagegen.« (Habeck 2019)

Begleitet werden diese Tendenzen von Falschmeldungen im Netz, die sich einer großen Leserschaft erfreuen. So meldet das Internetmagazin Buzzfeed.com zum Ende des Jahres 2018 eine *trendlist* zu Fake News. Das Fazit: »Insgesamt konnten die acht erfolgreichsten Falschmeldungen fast 768.000 Facebook-Interaktionen generieren, im vergangenen Jahr waren es weniger als eine halbe Million.« (Buzzfeed 2018) Nur die Süddeutsche Zeitung habe im Jahr 2018 einen einzigen Artikel vorweisen können, der mehr Interaktionen auf Facebook erzeugte. »Keine andere der 50 meistgelesenen deutschen Nachrichtenseiten – nicht Bild, Spiegel, Focus, Welt oder Stern – hatten in diesem Jahr einen Artikel mit so vielen Interaktionen auf Facebook.« (Ebd.)

Neben dem Verweis auf Fake News im Netz, der hiermit möglichen Verbreitung von Hass und der möglichen Beeinflussung von Wahlentscheidungen durch propagandistisch-manipulierte Nachrichten wird in aktuellen Debatten über das Internet immer wieder auf einen weiteren Aspekt aufmerksam gemacht: die Macht der Algorithmen. So berichtet etwa die Süddeutsche Zeitung über den Fall einer Schwangeren, die nach einer Totgeburt weiterhin Werbung für Babyzubehör erhielt und kommt dabei zu dem Schluss:

> »Es ist die Geldmaschine im Herzen des Geschäftsmodells der Internet-Ökonomie. Wer bestimmte Begriffe sucht, bestimmte Links klickt, wird zum Beispiel von Facebook in Kategorien eingeteilt. Sie basieren auf den Interessen, die Facebook bei dem Nutzer vermutet. Dann verkauft Facebook die digitalen Werbeflächen im Facebook-Strom des Nutzers an Unternehmen, die zu diesen Interessen passende Produkte anbieten.« (Brühl 2018)

Ökonomisierung, Vermachtung und Überwachung lauten meistens die Stichworte, wenn man sich für aktuelle Debatten über das Internet interessiert. Hierbei werden wichtige datenschutzrechtliche und ökonomiekritische Diskurse geführt und Einwände vorgebracht. Das Netzwerkdurchsetzungsgesetz und die EU-Datenschutzgrundverordnung sind zwei Beispiele, wie versucht wird, auf diese Debatten mit politischen Lösungen zu reagieren. Was aus meiner Sicht an diesen Debatten indes fehlt bzw. zu kurz gekommen ist, ist die soziale Praxis der User und Userinnen selbst: Wie bewegen sich die Nutzer und Nutzerinnen im Netz angesichts solcher Gefährdungspotentiale des Digitalen? Die »Praktiken der Überwachten« (Stempfhuber/Wagner 2018) sollen deshalb in dem hier vorgelegten Beitrag in den Mittelpunkt der Aufmerksamkeit gerückt werden. Es geht bei dieser Perspektive nicht so sehr darum, eine emphatische Haltung der Cultural Studies zu wiederholen. Es geht also nicht darum, gegen die Macht der Internetkraken wie Google, Facebook und Co. die Praxis der Internetnutzer und -nutzerinnen zu feiern. Sichtbar werden soll aber, dass die medialen Affordanzen und Formatvorlagen der Internetunternehmen von den Nutzern und Nutzerinnen auch ausgefüllt und praktisch genutzt werden. Wie tun sie dies? Welche Formen von Praxis entstehen hierbei? Diese Fragestellung scheint mir in dem breit geführten Diskurs um das Web 2.0 und die dort auffindbaren Social Network Sites (SNS) zu wenig beleuchtet worden zu sein. Der Verweis auf Macht und Kontrolle scheint den Sozialwissenschaften nach wie vor leichter von der Hand zu gehen als jener auf die Praxis selbst. Dabei möchte diese Studie einen Begriffsvorschlag machen und in die Debatte einführen, nämlich jenen der *»intimisierten Öffentlichkeiten«* für die auf der Social Network Site Facebook sichtbar werdende Praxis. Ich möchte nun nicht dazu übergehen, diesen von mir vorgeschlagenen Begriff hier näher auszuflaggen – hierzu später mehr. Einige Stichpunkte seien indes erlaubt: Worum es mir bei diesem Begriffsvorschlag geht, ist der Hinweis, dass es sinnvoll sein könnte, Social Network Sites wie Facebook nicht allein als Communities, nicht allein als Netzwerk oder Schwarm zu fassen, sondern als Öffentlichkeiten. Es wird in der hier vorgelegten empirischen Analyse vor allen Dingen um die praktische Herstellung dessen gehen, was ich als *intimisierte Öffentlichkeiten* beschreiben möchte. In den Mittelpunkt der Aufmerksamkeit soll dabei die Frage rücken, wie Publika sich über – wie auch immer ökonomisierte oder vermachtete – mediale Formate organisieren und emergieren.

Dabei mag das hier untersuchte Sample vergleichsweise harmlos anmuten: private User und Userinnen der Social Network Site Facebook. Deren Nutzungspraktik wurde vor, während und nach dem Zeitraum von 2014 bis 2016 empirisch in den Blick genommen. Während des genannten Zeitraums wurde die Forschungspraxis durch ein von der Deutschen Forschungsgemeinschaft finanziertes Forschungsprojekt (»Öffentlichkeit und Privatheit im Web 2.0«; Stempfhuber/Wagner) finanziert. Die Befunde dieser Forschungsarbeit wurden in Teilen bereits andernorts publiziert. Die vorliegende Untersuchung hat zum Ziel, diese verstreuten Ergebnisse einmal zusammenzuführen und diskursiv aufeinander zu beziehen. Dabei haben mich folgende Personen und Institutionen besonders unterstützt, bei denen ich mich an dieser Stelle besonders bedanken möchte: bei Martin Stempfhuber, Niklas Barth und Dinah Wiestler für die langjährige und intensive Zusammenarbeit, bei Florian a. Betz für die Fotografien, die er diesem Band beigesteuert hat, bei Eltje Böttcher für die Übernahme des Lektorats, bei Herbert Kalthoff und Stefan Hirschauer für die Zusammenarbeit in meiner Zeit als Juniorprofessorin an der Universität Mainz, bei der Universität Würzburg für die jetzige Ermöglichung wissenschaftlicher Tätigkeit und nicht zuletzt bei der Deutschen Forschungsgemeinschaft für die teilweise Finanzierung der hier vorliegenden Forschungsarbeit.

1. Ein praxeologischer Medienbegriff: Becoming Media

Alltagstheoretische Perspektiven auf Medien verstehen diese als Massenmedien. Seitens kommunikationswissenschaftlicher Studien wird diese Perspektive gemeinhin unterstützt. Die Medientheorie der Kulturwissenschaft zeigt hierzu alternative Einsichten auf. Jenseits von dem Zugriff auf Medien als die Institution der Massenmedien lassen sich Medien an einer kulturwissenschaftlichen Tradition orientiert als Mittler begreifen, die eine Botschaft, einen Inhalt vermitteln und sich dabei in die Botschaft mehr (Kittler, McLuhan) oder minder (Krämer) stark selbst mit einschreiben. Medien können dabei sowohl symbolischen Charakter (Schrift, Zahl, Bild) als auch technischen Charakter (Fernseher, Telefon, Radio, Computer) annehmen. Von entscheidender Bedeutung für die Medientheorie der Kulturwissenschaft, aber auch für eine empirisch verfahrende Soziologie, ist der Gedanke, mit dem die frühe Medientheorie der *Toronto School* (Innis) einsetzt, nämlich: dass Medien generativ sind, also: sich so nachhaltig in soziale Praktiken einschreiben können, dass sie diese Praktiken transformieren und auf ein verändertes Niveau heben können. Medien kommt, der klassischen Medientheorie zufolge, damit eine die Gesellschaft verändernde Bedeutung zu. Was für die Explikation der dieser Argumentation zugrundeliegenden Fragestellung zunächst von Interesse ist, ist exakt diese Annahme, dass Medien soziale Praktiken beeinflussen und diese ändern können, wenn sie sich ändern. Wenn Marshall McLuhan davon ausgeht, dass das Medium die Botschaft ist – was bedeutet dies empirisch für eine Soziologie der Öffentlichkeit und der Privatheit? Inwiefern spielen veränderte mediale Bedingungen eine Rolle für die Artikulation und Performativität von Praktiken? Umstritten ist in Bezug auf Medien genau dies: inwiefern sie in der Lage sind, soziale Praktiken zu verändern. Welche Bedeutung kommt den Medien tatsächlich für die Generativität des Sozialen zu?

Die frühe Medientheorie der Kulturwissenschaft geht von der relativ starken Annahme aus, dass Medien soziale Ordnung transformieren können. Harold A. Innis, der als Begründer der Medientheorie gelten kann, schreibt etwa: »Wir können wohl davon ausgehen, dass der Gebrauch eines bestimmten Kommunikationsmediums über einen langen Zeitraum hinweg in gewisser Weise die Gestalt des zu übermittelnden Wissens prägt.« (Innis 1950/1997, S. 96) Innis' These von der Prägekraft des Mediums bietet den Ausgangspunkt für unterschiedliche medientheoretische Ansätze, die die Generativität des Mediums auf verschiedene Weise fassen. Einer der prominentesten Anschlüsse an Innis findet sich in der These Marshall McLuhans: »The medium is the message.« (McLuhan 1964, S. 19) McLuhan schlägt hiermit Unterschiedliches vor. Zunächst richtet sich seine Aussage gegen eine in der Hermeneutik der Literaturwissenschaft verortete Tradition der Textanalyse, die die Form der Texte nicht miteinbezieht. Gleichzeitig zielt McLuhans These darauf ab, Medien als Generator für soziale Wandlungsprozesse einzuführen. Zunächst fasst McLuhan Medien relativ schlicht als Verlängerungen menschlicher Organe, als Prothesen, die neuartige Verhaltensweisen ermöglichen. »Alle Medien sind Erweiterungen bestimmter menschlicher Anlagen – seien sie psychisch oder physisch.« (McLuhan, 1969 S. 26) Auf diese Art wirken Medien in zwei Richtungen: Einerseits dienen sie der Ausweitung menschlicher Handlungsmöglichkeiten. Andererseits wirken sie als solche auf die Verhaltensweisen von Menschen zurück. Diese Rückwirkungsprozesse führen wiederum zu einer Transformation von Verhaltensweisen. Auf diese Weise können sich nicht nur einzelne Handlungen, sondern schließlich ganze Gesellschaftsordnungen ändern. McLuhan hat dies dann in seinen großangelegten Thesen von der Buchdruckgesellschaft und dem globalen Dorf näher ausgeführt.

Auch wenn sich Friedrich Kittler in seiner Medientheorie gegen Marshall McLuhans These sperrt, dass im Mittelpunkt medialer Transformationsprozesse immer noch der Mensch als Subjekt stehe, greift er auf die medientheoretische Tradition der Generativität von Medien zurück. »Medien bestimmen unsere Lage«, erklärt Kittler (1986, S. 3) und formuliert damit jene These, die als *mediales Apriori* in die Medientheorie eingezogen ist. Worauf Kittler abzielt, ist einerseits ein Anschluss an die Tradition der frühen Medientheorie: Medien transformieren soziale Ordnungsverhältnisse. Gleichzeitig geht Kittler über die von Innis begründete Tradition hinaus. Für Kittler steht nicht mehr länger das Subjekt im Mittelpunkt von medialen Transformationsprozessen. Vielmehr wird die Idee des Subjekts durch mediale Aufschreibesysteme mit hervorgebracht. Ein Aufschreibesystem gilt für Kittler als »das Netzwerk von Techniken und Institutionen, die einer gegebenen Kultur die Adressierung, Speicherung und Verarbeitung relevanter Daten erlauben« (Kittler 1985/2003, S. 501). Ähnlich wie Michel Foucault in *Die Ordnung der Dinge* (1966/1971)[1] geht Kittler davon aus, dass sich Aufschreibesysteme im Sinne von Diskursordnungen ändern können.[2] Die mit jedem Aufschreibesystem einhergehenden Selbstbeschreibungen verändern sich abhängig von den medial vermittelten Speichermodi. Entsprechend muss Kittler McLuhans Medientheorie als zu kurz gegriffen erscheinen:

> »Methodisch heikel ist die [...] unbefragte Grundannahme, dass natürlich der Mensch das Subjekt aller Medien sei. Denn wenn man, wie es hier versucht wird, die Entwicklung eines medialen Teilsystems in aller historischer Breite analysiert, drängt sich gerade der umgekehrte Verdacht auf, dass technische Innovationen [...] nur aufeinander Bezug nehmen oder antworten und dass gerade aus dieser Eigenentwicklung, die vom individuellen oder gar kollektiven Körper des Menschen völlig abgekoppelt läuft, dann der überwältigende Impact auf Sinne und Organe überhaupt resultiert.« (Kittler 2002, S. 23)

Eben gegen jene starke Zuspitzung der Wirkungskraft von Medien wendet sich Sybille Krämer mit ihrer These vom Medium als Mittler, das solchermaßen immer auch ein Außerhalb erlaubt: »Was immer ein Medium ist: Seine Mittel- und Mittlerstellung ist grundlegend. Medien sind nicht autonom. [...] Es gibt immer ein Außerhalb von Medien.« (Krämer 2008, S. 31) Krämer dis-

1 »Die Ordnung, auf deren Hintergrund wir denken, hat nicht die gleiche Seinsweise wie die der Klassik. Wir haben vergeblich den Eindruck einer fast ununterbrochenen Bewegung der europäischen Ratio seit der Renaissance bis zu unseren Tagen.« (Foucault 1966/1971, S. 25)

2 »Es gibt Zäsuren, die ganze Aufschreibesysteme mit einem Schlag vergessen machen.« (Kittler 1985/2003, S. 215)

tanziert sich mit ihrer Medientheorie von der starken Annahme einer Generativität des Mediums im Sinne eines medialen Apriori. Wofür sie argumentiert, ist ein ganz anderer Aspekt von Medien, nämlich: deren Möglichkeit, sich im praktischen Vollzug unsichtbar zu machen. »Indem Medien etwas zum Vorschein bringen, treten sie selbst dabei zurück; Medien vergegenwärtigen, indem sie selbst dabei unsichtbar bleiben; selbst zur Geltung kommen sie umgekehrt nur im Rauschen, also in der Dysfunktion und Störung.« (Ebd. S. 27) Dies ist wiederum ein Aspekt, der aus der *Actor-Network-Theory* bekannt ist. Für Bruno Latour sind Objekte als Aktanten keine gegebene Materie per se, sondern vielmehr das Resultat von netzwerkartig hergestellten Einschreibeprozessen. Ihre Leistungen, ihre Vermittlungstätigkeit, wird zumeist erst in der Störung sichtbar – also dann, wenn Praxisabläufe durch Dysfunktion gestört sind. Im herkömmlichen praktischen Vollzug bleiben Objekte unsichtbar, wie Latour am Beispiel der Bodenschwelle diskutiert hat:

> »Die Bodenschwelle ist letztlich nicht aus Materie gemacht; sie ist voller Ingenieure, Rektoren und Gesetzgeber, die ihr Wollen und ihre Erzählungen mit denen von Kies, Beton, Farbe und Standardberechnungen mischen. Die Vermittlung, die technische Übersetzung, die ich zu verstehen versuche, ruht auf dem blinden Fleck, wo Gesellschaft und ihre Materie ihre Eigenschaften austauschen.« (Latour 2006, S. 497)

Auch Krämer und die Akteur-Netzwerk-Theorie nehmen eine Veränderung von sozialer Ordnung durch Medien an. Für Krämer schreiben sich Medien im Sinne von Spuren in Handlungszusammenhänge ein. Und für die Akteur-Netzwerk-Theorie sind es die Vermitteltheiten von Akteur-Aktanten, über die sich Netzwerke permanent am Laufen halten und transformieren können. »Alles spielt sich in der Mitte ab, alles passiert zwischen den [...] Polen, alles geschieht durch Vermittlung, Übersetzung und Netze [...].« (Latour 1995, S. 54) Man kann hier die Akteur-Netzwerk-Theorie also anschlussfähig machen für eine medientheoretische Lesart. Sowohl im Falle der medientheoretischen Ausführungen von Sybille Krämer als auch in den hierfür anschlussfähigen Beiträgen der Akteur-Netzwerk-Theorie wird die starke These der frühen Medientheorie und jene Kittler'scher Provenienz indes relativiert: Medien können zwar zur Transformation von Ordnungsprozessen beitragen – hierin besteht indes kein Automatismus.

Eine ähnlich vorsichtige Herangehensweise an die Annahme einer medienerzeugten Generativität findet sich in den Arbeiten von Niklas Luhmann. Seine Medientheorie geht von drei unterschiedlichen Medientypen aus, nämlich Medien als lose gekoppelte Elemente, die nur über Formen sichtbar werden können (1), Medien als symbolisch generalisierte Kommunikationsmedien, die für Plausibilitäten in kommunikativen Praktiken sorgen (2) und schließlich Medien als Verbreitungsmedien (3), worunter Sprache, Schrift und die Massenmedien fallen. Einerseits spielen Medien für Luhmanns Gesellschaftstheorie eine konstitutive Rolle. »Kommunikationssysteme konstituieren sich selbst mit Hilfe einer Unterscheidung von Medium und Form.« (Luhmann 1997, S. 195) Andererseits sind es relativ lose Bestimmungen, die Luhmann Medien attestiert. So spricht Luhmann etwa von bloßen Markierungen, die Medien sozialer Ordnung hinzufügen können:

> »Die Hauptphasen der gesellschaftlichen Evolution, die ich als archaische Gesellschaften – Hochkulturen – Weltgesellschaft bezeichnet hatte, sind markiert durch Veränderungen in den jeweils dominierenden Kommunikationsweisen. [...] und man kann sagen, daß komplexere Gesellschaftssysteme, wie immer sie entwicklungsmäßig erreicht wurden, nicht ohne neuartige Formen der Kommunikation integriert und erhalten werden.« (Ebd. S. 357)

Wie vorsichtig Luhmann in der Fassung von Medien verfährt, zeigt sich auch in seiner Unterscheidung von Medium und Form. Medien funktionieren deshalb in unterschiedlichsten Bereichen als Mittler von Kommunikationspraktiken, weil sie so unterbestimmt sind, dass sie überall funktionieren können. »Ein Medium besteht in lose gekoppelten Elementen, eine Form fügt dieselben Elemente dagegen zu strikter Kopplung zusammen.« (Ebd. S. 198) Was sich an diesen jüngeren Anschlüssen an die klassische medientheoretische These von der Generativität des Mediums lernen lässt, ist zunächst, dass es keinen Automatismus festzustellen gibt zwischen der Einführung eines (neuen) Mediums und der Transformation sozialer Ordnung. »So wenig man von den ›harten‹ Konditionen, denen semantische Prozeduren gehorchen, absehen darf, so wenig besteht andererseits ein schlichtes Apriori der Technik, der medialen Präformation und des Signifikanten.« (Koschorke 1999, S. 11) Medien können, müssen aber nicht für Transformationsprozesse sorgen. Es ist vielmehr eine empirische Frage, ob sie dies tun oder nicht. Genau hierin liegt der genuine Beitrag einer medien*soziologischen* Perspektive:

die empirische Erforschung der Wirkweise von Medien in konkreten sozialen Praktiken. Joseph Vogl spricht in diesem Zusammenhang von der Praxis des *Becoming Media* (Vogl 2008) und von *media events*: »These are events in a particular, double sense: the events are communicated through media, but the very act of communication simultaneously communicates the specific event-character of media *themselves*.« (Ebd. S. 16) In der empirischen Beforschung von Medien und ihrer sozialen Wirksamkeit kommt es entsprechend darauf an, sich den konkreten Zugriff auf Medien zu vergegenwärtigen: Was wird überhaupt zu einem Medium erklärt? Welche Wirkweise wird ihm zugeschrieben? Worin zeigt sich diese Wirkweise in konkreten sozialen Praktiken? Eben diese Zugangsweise soll in der folgenden Analyse im Hinblick auf mögliche mediale Transformationsprozesse des Verhältnisses von Öffentlichkeit und Privatheit in den Blick genommen werden. Es ist ein praxeologischer Medienbegriff, der dieser Analyse zugrunde liegt.

2. Medien, Öffentlichkeit und Privatheit

Jürgen Habermas geht in der Entwicklung der Diskursethik davon aus, dass sich universalisierbare Werte einer allgemeinen Humanität aus den privaten Lesepraktiken der frühen bürgerlichen Gesellschaft entwickeln.

> »Einerseits wiederholt der sich einfühlende Leser die in der Literatur vorgezeichneten privaten Beziehungen; er erfüllt die fingierte Intimität aus der Erfahrung der realen, und erprobt sich an jener für diese. Andererseits ist die von Anfang an literarisch vermittelte Intimität, ist die literaturfähige Subjektivität tatsächlich zur Literatur eines breiten Lesepublikums geworden; die zum Publikum zusammentretenden Privatleute räsonieren auch öffentlich über das Gelesene und bringen es in den gemeinsam vorangetriebenen Prozeß der Aufklärung ein.« (Habermas 1963/1990, S. 115)

In Salons, Caféhäusern und Lesegesellschaften wird die private Leseerfahrung vor einem Publikum verhandelt. Hierdurch entwickelt sich eine Moral, die dann auch auf Begebenheiten außerhalb des Privaten übertragen werden kann. Es entsteht eine kritische Öffentlichkeit, die Begründungsfragen in Gestalt von argumentativen Diskursen verhandelt. Der Wahrheitswert dieser Begründungsfragen ist bei Habermas dann wiederum an das Medium der Sprache und die in ihr verankerten Geltungsansprüche strikt gekoppelt. Sprache wohnt das Telos der Verständigung inne.

Albrecht Koschorke hat wiederum in seiner Studie *Körperströme und Schriftverkehr* (1999) herausgearbeitet, wie die Herausbildung der bürgerlichen Empfindsamkeit und daran gebundene Moralvorstellungen an die Entwicklung der bürgerlichen Schriftkultur gekoppelt ist. »Der Wandel der Gefühlskultur ist symbiotisch mit der Durchsetzung einer bis dahin unerreichten Wirkungstiefe schriftkultureller Standards verknüpft.« (Ebd. S. 12) Alphabetisierung führt Koschorke zufolge zu einer Abkehr des Einzelnen von der guten Gesellschaft des Ancien Règime, sie führt zur Distanzierung von konkreten Interaktionssituationen. Die Orte des zurückgezogen Schreibenden stellen dann wiederum Praktiken der Selbstreflexion und der Erzeugung einer wahrhaftigen Innerlichkeit her, die sich vor einem Lesepublikum entfaltet.

> »Schriftverkehr entkleidet die Kommunikanten von ihren Eigentümlichkeiten lokaler und ständischer Art. Er unterdrückt sowohl die Idiome und setzt veränderte subjektive Kennzeichen ein, unter denen die Gesinnung die erste Stelle einnimmt. Auf diese Weise tritt das sinnliche Nahorientierungssystem außer Kraft, das bis dahin maßgeblich für die Erkennung und emotionale Festigung von Gruppenbindungen war.« (Ebd. S. 188)

Die literal herbeigeführte Anwesenheit von abwesenden Personen führt zur Ausbildung von Selbstreflexionen und Selbststilisierungen, die eine neuartige Form von Gefühlslage produzieren können. Es sind vor allen Dingen Briefwechsel, in denen sich Koschorke zufolge diese neue Form der bürgerlichen Gefühlslage herausbildet. Der in Briefwechseln sich abbildende Schriftverkehr produziert eine Nähe suggerierende Distanz und eine Sprache, die diese Distanzlosigkeit überwinden hilft. Er verhilft zu einer Verständigung, in der sich die Geister ungehindert durch körperliche Schranken des Äußerlichen treffen können. Was sich schriftlich ereignet, wirkt dann auch wieder auf die Interaktion unter Anwesenden zurück:

> »Die moralische Wirkung der Literalisation für die von ihr Betroffenen besteht darin, auch den ›Nahverkehr‹ an diese strukturell bedingte Erhöhung des Affektniveaus anzupassen, sich die Negation des Körpers und die Affirmation seiner Abwesenheit – als Seele – subjektiv zu übereignen. Sie stei-

> gert sich in dem Maß, in dem der Schreiber sich vorbehaltlos, mit offenem Herzen und strömender Seele, den Transformationen der Verschriftlichung überläßt.« (Ebd. S. 214)

Schließlich entsteht hieraus auch eine gemeinsame Moral des Bürgertums im Sinne einer universalen Idee des Humanen: Die literale Kommunikation stellt

> »das Abstraktionsvermögen bereit, aus dem gegliederten Sozialkörper der vormodernen Gesellschaft eine Idee der Menschheit zu destillieren. Es liegt in der Logik der Erfindung des Buchdrucks und der in ihrer Folge entstandenen schriftkulturellen Mentalität, daß sie egalitäre Visionen befördert.« (Ebd. S. 188)

Die vorliegende Argumentation möchte diese unterschiedlichen Strömungen zum Anlass nehmen, um nach dem Verhältnis von öffentlichen und privaten Transformationen durch die medialen Formate des Web 2.0 zu fragen. Während in der aktuellen Forschungslandschaft auf der einen Seite ein vermachtetes und durch die Formate des Web 2.0 entfremdetes Subjekt angenommen wird, dreht sich die Diskussion andererseits um veränderte öffentliche Praktiken durch das Web 2.0. Wie verhalten sich diese angenommenen Transformationen zueinander? *Inwiefern führt das Web 2.0 als Medium zu einer veränderten Form von Privatheit und Öffentlichkeit?*

II. Schreibpraktiken 2.0

Die folgenden Überlegungen und Analysen drehen sich just um jene Frage: Wie lässt sich das Verhältnis von Öffentlichkeit, Privatheit unter den spezifischen medialen Bedingungen des Web 2.0 ausbuchstabieren? Hierfür werde ich einen relativ weit angelegten Argumentationsbogen einschlagen: Zunächst werde ich den öffentlichen Diskurs um das Web 2.0 versuchen aufzugreifen und diesen im Sinne einer *Mediendebatte* zu diskutieren. Nach einer Darlegung des methodischen Feldzugangs werde ich in einem nachfolgenden Schritt (III und IV) dazu übergehen, die Schreibpraktiken im Web 2.0 zur Erzeugung von Privatheit und Öffentlichkeit näher in den Blick zu nehmen. Es geht mir hierbei grundsätzlich darum aufzuzeigen, wie sich über mediale Affordanzen im Web 2.0 eine typische Praxis der Herstellung von Privatheit und Öffentlichkeit plausibilisiert. Damit möchte ich nicht einem Mediendeterminus das Wort reden – genau das Gegenteil ist der Fall: es geht mir darum, die mediale Vermitteltheit und die daran anschließende Kommunikationspraxis *empirisch* in den Blick zu nehmen.

1. Mediendebatten zum Web 2.0[1]

Medien zeichnen sich durch eine eigentümliche Praxis aus. Einerseits wird Medien viel oder nahezu alles zugetraut: Sie sind in aller Munde, ihre Vorzüge und Nachteile werden etwa in Mediendebatten breit diskutiert. Medien, so lauten die einschlägigen Thesen, leiten nicht nur unsere Wahrnehmungssysteme an, sondern revolutionieren auch ganze Gesellschaftsordnungen. Medien sind deshalb »die Botschaft« (McLuhan 1964/2003, S. 19), weil *sie* – und nicht so sehr ihr Inhalt – zu Genese und Wandel unserer Ordnungs-

1 Die folgenden Ausführungen beruhen auf einer Erstpublikation: Wagner (2012).

vorstellungen beitragen und den Geschichtsverlauf mitbestimmen. Andererseits gelten Medien als diffus, schwer greifbar und – ähnlich einem Gespenst – als nahezu unsichtbar: Seitens der Medientheorie wird etwa attestiert, dass Medien lose gekoppelte Elemente seien, die nur über die sie tragenden Formen (Luhmann 1997) sichtbar werden können und sich im praktischen Vollzug unsichtbar machen (Krämer 2008). Der skandalträchtigen These McLuhans, dass es nicht der medial vermittelte Inhalt, sondern das Medium selbst sei, das zur Botschaft werde (McLuhan 1964/2003, S. 19), konnte vor allen Dingen deshalb Informationswert zuteilwerden, weil das Medium offenbar im praktischen Vollzug gar nicht sichtbar wird. So hält McLuhan trotz seines starken Medienbegriffs und seiner Annahme, dass Medien generativ sind, fest: »Das Medium ist verborgen, der Inhalt offensichtlich.« (McLuhan 1964/2003, S. 9) Das Medium tritt hinter den dargestellten Inhalt zurück, wenn es etwas zeigen möchte. »Im gelingenden Vollzug verschwindet das Medium«, formuliert entsprechend Sybille Krämer (2008, S. 37).

Die These von der Unsichtbarkeit des Mediums wirkt dann seltsam, wenn man sie vor dem Hintergrund von Mediendebatten betrachtet. In der Geschichte sind immer wieder Mediendebatten aufgetreten (Kümmel et al. 2004). Häufig wird die Etablierung neuer medialer Formate von einerseits euphorischen, andererseits pessimistischen Einschätzungen begleitet. Der Film wurde etwa in der Kinodebatte einerseits als »Kinoseuche« (Roland 1912, in Schweinitz 1992) abqualifiziert, andererseits als »die siebente Kunst« glorifiziert (Feyerabend 1994; siehe auch Welther 2000). Das Radio motivierte Bertolt Brecht zur Abfassung seiner utopisch aufgeladenen Radiotheorie, während andere Zeitgenossen es als die bürgerliche Persönlichkeit untergrabendes Medium begriffen. Das Fernsehen wurde von Neil Postman als zersetzendes Moment der Demokratie kritisiert, von den Cultural Studies hingegen als Medium der Emanzipation gefeiert. Und das Internet motiviert die einen dazu, das verheißungsvolle Zeitalter der Cyberdemokratie anbrechen zu sehen, während die anderen sich um online-süchtige Jugendliche und das Ende der Privatsphäre sorgen.

Abb. 1: Mediengeschichte. Foto: Florian a. Betz.

Anhand von Mediendebatten wird sichtbar, dass zumindest neue Medien auch im praktischen Vollzug doch nicht so unsichtbar sind, wie von der Medientheorie angenommen wird. Neue Medien konfrontieren Gesellschaften offenbar mit einem Sinnüberschuss, den sie erst langsam verarbeiten müssen. Bisherige Selbstverständlichkeiten werden durch (neue) Medien alternativ aufeinander bezogen und auf neuartige Weise sichtbar gemacht. Was durch (neue) Medien möglich wird, scheint deshalb oftmals wie ein Schock oder wie ein Befreiungsschlag zu wirken. Diese Reaktionen äußern sich dann in entweder kulturpessimistischen Debatten oder Medienutopien. Wie verhält sich diese soziale Praxis von Mediendebatten aber nun zur These der Medientheorie, dass Medien im praktischen Vollzug unsichtbar bleiben? Diese Frage soll im Weiteren diskutiert werden. Zunächst wird die These von der Unsichtbarkeit der Medien in der Medientheorie noch einmal genauer dargelegt. In einem weiteren Schritt wird anhand von Beispielen ausgewählter Mediendebatten gezeigt, inwiefern die These von der Unsichtbarkeit des Mediums zum Problem werden kann. Schließlich wird in einem dritten Schritt die medientheoretische These der Unsichtbarkeit des Mediums durch jene der Unbestimmtheit des Mediums ergänzt. *Es ist gerade die Unbestimmtheit des Mediums, die seinen Gebrauch ermöglicht und zu diversen Anschlüssen in Form von Mediendebatten führt.*

1.1 Unsichtbare Medien?

Überblickt man den Kanon der Medientheorie, so wird darin klassischerweise ein starker Medienbegriff formuliert. Als Mitbegründer der medientheoretischen Perspektive der kanadischen Toronto School, auf die sich schließlich auch McLuhan beziehen sollte, formulierte etwa Harold Innis in den vierziger Jahren des vorigen Jahrhunderts einen starken Medienbegriff – ich hatte dies einleitend bereits vorgestellt. Medien, so lässt sich die Einsicht der klassischen Medientheorie zusammenfassen, bedingen unsere Erfahrungen und Wahrnehmungsmöglichkeiten. Sie liegen allen sozialen Formen und Praktiken zugrunde. Und Medien bedingen der Medientheorie zufolge sogar den Geschichtsverlauf: Soziale Wandlungsprozesse lassen sich auf veränderte mediale Bedingungen zurückführen. Der Buchdruck erzeugt etwa eine spezifische Form von Autorschaft, über die sich die bürgerliche Gesellschaft herstellt. Der Computer produziert die Plausibilitäten einer Netzwerkgesellschaft.

Neben dem Hinweis auf die Stärke von Medien macht die Medientheorie auf einen weiteren Aspekt aufmerksam: Medien machen sich im praktischen Vollzug unsichtbar. Wenn wir Medien benutzen, nehmen wir in erster Linie ihren Inhalt – ihre Botschaft – wahr. Dass es Medien sind, die uns diese Botschaften vermitteln, tritt dabei in den Hintergrund. McLuhan spricht etwa von einem regelrecht narkotischen Zustand, in dem wir uns befinden, wenn wir Medien benutzen:

> »It is this continuous embrace of our own technology in daily use that puts us in the Narcissus role of subliminal awareness and numbness in relation to these images of ourselves. By continuously embracing technologies, we relate ourselves to them as servomechanisms. That is why we must, to use them at all, serve these objects, these extensions of ourselves, as gods or minor religions. An Indian is the servomechanism of his canoe, as the cowboy of his horse or the executive of his clock.« (McLuhan 1964, S. 68)

Und Sybille Krämer formuliert ähnlich, wenn sie auf die Unsichtbarkeit des Mediums verweist:

> »Wir hören nicht Luftschwingungen, sondern den Wasserkessel pfeifen; wir sehen keine Lichtwellen des Farbspektrums Gelb, sondern einen Kanarien-

> vogel; nicht eine CD, sondern Musik kommt zu Gehör; und die Kinoleinwand ›verschwindet‹, sobald der Film uns gepackt hat. Je reibungsloser Medien arbeiten und zu Diensten sind, umso mehr verharren sie unterhalb der Schwelle unserer Wahrnehmung.« (Krämer 2008, S. 27)

Wenn wir Medien überhaupt wahrnehmen, dann, so die These der Medientheorie, stets in Gestalt von Dysfunktion und Störung. Wenn der Computer abstürzt, wird der Schreibprozess an einem Buch unterbrochen und es wird sichtbar, dass man es mit medialen Übermittlungsprozessen und vor allen Dingen hier auch Speicherprozessen zu tun gehabt hat: »Indem Medien etwas zum Vorschein bringen, treten sie selbst dabei zurück; Medien vergegenwärtigen, indem sie selbst dabei unsichtbar bleiben; selbst zur Geltung kommen sie umgekehrt nur im Rauschen, also in der Dysfunktion und Störung.« (Ebd.)

Der Hinweis auf die Unsichtbarkeit des Mediums im praktischen Vollzug scheint einerseits plausibel zu sein. Andererseits vermittelt die Medientheorie mit dieser Position manchmal den Eindruck einer Arm-Chair-Perspektive, der allein es möglich ist, etwas über die Eigenschaft von Medien zu sagen. Tatsächlich tritt das Medium, zumindest als Form, im praktischen Vollzug öfter in Erscheinung als hier angenommen wird. In Zeiten von Medienpluralität sind wir beständig damit konfrontiert, entscheiden zu müssen, über welches Medium wir kommunizieren wollen und können: Beende ich eine Liebesbeziehung per SMS, per Skype oder per Interaktion unter Anwesenden mit dem Mittel der mündlich gesprochenen Sprache? Gleichzeitig macht aber gerade das Beispiel der immer wieder auftretenden Mediendebatten sichtbar, dass es offenbar wirklich Störungen und Dysfunktionen sind, die uns in Erinnerung rufen, dass wir es bei Kommunikationsversuchen mit Medien zu tun haben. Dirk Baecker nutzt diese Beobachtung für ein evolutionstheoretisches Argument. Er formuliert die Annahme,

> »dass die Einführung jedes neuen Kommunikationsmediums in die Gesellschaft [...] eine Katastrophe [...] auslöst, die darin besteht, dass die mit diesem Kommunikationsmedium einhergehenden kommunikativen Möglichkeiten die bisherigen Strukturen der Gesellschaft, die Muster ihrer Suche nach Anschlussereignissen, überfordern« (Baecker 2007a, S. 153).

Für Baecker führt die Einführung eines jeden neuen Verbreitungsmediums zu einem Schock. Das neue Verbreitungsmedium ermöglicht neue Sinn- und

Wahrnehmungsformen, die sich für die Gesellschaft zunächst als Zumutung darstellen. Entsprechend hatte McLuhan bereits formuliert:

> »Wer zum erstenmal [sic!] den Einbruch einer neuen Technik erlebt – handle es sich um das Alphabet oder das Radio –, reagiert auf äußerst lebhafte Weise, weil die neuen Sinnesverhältnisse, die von der technischen Erweiterung des Auges oder Ohres geschaffen werden, den Menschen vor eine überraschende neue Welt stellen, die eine nachhaltige ›Schließung‹ oder ein neuartiges Muster des Wechselspiels zwischen allen Sinnen hervorruft. Aber der anfängliche Schock nimmt allmählich ab, wenn sich die ganze Gemeinschaft dem neuen Wahrnehmungshabitus anpaßt und ihn tatsächlich auf allen Gebieten ihrer Arbeit und ihres Zusammenlebens absorbiert.« (McLuhan 1962/1995, S. 28)

Die Schockerfahrung, die sich durch die Einführung eines neuen Mediums einstellt, muss verarbeitet und normalisiert werden, um soziale Reproduktion zu ermöglichen. Baecker nimmt an, »dass es der Gesellschaft nur dann gelingt, sich zu reproduzieren, wenn sie auf das mit diesem dominierenden Verbreitungsmedium einhergehende Problem des Überschusssinns eine Antwort findet« (Baecker 2007a, S. 152). Mediendebatten sind dann ein Mittel, mit diesem Schock umzugehen und Problemlösungsmuster zu generieren.

Man kann in der Wirkweise von Mediendebatten eine Entsprechung zu den Effekten von Reinigungsritualen erkennen, wie sie Mary Douglas (1998) beschrieben hat. Öffentliche Debatten sind zwar keine Rituale. Sie tragen vielmehr zur Emanzipation von ritualisierten Formen des Handelns bei, weil sie genau darüber reflektieren, was sich im Ritual nur als symbolische Wiederholung zeigt. Doch immerhin scheinen sich aus dem Einsatz von aufgeklärten Öffentlichkeiten ähnliche Effekte ablesen zu lassen, wie diese durch den Einsatz von Ritualen gezeitigt wurden.[2] Mary Douglas geht davon aus, dass sich primitive Gesellschaften durch den Ausweis von Schmutz und Anomalien ihrer eigenen Ordnung versichern können. Durch Reinigungsrituale kann die gestörte Ordnung wiederhergestellt werden.

---

2 Luhmann spricht (zugegebenermaßen spöttisch) von Öffentlichkeiten im Sinne eines »Tanzes um das goldene Kalb ›blinder Fleck‹. Der Kult führt den Namen ›Kritik‹.« (Luhmann 2000, S. 314)

> »In jedem gegebenen Klassifikationssystem entstehen Anomalien, und jede gegebene Kultur muss Ereignissen entgegentreten, die sich ihren Annahmen zu widersetzen scheinen. Sie kann die Anomalien, die ihr Schema hervorbringt, nicht ignorieren, wenn sie nicht riskieren will, das in sie gesetzte Vertrauen zu verlieren. Darum [...] sind in jeder Kultur, die diese Bezeichnung verdient, verschiedene Verfahren für den Umgang mit zweideutigen oder anomalen Ereignissen vorgesehen.« (Douglas 1998, S. 82)

Diese Verfahren der Herstellung von Ordnung weichen in vormodernen Gesellschaften von jenen ab, die die moderne Gesellschaft etabliert. An die Stelle von religiös verorteten Reinigungsritualen treten Öffentlichkeiten und Debatten im Sinne von partizipativen Verfahren der Selbstverständigung und Entscheidungslegitimation. Diese verhandeln über Störungen, wie sie etwa durch den Einsatz neuer Medien entstehen können, im Sinne von Diskursen. Mediendebatten dienen dazu, die unterschiedlichen Perspektiven und Erfahrungen zu verarbeiten und einer gemeinsamen Ordnung zuzuführen.

> »Reinheits- und Unreinheitsrituale versuchen eine solche Einheit der Erfahrung zu schaffen. [...] Mit ihrer Hilfe werden symbolische Strukturen entwickelt und öffentlich dargestellt. Innerhalb dieser Strukturen werden ungleichartige Elemente in Beziehung zueinander gesetzt und wird ungleichartigen Erfahrungen eine Bedeutung verliehen.« (Ebd. S. 78)

Diese hier angenommene Analogie ist dabei den Einsichten einer funktionalen Analyse geschuldet, die nicht von einer direkten Übertragung von Strukturmechanismen ausgeht, sondern diese wiederum in ihrem unterschiedlichen Kontext und in ihrer unterschiedlichen Kontextur verortet und darüber vergleichbar macht. Während das Reinigungsritual der vormodernen Gesellschaft auf Exklusion setzte, reagiert die moderne Gesellschaft mit Inklusion. Der Effekt von Mediendebatten aber dürfte sich ähnlich entschlüsseln lassen wie jener des Rituals. Allein schon die Durchführung von Diskursen führt dazu, dass die neuartigen Medienerfahrungen besser verständlich werden. Zumindest lassen sich Schockerfahrungen hierüber sozialtherapeutisch verarbeiten.

Während Dirk Baecker nun quasi einen Automatismus anzunehmen scheint – jedes neue die Gesellschaft dominierende Verbreitungsmedium führe zu einer medialen Schockerfahrung –, soll im Weiteren ein empirischer

Blick auf Mediendebatten vorgeschlagen werden. Mediendebatten erweisen sich als soziologischer Forschungsgegenstand deshalb als interessant, weil hieran Wandlungsprozesse sichtbar werden können, die offenbar auf Medien zurückführbar sind. Gleichzeitig zeigt der empirische Blick, dass Mediendebatten sich nicht im Sinne eines Automatismus einstellen. Mediendebatten wiederholen sich in der Geschichte, verlaufen aber immer wieder spezifisch und anders als sich dies die Medientheorie vielleicht vorstellen mag. Mit Blick auf Mediendebatten wird zudem sichtbar, dass hierbei einerseits die Unsichtbarkeit des Mediums aufgebrochen wird: Medien werden nun als solche wahrnehmbar und erfahrbar, weil sie neu sind und neue Erfahrungshorizonte vermitteln können. Deshalb werden sie explizit zum Thema gemacht. Andererseits können Mediendebatten nur deshalb einerseits Utopien, andererseits Dystopien entwerfen, weil Medien offenbar unbestimmt genug sind, dass sie verschiedene Anschlussmöglichkeiten ermöglichen.

1.2 Historische Mediendebatten

Die Mediensoziologie kann die Thesen der Medientheorie aufnehmen und sie für eine empirische Frage anschlussfähig machen: Wie wird in Mediendebatten spezifisch auf die Einführung eines neuen Mediums reagiert? Welche bisherigen sozialen Erwartungsstrukturen werden irritiert? Für wen ist die neue Medienerfahrung ein Schock und für wen ein Befreiungsschlag? Die folgenden Ausführungen sollen hierzu einen ersten Versuch der Empirisierung der medientheoretischen Beiträge darstellen. Die soziale Irritation, die mit der Einführung des Buchdrucks einherging, bestand zunächst in der für die damalige Zeit nahezu unendlich anmutenden Verfügbarkeit von erhältlichem Wissen. Albrecht Koschorke beschreibt dies folgendermaßen:

> »Das alte System, das die Weitergabe des gesellschaftlichen Wissens im Wesentlichen an die persönliche Mitteilung knüpfte und den direkten Anschluss an das Imaginationspotential der Schrift dem Gelehrtenstand und einer kleinen kulturellen Elite vorbehielt, hat dem Druck der Entwicklungen nicht standgehalten. Es ist einer wachsenden Zufuhr von Daten ausgesetzt, die nicht mehr in die dafür traditionell vorgesehenen Kanäle fließen.« (Koschorke 2000, S. 119)

Entsprechend dieser Schockerfahrung wurde den neuen Möglichkeiten, die das Medium Buch transportierte, in moralischen Wochenschriften mit Restriktionsvorgaben begegnet. *Nicht zu viel lesen!*, lautete das Credo. Zur Umsetzung dieser Devise wurden nun bestimmte Figuren eingeführt: Der Autor als Genie, ein bürgerliches Kunstsystem, das nach bestimmten Regeln der In- und Exklusion von Werken funktioniert, ein klassischer Bildungskanon, der nicht jede Form von Literatur in sich aufnimmt. Die Mediendebatten über das Buch machen damit sichtbar, dass einerseits bisherige soziale Ordnungsvorstellungen tatsächlich durch Medien in Bedrängnis geraten. Über die Debatten werden nun Lösungsangebote erarbeitet, über die die Gesellschaft sich auf die neuen medialen Erfahrungen einstellen kann. Und durch diese über Medien vermittelte Debatte entstehen neue Formen des Sozialen – im Falle des Buchdrucks ist es die bürgerliche Gesellschaft, die als neue Sozialform emergiert.

Dass die Einführung neuer Medien nicht immer zu einem Schock führen muss, zeigt die Einführung des Telefons. Dass man sich gleichzeitig an verschiedenen Orten befinden und trotzdem die wirkliche Stimme des Anderen in Echtzeit wahrnehmen kann, muss rückblickend betrachtet als Schock gewirkt haben. Die Literatur über die Einführung des Telefons beobachtet indes genau das Gegenteil. Jens Ruchatz bemerkt etwa in seiner Studie über die Einführung des Telefons: »Jedenfalls lässt sich feststellen, dass das Telefon [...] nur eine geringe diskursive Dynamik entfaltete und bis nach der Jahrhundertwende kaum zum Gegenstand gesellschaftsweiter Debatten avancierte.« (Ruchatz 2004, S. 127) Rammert wiederum bemerkt, dass die unterschiedlichen Tempi der Verbreitung des Telefons etwa in den Vereinigten Staaten, Frankreich und Deutschland mit den verschiedenen Kommunikationstraditionen erklärt werden müssen:

> »Das Tempo der Veralltäglichung der Telefonkommunikation hängt auch wesentlich (sic!) davon ab, inwieweit der besondere mediale Charakter des Telefons mit den jeweiligen Kulturen der Kommunikation kompatibel ist und von den sozialen Schichten akzeptiert wird.« (Rammert 1989, S. 86)

Man kann hier sehen, dass der Automatismus, den die Medientheorie in Bezug auf die Einführung neuer Verbreitungsmedien unterstellt, empirisch nicht ganz so streng ausfällt wie von einer Arm-Chair-Perspektive aus gedacht. Es ist kein medientechnischer Determinismus, der in Bezug auf Mediendebatten am Walten ist, sondern vielmehr ein soziales Ereignis, das spezifische Anschlussmöglichkeiten eröffnet – oder eben nicht. Mit Dirk Baecker lässt sich deshalb feststellen:

> »Die literarische Medientheorie vermutet den Code und damit auch die Technizität eines Mediums im Medium selbst, genauer: in seiner Speicherkapazität, die als eine Kapazität der Erzeugung des gespeicherten Gegenstandes gelesen wird. [...] Für die soziologische Medientheorie dagegen ist der Code auf die Prozesse der Kommunikation zurechenbar, die sich in ihrer Medialisierung nicht erschöpfen, sondern eine Differenz von Form und Medium bewegen, die ihrerseits nicht nur benutzt, sondern auch beobachtet werden kann – wenn auch nur innerhalb einer weiteren Differenz von Form und Medium.« (Baecker 2007b, S. 99)

An einem anderen Beispiel – der Debatte über die Einführung des Radios – wird noch ein weiterer Aspekt sichtbar, der mit Mediendebatten einhergeht. Einerseits können mit ihrer Hilfe Schockwirkungen verarbeitet werden. Andererseits sind Mediendebatten in erster Linie *Debatten*, die immer unterschiedliche Anschlüsse an ein Medium ermöglichen. Das Radio wurde etwa in der Radiotheorie Bertold Brechts als utopischer Heilsbringer gefeiert:

> »Der Rundfunk wäre der denkbar großartigste Kommunikationsapparat des öffentlichen Lebens, ein ungeheures Kanalsystem, das heißt, er wäre es, wenn er es verstünde, nicht nur auszusenden, sondern auch zu empfangen, also den Zuhörer nicht nur hören, sondern auch sprechen zu machen und ihn nicht zu isolieren, sondern ihn in Beziehung zu setzen.« (Brecht 1932, in Engell 2000, S. 260)

Gleichzeitig wurde der Rundfunk verteufelt. Er zerrütte die Persönlichkeit, führe zu Oberflächlichkeit und Niveauverlust, wie an einer Äußerung von Leopold von Wiese deutlich wird:

> »Wir leiden in der Gegenwart an der Massenhaftigkeit von Darbietungen, an dem Durcheinander der Eindrücke, an der Aufhebung eines Eindrucks durch den anderen, an der Mischung von ernst und heiter, tragisch und komisch, künstlerisch und wissenschaftlich; wir machen aus einem Menschen ein seelisches Sammelbecken von allerlei, ohne Kraft und Tiefe. Der moderne Mensch ist zu allem und zu nichts fähig, sein Inneres gleicht dem Wochenprogramm unseres Rundfunks.« (von Wiese 1930, in Lenk 1997, S. 248)

Dass ein und dasselbe Medium mit unterschiedlichen Bedeutungen verknüpft werden kann, haben Mediendebatten immer wieder gezeigt: Die Fotografie wurde einerseits als Nicht-Kunst kritisiert (Baudelaire 1859/1989; Kracauer 1963 und 1960) und andererseits als Kunst gefeiert (Sizeranne 1899). Das Fernsehen wurde einerseits als ein Medium der Verdummung beschimpft (Adorno 1953; Postman 1985; Bourdieu 1996) und andererseits als Medium der Emanzipation gepriesen (Hall 1980; Fiske 2000). Das Internet wurde wiederum von einigen Autoren als ein Medium direkter Demokratie gelobt (Rheingold 1993), andere hingegen kritisieren es als Medium der Entfremdung, das uns von der Möglichkeit eigentlicher, natürlich-authentischer Erfahrung distanziere (Turkle 1995 und 2012). Diese Diversität der Anschlüsse lässt sich nun wieder an die hier genannte Eingangsthese zurückkoppeln, nämlich, dass die Unsichtbarkeit des Mediums in Mediendebatten einerseits aufgebrochen wird, dass das Medium sich aber gleichzeitig in seiner Unbestimmtheit bemerkbar macht: In Mediendebatten können alle möglichen Erwartungen und Vorstellungen an das Medium gekoppelt werden, gerade weil es unbestimmt ist. Dieser Aspekt soll am Beispiel der Debatte um das Internet in Gestalt des Web 2.0 skizziert werden.

1.3 Funktionale Unbestimmtheit von Medien

Während das Web 2.0 (O'Reilly 2005) ebenso wie das Internet ganz generell (Rheingold 2002; 1994) bei seiner Einführung zunächst als Verbesserung einer demokratischen Öffentlichkeit gefeiert wurde, hat sich die Debatte in der Zwischenzeit erheblich verschärft. Neben dem Verlust der Privatsphäre wird häufig auch der Einsatz technischer Beobachter, also Algorithmen, beklagt. Entsprechend freut man sich inzwischen zunehmend mehr über die eine Woche ohne Netz. Eine Facebook-Userin, die sich gegen den weiteren Gebrauch dieses medialen Formats entschieden hat, erklärte bereits 2010:

> »Ich werde auch nicht mehr grübeln müssen, wer Eike Schmand ist und warum er ausgerechnet mit mir befreundet sein möchte. Ich schwöre, ich kenne ihn nicht. Auch muss ich keinen Gedanken mehr daran verschwenden, warum der stellvertretende Chefredakteur irgendeines Magazins meine Freundschaftsanfrage ignoriert, was sich genauso anfühlt wie ein Korb vom DJ. Ich werde auch nicht mehr meine Lippe aufbeißen, während ich mich in den Leben der anderen verliere, ihre Urlaubsfotos betrachte, ihre Kinder, Häu-

> ser und Partner. Es wird kein Stalken der Exfreunde und der neuen Freundin des Exmannes der Freundin mehr geben. Und ich werde auch keine Angst mehr haben müssen, dass sie mithilfe des ›Profile Spy‹ eines Tages herausfinden, wie viele Stunden ich mich durch ihre kleinen Leben gewühlt habe.« (Welt online, 26.05.2010)

Zusätzlich zu den online geführten Debatten über die Chancen und Probleme des virtuellen Zeitalters findet sich auch Ratgeberliteratur in Form von Büchern, die (womöglich ähnlich den moralischen Wochenschriften) über den Fluch bzw. den Segen des Internets und des Web 2.0 verhandeln.[3] Es ist vielleicht interessant, etwas ältere Beispiele heranzuziehen, um zu sehen, dass bereits mit der Einführung von der Social Network Site Facebook eine entsprechende Debatte in Gang geraten war. Samy Nurian erklärt die Motivation für die Abfassung ihres Buchs »Als wir noch analog lebten« mit dem Wunsch,

> »eine Kleinigkeit in Erinnerung (zu) rufen: dass ›da draußen‹ noch ein Leben möglich ist, ohne auf Laptops, Blackberrys und iPhones zu spielen, E-Mails zu checken, sich auf Facebook herumzutreiben, Videos anzuschauen, SMS in Handys zu tippen und hier und da mit diesem und jenem zu chatten. [...] Mag sein, dass es der Lauf der Zeit ist und so wenig aufzuhalten wie ein Tsunami. Aber brauchen wir nicht wenigstens ein bisschen Impfstoff gegen die drohende digitale Verdummung, gegen die restlose Auslieferung an eine Technologie, deren Verfechter auf kritische Nachfragen stets eminent empfindlich reagieren?« (Nurian 2009, S. 13 f.)

Andere Beiträge zur Mediendebatte um das Web 2.0 greifen diese hier formulierten Kritikpunkte auf, setzen sie aber in ein ambivalenteres Verhältnis. Der Journalist Alex Rühle erklärt etwa in seinem Selbsterfahrungsbericht von seiner halbjährigen Internetpause:

---

3 Eine Zusammenstellung amerikanischer Debattenbeiträge zur Einführung des Internets unter besonderer Berücksichtigung des Web 2.0 findet sich in Bauerlein 2011; siehe auch Morozov 2011 und Wu 2010. Auf dem deutschen Buchmarkt ist in den vergangenen Jahren eine Reihe an Büchern erschienen, die sich mit den Folgen des Internets durch die Einführung von Web 2.0-Formaten wie etwa Facebook auseinandersetzen und damit eine medienkritische Öffentlichkeit im Sinne von Mediendebatten herstellen. Die Titel hier lauten etwa: »Ich bin dann mal offline« (Koch 2010) oder »Wer bin ich, wenn ich online bin ...« (Carr 2010) oder »Die facebook-Falle« (Adamek 2011).

> »Das Netz sei mit Geschmeiden behängt und mit Ölen gesalbt, es möge ihm wohlergehen immerdar, der Herr lasse leuchten Sein Angesicht über ihm und gebe ihm Frieden. Ich habe aber das Gefühl, dass ich mir darin selbst abhanden komme. [...] Im Nachhinein kamen mir solche Tage vor, als hätte ich in der staubtrockenen Luft eines Kopierladens fortwährend nur leere Blätter in die Luft geworfen, bleiche, zerfaserte Zeit. Als würde da einer hinter meinem Rücken, während ich in den Bildschirm starre, mit dem Tintentod über den Tag drübergehen: Kaum vergangen, ist alles verblasst.« (Rühle 2010, S. 19)

Ähnlich ambivalent liest sich die Begründung der bewusst gewählten Offline-Zeit im Aussteigerbericht von Christoph Koch:

> »Ein Stück weit war mein Selbstversuch sicher auch der sentimentale Versuch einer Rückkehr in jene ›gute alte Zeit‹, in der ich am Nachmittag auf mein Fahrrad stieg und zur Tischtennisplatte im Park fuhr, weil einfach immer jemand da war, der mitspielen würde. In der man sich mit einer Gitarre und einer Kiste Bier um ein Lagerfeuer setzte und noch niemand wusste, was SMS und Chats und Tweets und Facebook überhaupt waren. Geschweige denn, wofür man sie brauchen sollte. Doch natürlich konnte diese Rückkehr nicht mehr gelingen – oder eben nur zeitweise. Zum Glück.« (Koch 2010, S. 239)

Und auch der Beitrag von Frank Schirrmacher zur Debatte zeigte, dass die Diskutanten die aktuelle Mediendebatte durchaus relativieren können im Hinblick auf mediale Neuerungen und deren Diskussion in der Vergangenheit:

> »Wann immer eine neue Technologie – Fernsehen, Kino, Radio oder der Telegraf – geboren wurde, standen die Klageweiber an der Wiege und beweinten den absehbaren Tod von Vernunft und Gefühl. Wir haben diese neuen Technologien nicht nur alle überlebt, sondern sind, statistisch gesehen, über die Jahre immer noch klüger geworden.« (Schirrmacher 2009, S. 46)

Das Problem, das Schirrmacher in Bezug auf das Internet resp. den Computer verhandelt hat, besteht in der Allmacht von Maschinen, die dem autonomen (bürgerlich-selbstbestimmten) Subjekt den Rang ablaufen:

> »Aber jetzt ist die Lage eine ganz andere. Die modernen Technologien, die im Internet kulminieren, sind nicht einfach nur Anbauten in unserem schö-

> nen Haus, nicht einfach nur ›neue Medien‹. Und die pädagogische Ermahnung der sechziger Jahre ›Schau nicht so viel Fernsehen!‹ kann man auf diese Technologien nicht anwenden. Sie sind inzwischen Einwohnermeldeamt und Telefonauskunft, sie werden bald beurkundete Dokumente versenden dürfen und zu Kommunikationsplattformen zwischen Staat und Bürger werden. Sie werden zu Bestandteilen staatlicher Bürokratie. Wir sind bereits irreversibel abhängig von ihnen. [...] [I]ndem wir uns in und mit ihnen ausdrücken, treten wir, wie geschickt die Softwareingenieure dies auch verbergen wollen, fast immer, wenn wir glauben, mit Menschen zu kommunizieren, in Wahrheit in Wettbewerb mit den Maschinen.« (Ebd. S. 46 f.)

Die Ausschnitte zeigen einerseits, dass das Internet bestimmte Erfahrungspraktiken ermöglicht, die in der davor möglichen Mediennutzung so nicht aufgetaucht sind: die Grenze zwischen Öffentlichkeit und Privatheit verschiebt sich, Informationsgenerierung ist in einem neuen Maß möglich, die Kontaktaufnahme mit anderen verläuft schneller und diverser als in der herkömmlichen Interaktion unter Anwesenden – und zu guter Letzt tauchen Algorithmen und Big Data in der Debatte auf, die kritisch und skeptisch beäugt werden, unter anderem weil sie Privatheit gefährden. Hieraus lassen sich durchaus Indikatoren dafür ableiten, wie das Internet die Nutzer mit neuen Erfahrungsmöglichkeiten konfrontiert, die bisherige Erwartungsstrukturen nicht eingeräumt haben. Das Medium erscheint damit tatsächlich als generative Kraft, die soziale Ordnung auf ein alternatives Niveau heben kann. Es werden spezifische Erfahrungsmuster durch das neue mediale Format erschüttert – das Web 2.0 als mediale Form scheint sich also durchaus auf ganz spezifische Weise in die sozialen Praktiken einzuschleichen und diese zu transformieren. Gleichzeitig zeigen die Ausschnitte aber auch, dass dem Internet in Gestalt des Web 2.0 als neuartiger medialer Form alle möglichen Erfahrungswerte attestiert werden können: Während es einerseits als Heilsbringer gepriesen wird, erscheint es andererseits als Keim allen Übels. Es geht bei der soziologischen Beobachtung dieser Debatten dann vielleicht gar nicht so sehr darum, wer recht hat und wer nicht. Als mediensoziologischer Befund dürfte aber interessant sein, dass sich diese diversen Anschlüsse aus der medialen Unbestimmtheit erklären lassen. Gleichwohl das Medium sich in bestimmte Praktiken einschleicht und diese auf geheimnisvolle Weise zu transformieren scheint, wird gleichsam sichtbar, dass zumindest die Mediendebatten deshalb funktionieren, weil dem Medium alle möglichen Erfahrungswerte angeheftet werden können. Womöglich ähnlich wie ein *leerer Signifikant* (Laclau 1996) funktioniert das Medium innerhalb der Debatte als ein Bezugspunkt, der auf funktionale Weise mit einem Bedeutungsüberschuss angereichert werden kann, weil er gleichsam von Bedeutung entleert ist.

Der leere Signifikant dient Laclau zunächst als Lösung für das Problem, die Einheit des Systems im System darzustellen zu können.[4] Weil dies nicht extramundan, also außerhalb diskursiver Praktiken des Systems möglich ist, wird versucht, die Praxis der systeminternen Signifikation zu unterlaufen. Denn diese kann immer nur erneut auf die Differenz des Bezeichnens im System verweisen. »Aber wenn wir keine Differenz bezeichnen wollen, sondern – ganz im Gegenteil – einen radikalen Ausschluss, welcher Grund und Bedingung aller Differenzen ist, dann kann in diesem Fall keine Produktion einer weiteren Differenz diesen Zweck erfüllen.« (Ebd. S. 69) Erfunden werden müssen Bezeichnungsformen, die so tun, als ob sie für das Ganze stehen könnten, ohne eine erneute Differenz des Bezeichnens zu markieren, »nur durch das Entleeren ihrer differentiellen Natur […] kann das System sich selbst als Totalität bezeichnen« (ebd.). Laclau überträgt nun diesen zunächst sprachtheoretisch gewonnen Gedankengang auf das Soziale. Er interessiert sich für die Füllpraxis dieses solchermaßen entleerten Signifikanten, die sich bei ihm in Gestalt eines politischen Diskurses unterschiedlicher Partikularitäten zeigt. Diese kämpfen um die Beantwortung der Frage, welcher leere Signifikant das System – also: die Gesellschaft – repräsentiert. Es bilden sich im Sinne von Äquivalenzketten Hegemonien heraus, die aber immer nur erneut zeigen, dass das Ganze nicht durch eine Zentralmetapher zusammengehalten wird, sondern vielmehr auf die »Unmöglichkeit von Gesellschaft« (ebd. S. 76) verweist. Der hegemoniale Diskurs zeigt sich bei Laclau und Chantal Mouffe im Mantel des Politischen. Sie begreifen ihre Perspektive bekanntermaßen als postmarxistisches Programm, mit der sie sich von den vermeintlich historisch feststehenden Differenzen des Marxismus abzugrenzen versuchen. Mit Stäheli lässt sich nun beobachten, dass der Diskurs um leere Signifikanten auch in ganz anderen Kontexten auftaucht. So nennt Stäheli etwa das Beispiel der Populärkultur, in der sich ähnliche Mechanismen zeitigen. In Schönheitswettbewerben, so Stähelis Fallbeispiel für das Populärkulturelle, muss Schönheit »von ihren partikularen, kulturspezifischen Bedeutungen entleert werden; sie muss zu einem Signifikanten

4 Hiermit ist bei Laclau zunächst nur das System der Sprache gemeint.

ohne Signifikat werden, der als Projektionsfläche für unterschiedliche Bedeutungen dient.« (Stäheli 2000, S. 96) Erst dann kann sich ein Vergleichsarrangement ausbilden, über das Diskurse entstehen. Jetzt können Ordnungsfragen – nämliche jene der Ästhetik – diskursiviert werden im Sinne der Ausbuchstabierung einer Hegemonie. Dieser hier auf den Bereich des Populärkulturellen übertragene Mechanismus lässt sich womöglich auch im Falle von Mediendebatten zeigen. Nur weil Medien unbestimmt genug sind, lassen sich diverse Vorstellungen damit verbinden – seien es nun Befreiungsutopien oder Schreckgespenster. Die Rolle des leeren Signifikanten, die Medien innerhalb von Mediendebatten als Bezugspunkt spielen, lässt sich mit Don Ihde schließlich ganz generell für den Mediengebrauch feststellen. Er formuliert für den Gebrauch von Techniken:

> »The designer's intentions play only a small part of the subsequent history of the artifact. It was, after all, Nobel's intention in the invention of dynamite that it will be used for mining and the benefit of humankind. Design, in the history of technology, usually falls into the background of a multiplicity of uses, few of which were intended at the outset. [...] There is no ›thing-in-itself‹. There are only things in contexts, and contexts are multiple.« (Ihde 1990, S. 69)

Übertragen auf Medien bedeutet dies: das Medium hinterlässt zwar Spuren innerhalb von Praktiken des Umgangs mit ihnen. Allerdings schreiben sich Medien nicht automatisch und immer gleich in soziale Praktiken ein. Ihre Nutzung ist womöglich gerade deshalb möglich, weil ihre Einschreibefläche relativ subtil, unbestimmt gehalten ist.

Zusammengefasst lautet der Befund der hier erfolgten Argumentation: Der Stand der Literatur zur Praxis medialer Wahrnehmung und zur Wirkweise von Medien scheint von einer seltsamen Spukfigur auszugehen (siehe auch Siegmund 2011). Einerseits wird den Medien eine starke Wirkungsmacht zugesprochen. Sie verändern soziale Ordnung und revolutionieren unsere Wahrnehmungsmuster. Insofern dienen sie zumindest der Medientheorie als Indikator für den sich wandelnden Geschichtsverlauf (vgl. Leschke 2008; Gramp/Wiebel 2008). Andererseits zeichnen sich Medien gerade dadurch aus, dass wir sie einfach benutzen können, ohne uns ihrer bewusst zu sein. Ihre Materialität und Eigengesetzlichkeit verschwindet im praktischen Vollzug: Sie wird unsichtbar. Die hier vorgenommene Hinwendung zu empirischen Mediendebatten sollte nun Unterschiedliches zeigen: Einerseits wurde sichtbar, dass Medien offenbar tatsächlich jenen Einfluss auf soziale Ordnung haben können, die ihnen die Medientheorie attestiert. Wie man am Beispiel des Buchdrucks sehen konnte, hat dieser tatsächlich dazu geführt, die Plausibilitäten einer bürgerlichen Gesellschaft herzustellen. Gleichzeitig wurde am Beispiel der Einführung des Telefons deutlich gemacht, dass sich diese Medienrevolutionen nicht automatisch einstellen. Nicht jedes Verbreitungsmedium führt stets und überall gleichermaßen zu einer Schockwirkung und den damit verbundenen Mediendebatten. Schließlich lässt sich an den unterschiedlichen Anschlüssen innerhalb von Mediendebatten sehr gut beobachten, dass sich Medien vielleicht nicht nur durch ihre prinzipielle Unsichtbarkeit, sondern auch durch ihre Unbestimmtheit ausweisen lassen. Dass wir es mit Medien zu tun haben, wird in einer Zeit der Medienvielfalt und des Medienpluralismus und der beständigen Einführung neuer medialer Formate immer mehr zum gewöhnlichen Alltagsthema. Die Diversität der Debatte über Medien wird aber wiederum nur erklärbar, wenn man sich die Unbestimmtheit von Medien vergegenwärtigt.

2. Internetforschung als Methode und Befund[5]

Bevor ich im Folgenden auf die konkreten Schreibpraktiken im Web 2.0 eingehen werde, möchte ich zunächst ein paar wenige Anmerkungen zur Methodik machen: Wie funktioniert eigentlich eine qualitativ verfahrende Internetforschung? Welche Problemkonstellationen tauchen hier auf? Anschließend hieran werde ich das empirische Sample näher beschreiben, auf das sich die empirischen Ausführungen dieser Analyse beziehen.Die Forschungslandschaft zum Thema Internet geht gemeinhin von einer Transformation methodischer Regelwerke durch ihren (neueren) Gegenstand aus: »The internet changes the way we understand and conduct qualitative inquiry«, formulieren etwa Baym and Markham (2009, S. viii). Sie machen vier Forschungsfelder aus, in denen das Internet transformativ wirkt:

> »The internet is directly implicated in at least four major transformations of our epoch: (1) media convergence, (2) mediated identities, (3) redefinitions of social boundaries, and (4) the transcendence of geographical boundaries.«

---

5 Dieses Kapitel basiert auf Ausführungen in Wagner/Schweyer/Wiestler (2016).

> (Ebd. S. x, siehe auch Markham 2005) Auch Christine Hine formuliert: »The coming of the Internet has posed a significant challenge for our understanding of research methods.« (Hine 2005, S. 1)

Neuartige Formen der mediatisierten Interaktion und Kommunikation würden den bestehenden Methodenkanon herausfordern. »[I]f social research always involves communication, then it is reasonable to ask if changing the mode of communication affects any methodological assumptions or practices.« (Ebd. S. 3) Ähnlich wiederum spricht Joinson davon: das Internet sei »fundamentally changing the ways in which we can observe, measure and report on the human condition and societal structures.« (Joinson 2005, S. 21) Dabei macht Joinson drei Unterschiede von über das Internet vermittelten Kommunikationen zu herkömmlichen Kommunikationspraktiken aus: computervermittelte Interaktion habe eine stärkere Personalisierung der Kommunikation zur Folge, reduziere die Nähe der Beforschten zum Forscher und bringe die Versprachlichung (Verschriftlichung) von Informationen vor einem Publikum mit sich. Jason Rutter und Gregory W. H. Smith formulieren hingegen einen konträren Standpunkt. Sie gehen davon aus, dass die neuen Probleme der Internetforschung sich auch in alternativen Forschungsbereichen stellen: »Many are doubtless already very familiar to ethnographers of other domains of social life.« (Rutter/Smith 2005, S. 91) Die folgende Argumentation nimmt diesen Faden auf. Sie fragt nach möglichen Veränderungen von Forschungspraktiken durch das Internet und stellt diese in Korrelation zu traditionellen Forschungsproblemen, die im Rückgriff auf etabliertes methodisches Werkzeug entstanden sind.

2.1 Uneigentliche Räume: der differente Ort des Beobachters

Die Forschungslandschaft beschäftigt sich mit virtuellen Realitäten nicht in der Hinsicht, als gefragt wird: Was ist das Internet? Vielmehr wendet sich die Blickweise auf Praktiken der Herstellung einer technisch vermittelten Medialität: Was macht das Internet zu dem, wofür es gehalten wird?

> »Clearly, ›the internet‹ is not a monolithic thing. Part of any qualitative exploration would have to be the articulation of what research arenas ›the internet‹ comprises and how they shape, as well as are shaped by ›participants‹ and ›producers‹ experiences of use.« (Orgad 2009, S. 41)

Christine Hine (2009) formuliert hierzu einen wichtigen Aspekt. Ähnlich wie in anderen Forschungsbereichen auch (siehe etwa Stempfhuber für die Soziologie der Liebe 2012) ist in Bezug auf das Internet oftmals zunächst gar nicht klar, wo eigentlich der Ort der Forschung genau zu lokalisieren ist:

> »The problem in defining appropriate field sites is that it is not always possible to identify in advance where the relevant social dynamics for understanding a particular technology are going on.« (Hine 2009, S. 4)

Christine Hines Lösungsvorschlag besteht in der Erweiterung der Grenzen des erforschten Gegenstandes – also der reinen Rekonstruktion von auf Homepages sichtbaren Kommunikationspraktiken.

> »This constraint implies that a useful way to study technologies in all their social complexity may be to try and trace their histories and connections and the social groups that are identified around them while remaining ambivalent about the identity of the object being studied.« (Ebd. S. 4)

Das Folgeproblem dieses Lösungsvorschlages – die Entgrenzung der sichtbaren Kommunikationspraktiken am Bildschirm – besteht in der Eingrenzung, die schließlich irgendwann wieder vorgenommen werden muss, um zu forschungspraktischen Befunden gelangen zu können. Tatsächlich vermittelt einem das Internet oftmals das Gefühl, nie wirklich an den eigentlichen Gegenstand gelangen zu können. Entsprechend ist auch die Schlussfolgerung von Hine in ihrer forschungspraktischen Arbeit zu lesen: »I still, however, felt the need for some way of grasping the connections among the virtual entities.« (Hine 2009, S. 15) Ähnlich formuliert wiederum Orgad zur Problematik der Begrenzung von Offline- und Online-Daten:

> »Rather than validating the veracity of the data obtained online, the rationale for deciding to gather offline data is based in a perceived need to add context, to enhance information, and to yield insights into aspects that would otherwise remain invisible, but that may be consequential to the research.« (Orgad 2009, S. 41)

Und Rutter/Smith (2005) erklären in ihrer Studie zu einer Internet-Newsgroup:

> »We also wanted to add some depth beyond what we could discover through the analysis of messages. We felt that our online ethnography had to do more than merely observe and collect textual data.« (Rutter/Smith 2005, S. 87)

Das Internet vermittelt den Eindruck, dass stets an einem anderen Ort die authentischeren Bedeutungen hergestellt würden.

Das folgende Beispiel soll dies sichtbar machen. Hier handelt es sich um ein Posting auf Facebook. Ein Video mit dem Titel *Make The Girl Dance »Baby Baby Baby«* liest sich jedes Mal anders – je nachdem, von welchem Ort aus es rezipiert wird. Der erste Ausschnitt zeigt das Video auf der Facebook-Seite eines Users, wo es neben anderen Videos als eines unter vielen erscheint, die der betreffende Nutzer geteilt hat. Auf der Startseite von Facebook erscheint dasselbe Video wiederum in ganz anderer Rahmung. Hier steht es – zumindest für eine bestimmte Zeitdauer – als erste Meldung in der Neuigkeitenliste. Hierauf folgen Videos anderer Nutzer, die sich noch nicht einmal auf das erste Video beziehen müssen.

Abb. 2: Quelle: facebook.com (28.03.2013).

Dasselbe Video erfährt also, je nachdem, an welchem Ort es in Augenschein genommen wird, eine andere Rahmung. In der Internetsoziologie werden diese Ortsverschiebungen als Problem der Bedeutungsgenerierung behandelt: Was meint das Video jeweils? Lässt sich die möglicherweise unterschiedliche Bedeutungskonnotation allein aus den online verfügbaren Daten interpretieren? Orgad führt diese als forschungspraktische Problematik behandelte Praxis des Internets vor: Wer Offline-Daten sammelt, hat oftmals das Bedürfnis, diese durch Online-Daten zu ergänzen (Bakardjiva/Smith 2001; Sanders 2005). Wer wiederum online Daten sammelt, sieht die Notwendigkeit, diese durch Offline-Daten zu vervollständigen (Hine 2000; Turkle 1996). Schließlich geht es nicht nur um die unterschiedliche Bedeutungs-Konnotation konkreter online gestellter Inhalte, sondern auch um die Frage, wer diese überhaupt in den Blick nehmen kann. Orgad macht auf das Phänomen des unsichtbaren Zuschauers aufmerksam, den das Internet produziert – den Lurker, der wiederum nur über Hintergrundgespräche als solcher sichtbar werden kann. Und zu guter Letzt bleiben noch jene übrig, die sich dem Internet verweigern, die es aufzuspüren gelte. In all diesen forschungspraktischen Strategien geht es darum, das Bild einer Praxis zu vervollständigen, das sich aber immer nur in seiner Verschiebung und niemals vollständig darstellt. Die forschungspraktische Tendenz, die Offline-Welt mit der Online-Welt und die Online-Welt mit der Offline-Welt zu erklären, führt diese Verschiebungen vor. Deshalb ist Rutter/Smith recht zu geben, wenn sie erklären: »There is no ›place‹ in the virtual beyond the metaphor. For the virtual ethnographer this repositions the notion of place or setting from geographical zone to assemblage of forms of conduct.« (Rutter/Smith 2005, S. 85)

Das Problem der Begrenzung von forschungsrelevanten Orten stellt sich zudem nicht erst mit der Einführung des Internets. Wo das Forschungsfeld zu verorten ist, wer dazu zählt und wer nicht, sind Fragen, die in der Ethnographie schon vor Jahrzehnten verhandelt worden sind (Gluckman 1964). Und dass es der Forscher mit Übersetzungsleistungen von dem Ort der Forschung in den Ort der Wissenschaft zu tun hat, ist ebenfalls ein bekanntes Problem in der Ethnographie. Stets hat die Ethnographie mit dem Problem zu kämpfen, einen Forschungsgegenstand durch medial vermittelte Aufschreibepraktiken für den Forschungskontext herzustellen. Um es mit Hirschauer zu formulieren: »Aufzeichnungen und Transkripte erzeugen Eigenschaften eines Gesprächs, die es für die Teilnehmer *nicht* hat.« (Hirschauer 2001, S. 434; siehe auch Kalthoff 2003) Der Ort des ethnographischen Blicks schreibt sich damit immer schon in die Transkription des beforschten Geschehens mit ein, denn der Forscher hat ein spezifisch anderes Problem zu lösen als die Teilnehmer *vor Ort*: er muss einen systematischen, wissenschaftlichen Text über die beforschten Orte schreiben, die für sich prozessieren.

2.2 Unterschiedliche Zeitlichkeiten und dauerhafte Veränderung

Die Divergenz von Räumen in über das Internet vermittelten Kommunikationspraktiken führt in der Soziologie des Internets zu einer beständigen Infragestellung der Authentizität der generierten Daten. »The formulation of the online world as new territory for social research also creates a perception that nothing can be taken for granted.« (Hine 2005, S. 5) Das hier benannte Problem verweist auf die spezifische Zeitstruktur der Internetforschung, etwa in der Beforschung von Homepages, die einer beständigen Veränderung unterliegen: »The visual stillness of a web site, static as it appears on the screen, can be an entirely deceptive optical effect that fails adequately to represent the depth and extent of social ties, networking and exchange that leads to its construction.« (Forte 2005, S. 93) Asynchrone Email-Interviews leiden wiederum darunter, verbindliche Bezüge zu den Interviewten herstellen zu können, wie Kivits feststellt: »[T]he time frame influences the intimacy and the depth of the data [...].« (Kivits 2005, S. 48) Langwierige Prozesse der Vertrauensgenerierung würden begleitet von dem Risiko, den Interviewten als Ansprechpartner zu verlieren. »Asynchronous email communication makes the whole research study dependent on, and vulnerable to, the commitment of interviewees who can easily disappear from the project.« (Ebd. S. 45) Die Beforschung von Newsgroups führt schließlich zum Problem, es beständig mit neuen Mitgliedern einer Internetcommunity zu tun zu haben, was für Rutter/Smith (2005) zu dem ethischen Problem der Aufklärung über den laufenden Forschungsprozess führt. Eine stabile Präsenz von Gegenstand und Forscherperspektive sei schwer zu gewährleisten. Da der Internetforscher nicht sichtbar als solcher in einem lokal abgegrenzten Feld auftrete, gerate es bei den beständig variierenden Beforschten oftmals in Vergessenheit, dass ihre Kommunikationspraktiken beforscht werden.

> »It is very difficult for the online ethnographer to maintain a stable presence in a virtual environment when people cannot see that you are there. This is made worse with the constantly changing composition of many virtual environments as new people arrive and others leave – mostly unannounced.« (Ebd. S. 89)

All diese Hinweise zielen auf die Zeitlichkeit von Forschungsdaten ab, die sich in der Internetforschung besonders deutlich zeigt. Was hier als forschungspraktisches Problem bzw. als ethisches Problem der Aufklärung ausgewiesen wird, kann auch als Befund für veränderte medial vermittelte Sozialpraktiken gelesen werden. Das Internet führt einem mit seiner Überbetonung von Dauerirritationen die Ereignishaftigkeit des Sozialen praktisch vor. Unterschiedliche Zeitverhältnisse zwischen Forschern und Beforschten tauchen auch in herkömmlichen Forschungszusammenhängen auf, wenn man etwa an das Problem des *going native* denkt. Die Zeit des Forschers ist eine andere als jene der Beforschten. Gleichzeitig führen die Zeitverhältnisse des Internets auf verschärfte Weise vor, dass sozialwissenschaftliche Forschungsgegenstände stets solche sind, die sich permanenten Herstellungsprozessen verdanken (Bergmann 1985). Das Soziale steht auch jenseits von über das Internet vermittelten Praktiken nicht einfach still, solange es beforscht wird. Vielmehr müssen Forschungsgegenstände als solche betrachtet werden, die sich für eine soziologische Forschungsperspektive *in actu*, echtzeitlich herstellen. Am eindrücklichsten diskutiert wurde dieses Problem in der Biographieforschung. Die in narrativen Interviews erzeugten Lebenslaufgeschichten verweisen nicht auf in der Vergangenheit Erlebtes. Sie plausibilisieren vielmehr Selbstbeschreibungen, die sich *echtzeitlich* in der Interviewsituation herstellen und als solche für überhaupt erzählbar gehalten werden.

> »Nicht der Bezug auf eine Vergangenheit, die mehr oder weniger richtig wiedergegeben wird, ist [...] das Bezugsproblem der Biographieforschung, sondern die Frage danach, wie der Möglichkeitsraum entsteht, der Biographieforscher im Material andere Lesarten entdecken lässt.« (Saake 2005, S. 101)

Auch in ethnographischer Forschung klassischer Provenienz taucht das Problem der Zeitlichkeit der Fakten auf. Etwa in dem Abfassen ethnographischer Berichte:

> »Der Ethnograph ›schreibt‹ den sozialen Diskurs ›nieder‹, er hält ihn fest. Indem er das tut, macht er aus einem flüchtigen Ereignis, das nur im Moment seines Stattfindens existiert, einen Bericht, der in der Niederschrift des Geschehenen existiert und wieder herangezogen werden kann.« (Geertz 1983, S. 28)

Was sich in der Beforschung der Internetsoziologie als Problem darstellt, ist also nichts spezifisch Neues: die Ereignishaftigkeit des Sozialen zeigt sich hier nur in verschärfter Form.

2.3 Körperlose Sprecher und die Unzugänglichkeit von Bewusstseinen

Die Internetsoziologie problematisiert weiterhin, dass Forschungen am Computer körperlos erfolgen. Der Körper als Forschungsinstrument, der sich einfühlend in die Forschungssituation begibt, könne so nicht genutzt werden. »Yet, as mentioned above, perception always involves embodiement, and this cannot be set aside in the context of studying life online.« (Markham 2005, S. 809) Der Forschungsgegenstand computervermittelter Kommunikation führe zu einer Zergliederung des Körpers. Nur bestimmte Sinnstrukturen würden sichtbar werden, erklärt Markham: »CMC separates more obviously the wholeness of a person's being into component parts; that which was previously made sense of as a whole is consequently made sense of at different points of time using different combinations of senses.« (Ebd. S. 803) Diesem solchermaßen eingeschränkten Zugriff auf den Körper des Beforschten sei auch durch Zuhilfenahme etwa visueller Mittel nichts zu entgegnen:

> »Even in more overtly visual research environments, where the researcher may have access to photos, webcams, websites, hyperlink behavior, and blogs, the issue is not resolved because traditional research training is designed for physically co-present environments.« (Ebd. S. 803)

Das hier aufgeworfene Problem der körperlosen Internetforschung verwundert, wenn man sich in Erinnerung ruft, dass die Konversationsanalyse regelrecht auf körperlose Gesprächsabläufe insistiert hat, um an die Eigentlichkeit von Rollenzuschreibungen und Ordnungsstrukturen in Konversationen zu gelangen. Selbst dort geht man nicht von reibungslosen Verständigungsprozessen aus. So formuliert Bergmann:

> »Ein durchgehendes Interesse der KA [Konversationsanalyse, Anm. E. W.] gilt der Frage, wie Teilnehmer an einer Interaktion Verständigung – oder jedenfalls den Glauben an Verständigung – zwischen sich herstellen und absichern und wie die ›repair organization‹ funktioniert, welche die Interagierenden im Fall von Verständigungsproblemen aktivieren.« (Bergmann 2003, S. 535)

Selbst in der Ethnographie entsteht das Problem der Entkörperlichung von Forschungspraktiken. Zwar wird dort der Körper des Forschers als Forschungsinstrument installiert:

> »Die teilnehmende Beobachtung ist [...] immer [...] wesentlich ›Selbstbeobachtung‹, d. h. etwas, das gar nicht distanziert mit den Augen vollzogen wird. Wenn auch niedere Sinne und leibliche Binnenerfahrungen aktiviert werden, eröffnet dies eine gesteigerte Form von Rezeptivität, die sich durch das eigene Erleben hindurch auf den Gegenstand richtet.« (Hirschauer 2001, S. 439)

Doch auch in dem Forschungsmittel der teilnehmenden Beobachtung findet immer schon eine Distanzierung des Forschers von seinem Forschungsgegenstand statt. Diese ist wiederum mit dem Forschungsprozess selbst und den damit verbundenen Problemlösungsweisen verbunden. Schon »das Aufschreiben (zeigt) bereits einen ersten *Rückzug* von der Praxis an [...], deren Nähe man sich aussetzt. Kaum angekommen, verabschiedet man sich auch schon in eine hochgradig selbstbezogene Aktivität.« (Ebd. S. 440)

Die Problematisierung der körperlosen Internetforschung tut so, als ob Daten in herkömmlichen Forschungsprozessen unmittelbar zu haben wären. Doch auch hier stellen sich stets medial vermittelte Übersetzungskonstellationen ein: Die durch körperliche Anwesenheit erfahrenen Implikationen des Forschungsortes müssen verschriftlicht, aufgezeichnet und dem wissenschaftlichen Kontext zugänglich gemacht werden. Dies impliziert rein forschungspraktisch immer schon einen differenten Zugang zum Ort der Forschung durch den Forscher. Dass Daten auch in der Interaktion unter Anwesenden nicht unmittelbar zu haben sind, zeigt auch die Interviewforschung. »Interviews sind Verbalisierungstechniken, die Personen ein spezifisches Wissen unterstellen, das mittels ›Befragungen‹ abschöpfbar sein soll.« (Ebd. S. 436) Hier ist es nicht die Körperlosigkeit von Sprechern, die als Problem auftaucht, sondern die Unzugänglichkeit von Bewusstseinen, die etwa in der Biographieforschung problematisiert worden ist. Biographien

> »operieren nicht per psychischer Selbstreferenz der Beteiligten. Sie sind nicht Ausdruck psychischer biographischer Identitäten, sondern sind kommunikative Thematisierungen von Lebensläufen. Was wir empirisch wahrnehmen können, ist also niemals eine wie und wo auch immer vermutete Substanz biographischer Identität, sondern ausschließlich biographische Kommunikation [...]. Die psychische Seite der Biographie bleibt dunkel, weil sie ausschließlich per biographischer Kommunikation beobachtbar ist.« (Nassehi 1994, S. 54)

Es sei hier nicht gegen die Feststellung argumentiert, dass Körper in der Internetpraxis kaum sichtbar werden. Es sei hier vielmehr dagegen argumentiert, dass der unmittelbare Zugriff auf Forschungskontexte in alternativen Forschungsfeldern ohne Weiteres möglich sei. Auch hier stellt sich stets das Problem ein, den Forschungsgegenständen nur mittelbar, nämlich über die Perspektivierung als soziologischer Forscher, handhabbar zu werden: »Der Ethnograph beobachtet [...] nicht, was in den Köpfen der Individuen vor sich geht, da er am fremden Bewusstsein nicht teilhaben kann [...].« (Kalthoff 2006, S. 152) Der Zugang zum Forschungsfeld ist stets nur über den Umweg der medialen Aufschreibesysteme des sozialwissenschaftlichen Forschungsapparates zu haben. Um es mit Jörg Bergmann zu formulieren: »[D]ie Daten sind das Endresultat eines [...] Transformationsprozesses, mit dem ein in sich sinnhaft strukturiertes, in situ organisiertes soziales Geschehen substituiert wird durch eine typisierende, narrativierende, ihrerseits deutende Darstellung ex post.« (Bergmann 1985, S. 308)

2.4 Datengrundlage

Die dieser Analyse zugrunde gelegten Daten wurden unter anderem im von der Deutschen Forschungsgemeinschaft finanzierten Forschungsprojekt »Öffentlichkeit und Privatheit im Web 2.0« (Wagner/Stempfhuber) in den Jahren von 2014–2016 erhoben. Außerdem wurden darüber hinaus Vorstudien und Nachfolgestudien angefertigt, die den Wandel des Web 2.0 über den benannten Zeitraum hinaus beschreiben helfen sollen. Zudem stehen Interviewdaten mit Social Media Managern zur Verfügung, die im Jahr 2017 und 2018 geführt wurden. Die hier vorgelegte Studie versammelt also Daten, die aus rund zehn Jahren Internetforschung hervorgehen. Man kann hieran vielleicht einwenden, dass die Daten in Teilen veraltet sind. Diese Studie möchte indes Entwicklungslinien des Internetdiskurses aufzeigen. Deshalb erscheint der Rückgriff auf auch älteres empirisches Material durchaus als plausibel. Die mediale Form des Internets hat eine weitaus schnellere Zeitlichkeit als jene des Buches. Dies muss sich dann auch auf die soziologisch-wissenschaftliche Verhandlung des Phänomens der Digitalität niederschlagen. Einerseits mag diese ungleiche Zeitlichkeit von Digitalität und Wissenschaft enttäuschen, weil die wissenschaftliche Beobachtung der echtzeitlichen Phänomenen immer nur hinterher zu hinken scheint. Andererseits bietet die verschiedene Zeitlichkeit auch eine Chance: soziale

Phänomene können noch einmal anders und damit vielleicht (wünschenswerterweise) komplexer in den Blick genommen werden. Der Rückgriff auf auch älteres Datenmaterial sei insofern von der geneigten Leserin und dem geneigten Leser verziehen.

In dem Zeitraum von 2014–2016 standen vier Facebook-Accounts zur Verfügung, die empirisch-qualitativ im Sinne einer Online-Ethnographie beforscht wurden. Beobachtungsprotokolle wurden angefertigt, Screen-Shots von der Nutzertätigkeit der User erfasst und 40 narrative Interviews mit Facebook-Usern und -Userinnen geführt. Etwa 20 Social Media Manager und Managerinnen wurden interviewt. Die Daten wurden entsprechend den gängigen Regeln wissenschaftlicher Praxis anonymisiert und datenschutzrechtlich sensibel gespeichert. Ausgewertet wurden die Daten mit Hilfe der Grounded Theory (Strübing 2008; Glaser/Strauss 1967). Diese geht bekanntlich von einem rekursiven Codierungsverfahren aus, das immer wieder zwischen Datenerhebung und Datenauswertung switcht und sich bei der Analyse an immer wieder aufkommenden Plausibilitäten orientiert: was kommt im empirischen Material immer wieder vor, was taucht typischerweise immer wieder auf, lauteten entsprechen die Fragen, die die hier vorliegende Analyse angeleitet haben.

III. Die Öffentlichkeit des Privaten[1]

Im nun folgenden Abschnitt wende ich mich zunächst der Frage zu, wie User und Userinnen das Problem lösen, mit Privatheit im Netz umzugehen: Wie wird dieses Problem überhaupt wahrgenommen? Wird es wahrgenommen? Und, wenn ja: Welche Problemlösungskonstellationen werden entwickelt, um nicht zu viel private Informationen im Netz zu hinterlassen?

1. Privatheit in der vernetzten Öffentlichkeit

Die Debatte um SNSs ist stark dominiert durch einen Gefährdungsdiskurs, der einen Eingriff in die Privatsphäre problematisiert (Kirkpatrick 2010; Raynes-Goldie 2010; Richard et al. 2010; al Hasib 2009; Debatin et al. 2009; Marwick 2008; Albrechtslund 2008; Strahilevitz 2008; Donath/Boyd 2007; Friedman 2007; Solove 2007; Boyd 2006; Altheide 2004). Quantitative Studien (Lenhart/Madden 2007; Acquisti/Gross 2006, Reinecke/Trepte 2008; Dwyer/Hiltz/Passerini 2007) beschreiben Unterschiede in der Preisgabe von Daten, die zwischen den verschiedenen Sites variieren kann. Ähnlich arbeiten qualitative Studien (Houghton/Joinsen 2010) unterschiedliche Beschwerden über Störungen der Privatsphäre durch Social Network Sites heraus. Begleitet wird dieser Gefährdungsdiskurs durch einen Diskurs der Vermachtung. Die SNS Facebook erscheint für Leistert/Röhle als »Katalysator eines gesellschaftlichen Zwangs zur Selbstdarstellung und der Jagd nach sozialem Kapital« (Leistert/Röhle 2011, S. 22). Ramòn Reichert geht von der These aus, dass »das Web 2.0 mittlerweile einen globalen Markt des Erzählens etabliert (hat), der die Präsentationsformen des Selbst im Netz in ökonomische Verwertungszusammenhänge transformiert« (Reichert 2008, S. 62). Hannelore

1 Die folgenden Ausführungen habe ich in Teilen publiziert in Wagner (2014b).

Bublitz zeigt, wie über Medien Subjektivierungsformen entstehen (Bublitz 2010). Klaus Neumann-Braun und Jörg Astheimer arbeiten in ihrer Studie über das Schweizer Partyportal Tillate heraus, wie »Freizeit und Feiern [...] unter Mediatisierungs- und Kommerzialisierungsdruck« (Neumann-Braun/Astheimer 2010, S. 27) geraten. Zudem liegen Studien vor, die die Medienformate und die damit verbundenen Machtansprüche von Informationsindustrien analysieren (Wu 2010; Morozow 2010).

Abb. 3: Aus dem Nähkästchen geplaudert. Foto: Florian a. Betz.

Dabei geraten zwei Aspekte zu kurz: Die konkreten Schreibpraktiken in Social Network Sites werden in den wenigsten Studien zum Thema gemacht. In Bezug auf die Thematisierung der gefährdeten Privatheit stellt sich zudem die Frage nach der empirischen Entfaltung von öffentlichen bzw. privaten Anschlüssen innerhalb konkreter Kommunikationspraktiken. Was wird von wem als privat erachtet und was als öffentlich? Vor dem Hintergrund der hier vorgeschlagenen Perspektive stellt sich auch die Frage nach einer möglichen Vermachtung des Subjekts durch die Formate des Web 2.0 neu. Auch wenn mit den Formaten wie Facebook tatsächlich hoher ökonomischer Gewinn erzielt werden kann, weil diese Sites für Werbezwecke genutzt werden, bleibt dennoch die Frage offen, wie die Nutzer selbst in ihren konkreten Schreibpraktiken mit diesem Phänomen umgehen.

1.1 Netzwerke affizieren Netzwerke

Der Zugang zu Social Network Sites wie Facebook wird meist darüber beschrieben, dass man sich bereits in Netzwerken bewegt hat:

> »Ähm (Pause) ich war vorher, muss ich ein bisschen ausholen, bei anderen sozialen Netzwerken, und da beim StudiVZ, und durch des, dass mein Studium dann beendet war *und ganz viele meiner damaligen StudiVZ-Freunde nicht mehr da waren und dann zu Facebook gewechselt sind,* hab ich dann auch mehr oder weniger beschlossen, zu Facebook zu wechseln.« (A-2, 1–7)
> »Und dann irgendwie glaub ich, wie ich nicht, erst ein paar Monate später hab ich das dann so gemerkt, *weil öfters Leute zu mir gesagt ha'm, ›ah, ich bin nur noch auf Facebook,* ich les meine E-Mails gar nicht mehr; Einladungen musst du mir bei Facebook schicken‹. Und dann hab ich das erst so gecheckt, dass das voll gut funktioniert, halt wenn man da Veranstaltungen macht, dann so um Einladungen zu posten, dass dann auch wirklich Leute kommen.« (A-3, Z. 12–17)

Der Entschluss, an Social Network Sites teilzunehmen, lässt sich mit Gabriel Tarde als Nachahmungsprozess beschreiben. Wie Urs Stäheli herausgearbeitet hat, kommt der Masse in Tardes Soziologie ein privilegierter Stellenwert zu: »Die Selbstreferentialität der Masse steht bei Tarde für ein Phänomen, das für alle Nachahmungsprozesse charakteristisch ist.« (Stäheli 2009, S. 402) Anhand der Figur der Masse zeigt Tarde, wie man sich Nachahmungsprozesse sozusagen in Extremform vorstellen kann:

> »Eine Masse ist ein seltsames Phänomen: Sie ist eine Versammlung heterogener Elemente, die sich gegenseitig unbekannt sind; aber sobald ein Funke der Leidenschaft entstanden ist, der von einem ihrer Elemente ausgeht, wird dieses Durcheinander elektrisiert; auf diese Weise findet ein spontaner und plötzlicher Organisationsprozeß statt. Die Inkohärenz wird kohärent, der Lärm wird zur Stimme, und die Tausende eng zusammengepferchten Leute verwandeln sich in nichts anderes als eine einzige Bestie, ein wildes Biest ohne Namen, das mit einer unaufhaltsamen Finalität seinem Ziel entgegenstrebt.« (Tarde 1890, S. 320, zitiert nach Stäheli 2009, S. 401)

In Social Network Sites kann man sich diesen Prozess der Elektrisierung von am Netzwerk beteiligten Personen vergleichsweise abgekühlter vorstellen –

zumindest dann, wenn es nicht um die Genese und den Verlauf von Shitstorms geht. Social Network Sites konstituieren nicht immer eine wildgewordene, bestiengleiche Masse, wie sie im 19. Jahrhundert beschrieben worden ist. Dennoch entwickeln sich soziale Bewegungen von einem Netzwerk zum nächsten, die sich aber eher in Gestalt verschiedener »Horden« über Nachahmungsprozesse konstituieren. Trotz der Abgrenzung zu irrational gewordenen Massenbewegungen kann man davon ausgehen, dass Netzwerke weitere Netzwerke affizieren. Wie stark die Suggestionskraft von Netzwerken dabei ausfallen kann, macht das folgende Zitat deutlich:

> »I: Wie bist du denn zu Facebook gekommen?
> X: Ich bin zu Facebook gekommen, indem ich im Endeffekt gezwungen wurde.
> I: (lacht) Wie wurdest du denn gezwungen?
> X: Ich wurde gezwungen, indem ich bei StudiVZ war lange Zeit und bei Lokalisten, aber dort die Leute abgewandert sind, und ich einer der letzten Übriggebliebenen war, und so quasi übergewandert bin, und einfach alle Freunde und alles mitgenommen habe.« (B4, Z. 1–6)

Wenn auch ironisch, so wird in diesem Zitat doch deutlich gemacht, wie wirkungsvoll die Sogkraft von sozialen Netzwerken ausfallen kann. Das Prinzip der Nachahmung wird hier zum Emergenzmechanismus. Social Network Sites charakterisieren sich deshalb ähnlich wie die Masse durch »die Spontaneität ihrer Bildung, durch die Ansteckung einer Emotion, die einen Passanten nach dem anderen erfaßt« (Tarde 1892, zitiert nach Stäheli 2009, S. 403). Der Unterschied zu über anwesende Körper vermittelten Massen besteht in Social Network Sites darin, dass diese über Kommunikationsmedien miteinander verbunden sind. Hier hatte Tarde bereits einen Unterschied in der Praxis ausgemacht. Der Einsatz moderner Verbreitungsmedien führe nicht zur Massenbildung, sondern zur Ausbildung von *Publika*, die virtuell aufeinander bezogen sind und sich vervielfältigen können. Tarde arbeitet dies insbesondere anhand der modernen Tageszeitung heraus (vgl. Ebd.). In Bezug auf Social Network Sites ist dabei interessant, dass sich die Zugehörigkeit zu einem Netzwerk zwar im Sinne von Nachahmungsprozessen, wie sie sich paradigmatisch in Gestalt der Masse zeigen, beschreiben lassen kann. Gleichzeitig bilden sich die Zugehörigkeiten zu Social Network Sites nicht als geschlossener Kreis ab, der sich für alle gleich darstellt, wie dies etwa für

Publika von Tageszeitungen der Fall war. Vielmehr zeigt sich die Sicht auf das Netzwerk immer abhängig vom Ort des Netzwerkzugehörigen. Die Vielschichtigkeit von Publika, die Tarde im Blick hatte, beschränkte sich noch auf den Sachverhalt, dass eine Person verschiedenen Öffentlichkeiten zugehören kann, also etwa zusätzlich zur Tageszeitung auch ein wissenschaftliches Buch oder einen Roman lesen kann. In Social Network Sites kommt hinzu, dass sich das geteilte Netzwerk immer als verschieden darstellt – also gar nicht von einem gleichen Netzwerk ausgegangen werden kann. Man hat es hier tatsächlich mit heterogenen Publika zu tun, die über gemeinsame Anknüpfungen von Kontaktadressen miteinander verbunden sind. Der Blick auf das Netzwerk ist aber immer abhängig vom Ort des Beobachters. Schon der Blick auf die gemeinsame Verknüpfung unterscheidet sich abhängig von der Netzwerkposition. Während etwa aus der Sicht von Person A die Meldungen (Postings) von Person B als eine unter vielen erscheint, weil sie über mehr als 1.000 Kontakte verfügt, erscheint die gleiche Meldung aus der Sicht von Person B als einzige Meldung des Tages, weil sie nur über wenige und darunter viele inaktive Kontakte verfügt. Umso erstaunlicher ist, dass trotz der Heterogenität der Publika sich auch in Social Network Sites die von Tarde für die Masse beschriebenen Affizierungsprozesse wiederfinden lassen. Dies betrifft nicht nur die Wanderungsprozesse von einer Social Network Site zu einer anderen. Es betrifft auch die Praxis des Hinzufügens neuer Kontakte, wie an den folgenden Interviewauszügen deutlich wird:

> »Des kann man, glaub ich, gar nicht irgendwie so beschreiben; *da kommt wirklich eins zum Nächsten irgendwie so.* Dann trifft man mal hier jemanden, den trifft man wirklich so (Pause), dann befreundet man sich. Es ist aber fast schon wieder die Ausnahme so: oftmals geht's auch so, dass einfach Kommentare einem sympathisch erscheinen und sich des über 'ne Zeit irgendwie dann wieder so wiederholt, und dann klickt man einfach mal den, den (Pause) Freundebutton. *Also des entwickelt sich so irgendwie so ganz dynamisch.*« (A-5, Z. 301–313)
>
> »Und dann denk ich mir so zum Gag: ›*So, den add ich mal, und den add ich mal.*‹ Und dann ist es aber tatsächlich so, dass die dann auch gucken, wer sie geaddet hat, so dass ich dann schon öfter angesprochen wurd: ›Ach, Du bist doch jetzt die XY, wir sind doch jetzt auf Facebook befreundet‹, oder so. Wo man dann eigentlich dadurch die Leute kennengelernt hat. Wo man sich sonst

> aber gar nicht getraut hätte, die anzusprechen, oder irgendwie so.« (A-3, Z. 272–283)
> »[U]nd dann hab ich des so angefangen halt, und da hab ich dann, glaub ich, auch angefangen, so wirklich dann auch Leute zu adden, *und dann geht das ja voll schnell, dass man dann auch selber von tausend Leuten geaddet wird*, irgendwie so.« (A-6, Z. 22–26)

Die breite Forschungslandschaft zu Netzwerken interessiert sich vordringlich für deren räumliche Konnektivitäten und Stabilität (vgl. im Überblick Holzer 2006). Ein Netzwerk ist demnach »im Wesentlichen räumlich, und seine universalen Eigenschaften zeigen sich weniger in seinem dynamischen Funktionieren als vielmehr darin, dass ein Netzwerk statische Muster bildet, die jenseits seiner Temporalität existieren.« (Thacker 2009, S. 37) Thacker zielt im Gegensatz hierzu auf die dynamischen Aspekte von Netzwerken ab. Demnach verfügen Netzwerke über ein hohes Affizierungspotential, sie können topologisch geschichtet und divers auftreten. Knotenpunkte im Netzwerk treten als Multigraphen bzw. Polygraphen auf, die jeweils etwas Unterschiedliches meinen – je nachdem, von welchem Bezugspunkt im Netzwerk und in welchem Kontext sie beobachtet werden. Die Praxis der Vernetzung in Social Network Sites macht diesen zeitlichen Aspekt von Netzwerken auf besondere Weise sichtbar. Auch hier zeigt sich das hohe Affizierungspotential von Social Network Sites, wobei sich mit jedem hinzugefügten Kontakt das Netzwerk wandelt und transformiert.

1.2 Überraschte Autorschaften

Die Sogwirkung von Netzwerken überrascht die Teilnehmer am Netzwerk selbst. Wer sich einmal bei einer Social Network Site angemeldet hat, findet sich rasch als Autor vor einem Publikum wieder, mit dem er unter Umständen gar nicht gerechnet hat, wie das folgende Beispiel zeigt:

> »[D]as hab ich auch gemerkt, dass das krass gut funktioniert, irgendwie. *Also ich wunder mich dann auch oft irgendwie, also, wie diese Algorithmen sind (Pause), also wer das dann immer kriegt die Sachen. Weil dann teilweise Leute, die ich fast gar nicht kenn, irgendwie, die ich mal hinzugefügt habe* (Pause), ich weiß, da ist so'n Kunstsammler, oder irgendwie so (Pause), schreiben dann (Pause), dann post ich irgendwas, und dann kommt so 'ne ganz komische Antwort von dem

> irgendwie (lacht), wo ich mir denk so: ›*Häh, der hat des jetzt gelesen.*‹ *(Pause) So meine peinlichen Sachen, die ich da reingepostet hab, oder so.*« (A-3, Z. 72–87)

Eine andere Nutzerin von Social Network Sites berichtet:

> »Ja, wahrscheinlich hat man so'n Süddeutsche Zeitungs-Artikel, der über mich verfasst wurde, reingesetzt, und da hatt' ich dann plötzlich (Pause), keine Ahnung (Pause), irgenwie vierzig Kommentare drunter. Innerhalb von zwei Stunden oder so (Pause), *weil des dann ganz schnell geht, wenn nur vier Leute des kommentiert haben, dann kommt's bei den anderen ja schon auf diesen Pinnwänden oder Startseiten halt, und dann finden die des auch wieder und schreiben auch noch ihren Senf dazu, irgendwie.* Und da hab ich mich dann auch gewundert, dass des so krass funktioniert, irgendwie.« (A-6, Z. 92–107)

Die Nutzer werden damit konfrontiert, dass sie sich als private Personen plötzlich in der Rolle eines Autors vor einem Publikum wiederfinden. Ihre Mitteilungen finden sich als Adressierungen an ein Publikum wieder, mit dem ursprünglich nicht gerechnet worden ist, wie die folgenden Interviewauszüge zeigen.

> »Des ist total komisch, ja. Anfangs fand ich des extrem komisch. Auch schon allein (Pause), ich weiß nicht (Pause). Ich fand's dann ganz unangenehm, da hab ich mal was hochgeladen – einfach nur ein Video von mir – und dass dann ganz viele Leute des schon kommentiert haben und hingeklickt haben, dass es ihnen gefällt, und dann merkt man schon, dass es unangenehm ist, *so als würd man plötzlich auf der Bühne stehen und sich so outen, so komplett irgendwie.* Und dann find ich, gewöhnt man sich aber ziemlich schnell dran. Also vielleicht hilft das auch so'n bisschen, so 'ne Schüchternheit zu überwinden, oder so. Weil man echt einfach weiß, so, jetzt geb ich's da rein, so, jetzt ist es frei, so, jetzt ist's gesagt, oder so.« (A-3, 245–272)
>
> »Und (Pause) man musste natürlich am Anfang erstmal natürlich (Pause) die Idee bei Facebook irgendwie erstmal nachvollziehen, *dass man jetzt natürlich nicht mehr nur explizit einen Freund anspricht, den man ähm (Pause), dem man ähm (Pause), irgendwie was auf die Pinnwand schreibt, sondern des quasi in die Welt hinausruft.* Ja. Und des hat sich natürlich als gnadenloser Vorteil erwiesen erstmal. Also.« (A-5, Z. 22–31)

Man kann hier auch von einer überraschten Autorschaft sprechen. Identitäten sind kommunikativ zugeschriebene Adressierungen, über die Personenkonzepte als Identitäten entstehen – oder eben nicht. Zentral ist, dass sich persönliche Zuschreibungen als solche im sozialen Raum bewähren müssen, sich als anschlussfähig erweisen müssen, um Identitätsbildung zu erzeugen. Die Überraschung von Identitäten entsteht also vor dem Hintergrund der Frage nach der kommunikativen Bewährung von individuellen Adressierungen. Diese Adressierungen können schließlich unterschiedlich ausfallen: der Lebenslauf wird im Rahmen einer Bewerbung anders erzählt als in einer Liebesgeschichte. In Social Network Sites werden Personen als Autor adressiert. Die in Social Network Sites angemeldeten Personen werden von der hohen Anschlussfähigkeit ihrer kommunikativen Mitteilungen insofern überrascht, als sich hier eine sehr hohe Dynamik an Kommunikationspraktiken einstellt. Die netzwerkartige Struktur des Kommunikationsraums führt zu einer Beschleunigung und zu einer Multiplizierung der Kommunikationspraxis, die für die jeweiligen Personen nur schwer überschaubar ist. Postings können zwar grundsätzlich nur von Angehörigen des jeweiligen Netzwerks eingesehen werden. Doch können die individuellen Postings weitergeleitet und damit in ein alternatives Netzwerk verschoben und dort veröffentlicht werden. Kommentare zu Meldungen auf der Startseite können wiederum von den Kontakten desjenigen eingesehen werden, der die Meldung veröffentlicht hat. Somit können Kommentare zu Meldungen auf der Startseite wiederum von Nutzern kommentiert werden, die nicht dem eigenen Freundesnetzwerk angehören – dies jedenfalls dann, wenn die Privatsphäre des einzelnen Users entsprechend eingestellt ist. Dadurch entsteht eine enorme Eigendynamik von Kommunikationsprozessen, die von den individuellen Mitteilenden kaum mehr kontrolliert werden kann. Autorschaft sei hier nicht im Sinne einer hermeneutischen Sinnproduktion verstanden, sondern vielmehr als Herstellung einer Adresse, der bestimmte Mitteilungen zugerechnet werden können. Social Network Sites tragen dazu bei, Autorschaften massenhaft herzustellen. Sie stellen insofern auch eine Überforderung von Personen dar, da sie eine ungewohnte Art der Verbreitung von Mitteilungen und den dazu gekoppelten Adressen mit sich bringen. Die Rede vom Tod des Autors (Barthes 1968/2000; Foucault 1969/2000) richtet sich noch gegen die hermeneutische Idee individueller Sinnproduktion. Die Autorschaft im Web 2.0 unterläuft einerseits das Prinzip individueller Autorschaft, weil es immer schon die Loslösung der Mitteilung von seinem

Urheber anbietet über das Prinzip der Weiterleitung von Inhalten – hierauf soll an späterer Stelle eingegangen werden. Gleichzeitig werden massenhaft Adressen produziert, die überhaupt Mitteilungen aussenden können bzw. an individuelle Mitteilungen anschließen können. Der Autor als Ordnungsfunktion von Diskursen (Foucault) wird damit einerseits betont, andererseits relativiert: Einerseits kann nun nahezu jeder über alles schreiben, wenn er resp. sie als Nutzer in einer Social Network Site angemeldet ist. Dadurch wird die Rolle der Autorschaft aufgewertet. Der Autor als einmaliges Genie wird damit aber gleichzeitig relativiert. Individuelle Äußerungen können nun endlos getätigt werden und relativieren sich gegenseitig zueinander.

1.3 Überraschende Öffnungen: Peinlichkeiten und Fremdschämen

Ich habe bereits darauf hingewiesen, dass der sozialwissenschaftliche Diskurs zu Social Network Sites die Darstellung des Privaten in der Öffentlichkeit aus datenschutzrechtlichen Gründen problematisiert. Der sich solchermaßen abbildende Gefährdungsdiskurs nimmt an, dass mehr als bisher private Daten einem öffentlichen Publikum zugänglich gemacht werden, die dann auch noch zu ökonomischen oder sicherheitspolitischen Zwecken benutzt werden. Tatsächlich finden sich auf Facebook zahllose Beispiele von privatistisch anmutender Kommunikation, wie das folgende Beispiel zeigt:

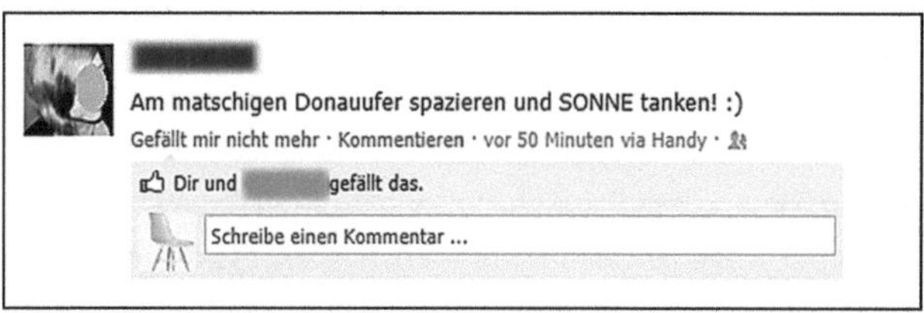

Abb. 4: Quelle: facebook.com (30.03.2013).

Postings dieser Art finden sich vielfach in der Alltagskommunikation in Social Network Sites. Entsprechend beschreiben quantitative Studien (Lenhart/Madden 2007; Acquisti/Gross 2006; Reinecke/Trepte 2008; Dwyer/Hiltz/Passerini 2007) Unterschiede in der Preisgabe von Daten, die zwischen den verschiedenen Sites variieren können. Ähnlich arbeiten qualitative Studien (Houghton/Joinsen 2010) unterschiedliche Beschwerden über Störungen der Privatsphäre durch SNSs heraus. Was in dieser Art von Studien zu kurz kommt, ist die Frage nach der Herstellung von Privatheit in den kommunikativen Strukturen der Social Network Sites. Privatheit wird in diesen Studien immer schon vorausgesetzt, anstelle sich zu fragen, was für wen als privates Datum (noch) gilt und was nicht.

Nimmt man die Kommunikationspraktiken in Social Network Sites empirisch in den Blick, so fällt in Bezug auf Privatheit Unterschiedliches auf. Zunächst wird sichtbar, dass die individuellen Nutzer von der Öffentlichkeit ihrer Mitteilungen überrascht werden. Dies sollten die bisherigen Ausführungen zeigen. Die überraschende Konfrontation mit einem Publikum führt wiederum zu Peinlichkeiten und Fremdschämen: Private Informationen werden einem bislang nicht dagewesenen Publikum zugänglich gemacht. Dies zeigen die folgenden Interviewauszüge:

> »[W]as mir auf die Nerven ging oder was ich auch selber nie (Pause), oder versucht hab zu vermeiden, waren diese Statusmeldungen, ›hat sich gerade 'nen Kaffee gemacht und schnappt sich jetzt mal die Zeitung‹, oder dass eben gerade so die Leute geschrieben haben ›geht jetzt aufs Klo und macht dann die Hose wieder zu‹, also des hätt' dann gerade noch gefehlt; es hat mich recht schnell überrascht, dass viele so belanglosen Kram schreiben, ohne jeglichen Witz auch manchmal, und ähm (Pause) des hab ich schon versucht, zu vermeiden.« (A-1, 120–132)
>
> »Also, was ich zum Beispiel gar nicht gern mag, ist dieses Pinnwand-Dings, also des fängt schon an bei Geburtstagen, dass man dann sieht, ›also der und der hat demjenigen an die Pinnwand geschrieben zum Geburtstag‹ – also, da fängt's schon an, dass ich dem lieber ne Nachricht schreib.« (A-1, 215–219)
>
> »[A]lso wenn da jemand ständig postet: ›Yeah, also ich bin fertig mit dem (Pause) mit dem Deutschschulaufgaben Korrigieren, äh (Pause), jetzt können die Sommerferien losgehen‹, dann denk ich mir: ›Wow, es sind noch vier Wochen.‹ (Pause) Und aber auch in so 'nem (Pause), man kann auch über Deutschschulaufgaben spannend posten, aber des ist halt langweilig.« (A-4, Z. 44–51)

Was diese Interviewauszüge aber gleichzeitig zeigen, ist, dass Social Network Sites zur Herstellung jener Grenze führen, die Inhalte als öffentliche bzw. als private markiert. Indem öffentlich einsehbare Inhalte als zu intim beobachtet werden, werden individuelle Grenzen der möglichen Selbstthematisierung vor einem Publikum gezogen. Es handelt sich insofern um Herstellungsprozesse des Privaten, die sich über Social Network Sites ergeben. Gleichzeitig zeigen die Interviewauszüge, dass die Grenzen des Privaten unterschiedlich verlaufen können. Die Nutzer von Social Network Sites werden damit konfrontiert, dass ihre individuellen Grenzsetzungen nicht die einzig möglichen sind.

Überschneidung sozialer Kreise

Simmel geht davon aus, dass sich die moderne Gesellschaft durch die Differenzierung sozialer Kreise etabliert. »Eine unermeßliche Möglichkeit von individualisierenden Kombinationen tut sich dadurch auf, daß der Einzelne einer Mannigfaltigkeit von Kreisen angehört, in denen das Verhältnis von Konkurrenz und Zusammenschluß stark variiert.« (Simmel 1908/1992, S. 479) Für Simmel ist es gerade die Unterschiedlichkeit parallel angesiedelter, differenzierter Gruppen resp. Kreise, die zur Herausbildung des modernen Menschen als individualisierter Person führt. In Social Network Sites werden diese unterschiedlichen Kreise nun füreinander sichtbar und vermengt. Dies fordert den Teilnehmern ein hohes Maß an Takt und Stilgefühl ab. Freundschaften mit Arbeitskollegen oder früheren Bekannten müssen etwa aus Taktgefühl angenommen werden. Dies führt zur Vergrößerung und Vermengung von Publika, was wiederum in der Art der Kommunikation einkalkuliert werden muss:

> »Also meistens sind Leute, von denen ich auch (Pause), die auch im wahren Leben jetzt mir nicht so eng wären. Also wenn's jetzt wirklich jemand ist, den ich gerne mag und der halt ab und zu mal was schreibt, des ist ja was anderes. Aber des waren meistens Leute, wo vorher schon klar war, dass ich die jetzt nicht unbedingt da hätte und *dann auch eher aus Höflichkeit die Freundschaft angenommen hab. Und ähm (Pause), denen hab ich's dann eben auch nicht gekündigt – aus eben dem Grund* – aber lesen will ich's halt nicht. Ich selber verberge eigentlich sehr selten was. Also wenn, dann wirklich nur (Pause), dann verberg ich's eigentlich nicht, sondern mach nur 'nem speziellen Kreis das zugänglich. Aber eigentlich sind fast alle meine Sachen offen.« (A-6, Z. 772–789)

Der Effekt der Ausdifferenzierung sozialer Kreise bestand für Simmel in der Individualisierung von Personen. »(J)e mannigfaltigere Gruppeninteressen sich in uns treffen und zum Austrag kommen wollen, umso entschiedener wird das Ich sich seiner Einheit bewußt.« (Simmel 1908/1992, S. 468) Nichts anderes zeigt sich in folgendem Interviewauszug:

> »Und wenn ich mir zum Beispiel anschaue, über was andere Leute kommunizieren (Pause), und wenn man das dann bei Kollegen hört und sich dann so denkt: ›Ja, krass, *das sind ganz andere Welten als jetzt bei mir.*‹ Die eine hat ihre Urlaubsfotos halt komplett hochgeladen, massenhaft überhaupt auch Fotos von Geburtstagen und so. Des mach ich zum Beispiel nie.« (B-2, Z. 201–204)

Durch die Vermengung sozialer Kreise in Social Network Sites stellt sich hingegen ein weiterer Effekt ein: durch die individuelle Zurechnung von Kommunikationsweisen vor einem Publikum verändert sich die ursprünglich offene Art der Kommunikation. Privatheit wird nicht nur unterschiedlich als öffentlich sichtbare Kommunikationspraktik hergestellt. Privatheit wird über das Sichtbarwerden unterschiedlicher Handhabungen hiermit ausgehandelt. Die Grenze zwischen dem, was als private Information noch für ein Publikum sichtbar werden soll und was nicht, wird unterschiedlich gezogen in Abgleich mit jenen Kommunikationspraktiken, die durch alternative Nutzer sichtbar werden. Heißt: beobachtbar werden nun gleichzeitig bestehende unterschiedliche Kulturen im Umgang mit Privatheit. Die Vermengung sozialer Kreise in Social Network Sites nötigt einem dann Grenzziehungen aus unterschiedlichen Gründen ab. Einerseits werden, wie im obigen Zitat angeführt, *ganz andere Welten* sichtbar, die den individuellen Nutzer mit unterschiedlichen Handhabungen der Grenzziehung von Öffentlichkeit und Privatheit konfrontieren und damit zur Destabilisierung der eigenen Grenzziehung zunächst einmal anregen. Es drängt sich vor dem Hintergrund der Publikationspraktik alternativer Nutzer die Frage auf, wie die eigene Grenzziehung erfolgen soll. Gleichzeitig führen Social Network Sites durch die Überlappung unterschiedlicher sozialer Kreise dazu, dass ein hohes Maß an Langsicht in Bezug auf die Veröffentlichung privater Daten abverlangt wird: *Wenn alles für alle sichtbar werden kann, stellt sich die Frage, was für wen sichtbar werden soll.* Insofern tragen Social Network Sites dazu bei, die Grenzziehung der Markierung von Öffentlichkeit und Privatheit zumindest zu destabilisieren und neu auszuhandeln.

Privatheit: Inszenierung und Aushandlung

Welche Daten werden für welches Publikum als veröffentlichbar erachtet? Welche sollen für wen lieber im Geheimen verbleiben? Aus der Soziologie der Privatheit weiß man, dass sich das Verständnis einer bürgerlichen Privatheit immer schon vor einem Publikum herstellt. Habermas geht etwa davon aus, dass sich private Gefühle erst vor dem Publikum der Lesegesellschaft als solche etablieren und manifestieren. Dabei spielen Medien eine entscheidende Rolle:

> »In der Sphäre der kleinfamilialen Intimität verstehen die Privatleute sich als unabhängig auch noch von der privaten Sphäre ihrer wirtschaftlichen Tätigkeit – eben als Menschen, die zueinander in ›rein menschliche‹ Beziehung treten können; deren literarische Form ist damals der Briefwechsel. Das 18. Jahrhundert wird nicht zufällig zu einem des Briefes; Briefe schreibend entfaltet sich das Individuum in seiner Subjektivität.« (Habermas 1963/1990, S. 114)

Auch Koschorke geht von einer engen Koppelung von medialen Schreibpraktiken und der Herstellung von Intimität aus. Für das Zeitalter des Briefes erklärt Koschorke: »Im Hintergrund des offiziellen Salontons kündigt sich ein Code der Intimität an, dessen technische Bedingung die schriftlichen Verkehrsformen sind.« (Koschorke 1999, S. 175) Das allein am Schreibtisch Briefe abfassende Subjekt entwickelt vor dem Publikum des Adressaten in der Fremde das Gefühl der Einsamkeit und damit einer Innerlichkeit und Privatheit.

> »Die Erschließung der Einsamkeit als eines lebbaren und sogar kollektivierbaren Zustands findet auf drei Ebenen statt. Sie betrifft erstens das sowohl ökonomisch als auch affektsemantisch vollzogene Eindringen in unbewohnte, jenseits der gesellschaftlichen Ordnung liegende Räume. Zweitens führt sie [...] zum Aufbau von Umgangsformen, deren Kennzeichen das Hinaustreten aus den festen Interaktionsbindungen ist. Drittens hat sie Konsequenzen in psychogenetischer Hinsicht, insofern sie das Ich, das zuvor gleichsam unausgedehnt und wenig mehr als der Name für eine Abweichung war, zu einer Innenwelt anwachsen lassen.« (Ebd. S. 177)

Von dieser Form der Intimität und Privatheit, der bürgerlichen Empfindsamkeit, unterscheidet sich die auf Facebook hergestellte. Habermas bemerkt etwa:

> »Im Zeitalter der Empfindsamkeit sind Briefe Behälter für die ›Ergießung der Herzen‹ eher als für ›kalte Nachrichten‹, die, wenn sie überhaupt erwähnt werden, der Entschuldigung bedürfen. Der Brief gilt, im zeitgenössischen

> Jargon, [...] als ›Abdruck der Seele‹, als ein ›Seelenbesuch‹; Briefe wollen mit Herzblut geschrieben, wollen geradezu geweint sein.« (Habermas 1963/1990, S. 113)

Blickt man auf die Schreibpraktiken bei Facebook, zeigen sich einerseits zwar private Kommentare – diese stellen sich aber gleichzeitig als so unbestimmt dar, dass sie sich für ein Publikum als anschlussfähig erweisen können.

> »[W]eil es einfach schon so ist, dass ich dann auch in einer beruflichen Position bin, wo des dann einfach nicht mehr geht, dass ich dann gegoogelt werden könnte und bei Facebook gefunden werden könnte mit irgendeinem Profilbild. Des kann noch so adrett sein und noch so hübsch, des möchte ich nicht. Und wie gesagt (Pause), ähm, (Pause), ich hab mich dann entschieden für realer Name und Fakeprofilbild und die Profilbilder wähle ich dann aus (Pause), wie mir grad (Pause), wie ich dann lustig bin; nach irgendeiner Sache, die ich grad lustig find, die ich grad wichtig find, die mich grad interessiert, die ich grad mit Freunden erlebt hab (Pause), *aber die in erster Linie nix mit meiner Person zu tun hat, sondern nur ganz im weitesten, weitesten, weitesten Sinn.«* (A-1, Z. 435–461)
>
> »*[I]ch versuch immer Sachen zu posten, die für alle verträglich sind.* Also klar sind manche Freunde wahrscheinlich genervt von der xten Konzertneuigkeit aus München, wenn sie selber in Hamburg wohnen, aber ich versuche jetzt zum Beispiel auch zum Beispiel auf Musikkontakte, mit denen ich privat jetzt sonst nix zu tun hab (Pause), halt auch keine privaten Sachen zu posten, die irgendwie mir unangenehm sein könnten vor denen. *Und ich (Pause), ich find, die können auch mal ein Foto von meinem Sohn sehen oder von uns dreien im Urlaub, aber des (Pause), ich würd jetzt halt keins posten, wo wir zu dritt, halb nackt, uns im Bett wälzen, und ähm (Pause) noch ich dabei \`ne Champagnerflasche hochhalte oder so (lacht). Ähm, (Pause) ich bin jetzt auch, hab jetzt auch keine Partybilder groß, oder so, dieses, also ich versuch schon des für alle irgendwie ähm im Rahmen zu halten.«* (A-2, Z. 193–211)

Ein drastisches Beispiel zur Veranschaulichung dieser These mag der folgende Fall sein. Eine Facebook-Userin, die über mehr als 400 Freunde in ihrem Netzwerk verfügt, nutzte einen Haken, um ihre soeben erfolgte Heirat zu verkünden.

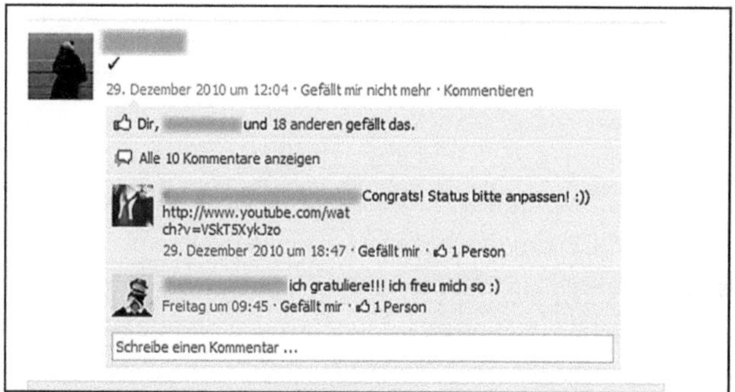

Abb. 5: Quelle: facebook.com (29.12.2010).

Hiermit wird ein privater Kommentar getätigt, der aber gleichzeitig vergleichsweise unbestimmt bleibt. Was mit dem Haken gemeint sein könnte, wird nur für jene ersichtlich, die über die Hintergründe der Heiratspläne informiert sind. Gleichzeitig können aber unterschiedlichste Anschlüsse erfolgen, der Haken kann als gefällig markiert werden (Like-Button), obwohl man nicht über die näheren Hintergründe Bescheid weiß. Deutlich wird dabei mindestens zweierlei: Zunächst zeigt sich, dass die privaten Informationen auf Facebook sich vor einem Publikum entfalten und insofern als private Informationen hergestellt werden. Es handelt sich um eine *inszenierte Privatheit,* die sich hier vor einem Publikum entfaltet. Die Art der Herstellung von Privatheit kalkuliert damit immer schon das Publikum mit ein, wie der folgende Interviewausschnitt zeigt:

> »X: Aber eben auch, weil wir uns dafür entschieden haben, dass wir nichts äh (Pause) gleich dann ›Juhuu, wir ham geheiratet, äh (Pause), hier ist unser Hochzeitsfoto‹, machen werden, sondern des erstmal privater (Pause), äh, behandeln.
> I: Ist privater (Pause), wär dir das peinlich, sowas da reinzustellen?
> X: Nee, ähm (Pause), aber meinem Mann wär es unangenehm. Und äh (Pause, lacht), des ist einfach 'ne Sache, die man dann respektieren muss, ja.« (I-A-3, Z. 473–492)

Durch diese Praxis der Einkalkulation von Publika entstehen Schreibweisen, die sich zwar als privatistische lesen lassen können, dabei verbleiben sie aber gleichsam im Unbestimmten. Hieraus kann bei Facebook ein regelrechtes

Spiel der In- und Exklusion von Publika entstehen, wie das folgende Fallbeispiel zeigt. Ein User berichtet von gelegentlichem heimlichen Drogenkonsum mit Freunden, der durch Postings auf der Userseite des Befragten kommentiert wurde.

> »Weil eigentlich, wenn jetzt jemand das sieht, ohne zu wissen, was jetzt irgendwie so die Hintergeschichte ist, dann versteht er es überhaupt nicht. Da ist irgendwie so ein Bild von so 'nem komischen Mann irgendwie (Pause), schaut irgendwie seltsam aus; und drunter steht irgendwas mit Spiritualität. Kann man überhaupt nicht einordnen. Aber ich glaub, dass man es trotzdem macht, weil es ja trotzdem nochmal irgendwie so 'ne Möglichkeit ist (Pause) so 'ne Möglichkeit der Selbsterfindung oder man demonstriert damit irgendwie so 'n Insiderwissen, was dann natürlich immer attraktiv sein muss, nach außen (Pause), weil, sonst würd man es ja nicht posten.« (I-A-4, Z. 217–225)

Auch hier wird in der Herstellung einer inszenierten Privatheit vor einem Publikum auf das kommunikative Mittel der Unbestimmtheit zurückgegriffen, um diese Privatheit zu kommunizieren. Es werden bestimmte Mitteilungen genutzt, die für spezifische Adressaten einen spezifischen Informationswert besitzen. Deshalb müssen alternative Adressaten nicht von der Kommunikation ausgeschlossen sein. Der Informationswert der Mitteilung wird so gefasst, dass er sich für unterschiedlichste Publika auf verschiedene Weise als anschlussfähig erweisen kann. Vor diesem Hintergrund werden dann auch Postings verständlich, die sich zunächst als völlig sinnfrei lesen, wie der folgende Ausschnitt zeigt:

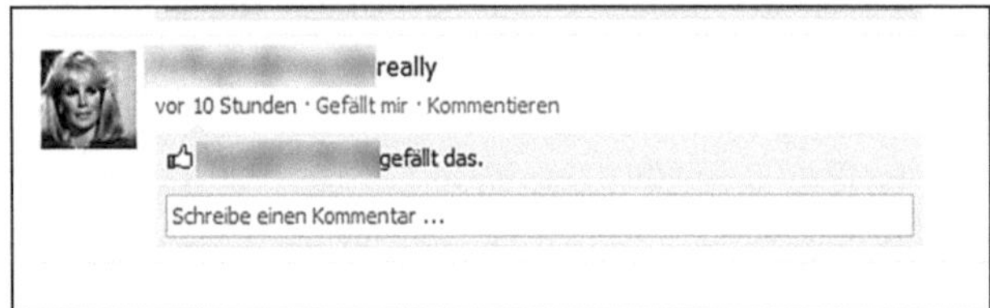

Abb. 6: Quelle: facebook.com (12.02.2012).

Was mit dem hier erfolgten Kommentar (»really«) gemeint sein könnte, verbleibt im Unklaren. Wenn überhaupt, dann wird es nur Personen deutlich, die über eventuelle Hintergrundgeschichten (Hinterbühnen) informiert sind.

Gleichzeitig fällt aber auf, dass es für die Art der Kommunikation auf Facebook gar nicht von Relevanz sein muss, über Hintergrundgeschichten informiert worden zu sein. Was von Interesse ist, ist nicht die Authentizität des beschriebenen Gefühls, sondern vielmehr der kommunikative Anschluss. Es geht um Assoziationen, die sich aber nicht im Sinne einer Gefühlslage bürgerlicher Empfindsamkeit ausdrückt, sondern eher im Mantel der Unbestimmtheit gekleidet ist, wie der folgende Interviewausschnitt zeigt:

> »Ja, also man kann, (Pause), äh, ich weiß nicht (Pause), es hat die Kommunikation bei mir generell auch so'n bisschen verändert, weil man (Pause), wenn jemand, der sowieso sehr assoziativ denkt, und des ist zum Beispiel so (Pause), jemand schreibt was, und (Pause), was ganz oft ist, Leute posten dann irgendein Bild, suchen irgendein Bild, das sie dran erinnert oder ein Lied, das sie dran erinnert, und, äh (Pause), posten des dazu. Und das hat sich auch erst so entwickelt, dass man sieht, dass es geht, es selber macht, und dann (Pause), ähm (Pause), und des find ich auch sehr spannend dran (Pause), also dass einem so (Pause), dass einem da mehrere Dimensionen der Kommunikation (Pause), es ist ein bisschen so wie Telepathie (lacht).« (I-A-3, Z. 415–429)

Sichtbar werden in den Alltagskommunikationen bei Facebook assoziative Kommunikationen, die sich eher über Atmosphären der Kommunikation als über Wissensvermittlung etablieren. Damit rücken die hier verhandelten Kommunikationen in die Nähe von ästhetischen Kommunikationen. George Herbert Mead hat ästhetische Erfahrungen eng an die Möglichkeit des Gemeinschaftserlebens gekoppelt. Ästhetische Erfahrungen bindet Mead an

> »[j]ede Erfindung, die die Menschen näher zusammenbringt, so daß sie ihrer wechselseitigen Abhängigkeit gewahr werden, und die den Schatz geteilter Erfahrung vergrößert, so daß es jedem leichter wird, sich an die Stelle des andern zu versetzen, jede Form kommunikativen Austauschs, die es möglich macht, am Bewußtsein eines jeden andern teilzuhaben.« (Mead 1926/1983, 354)

Massenmedien spielen deshalb für Mead eine entscheidende Rolle in der Herstellung dieses gemeinsam geteilten Erlebnisraums. Sie können »Wunschbilder« erzeugen, die über fehlenden gemeinsamen Erfahrungsraum hinwegtrösten können.

> »Ob diese Form der Wunscherfüllung eine ästhetische Funktion hat oder nicht, hängt davon ab, ob die Nachrichtengeschichte, nachdem sie in die verlangte Form gegossen wurde, dem Leser erlaubt, seine eigene Erfahrung als die mit der Gemeinschaft, der er sich zugehörig fühlt, geteilte Erfahrung zu deuten.« (Ebd. 355)

Als gemeinsame Erfahrung gedeutet werden können auch die Facebook-Postings von den oben zitierten Usern. Die Posting-Inhalte spielen in der Erzeugung von gemeinsam geteilten Erlebnisräumen eine untergeordnete Rolle. Sie stellen vielmehr ein Äquivalent jener Wunschbilder dar, von denen Mead im Hinblick auf die Massenmedien spricht. Die Inklusion in das Netzwerk erfolgt schlicht über den kommunikativen Anschluss und nicht so sehr in der »eigentlichen« Dechiffrierung des mit dem jeweiligen Posting mitgeteilten Inhalts. Damit funktionieren die privatistischen Schreibpraktiken bei Facebook womöglich funktional äquivalent zu jenen, die die kulturwissenschaftliche Analyse der Intimität herausgearbeitet hat. Die Praxis des Briefeschreibens an eine abwesende Person produzierte die Notwendigkeit, Semantiken und kommunikative Stile zu entwickeln, die Co-Präsenz und Authentizität simulieren konnten. Die hierbei generierten Praktiken lesen sich zum Teil ähnlich wie jene in Social Network Sites. Goethe fügte etwa in einen Brief an Auguste zu Stolberg, einer begeisterten Anhängerin seiner Werke, eine mit Gedankenstrichen angefüllte Zeile hinzu (Goethe, 3.8.1775). Ziel dieser symbolischen Reihung war, die Gräfin an Goethes Gefühlswelt teilnehmen zu lassen, die er nicht in Worte fasse wollte. In Social Network Sites kann diese Praxis wiederholt werden, wie der folgende Ausschnitt zeigt:

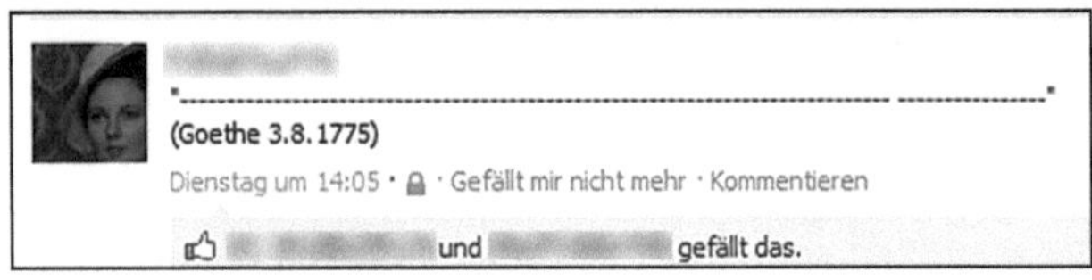

Abb. 7: Quelle: facebook.com (27.04.2014).

Der Effekt solch eines Postings ist aber nicht die Genese empfindsamer, unaussprechbarer Emotionen, sondern eher der ironische kommunikative Anschluss. Was hieraus entsteht, ist eine lose Koppelung unterschiedlichster Sprecher, die überall auf der Welt lokalisiert sein können. Das, womit private User ihre Freundesnetzwerke inkludieren können, nutzen ökonomische

Teilnehmer zur Kundenbindung. Dies zeigen etwa die folgenden beiden Ausschnitte, in denen einmal die Musikzeitschrift Spex, das andere Mal der Suhrkamp Verlag über kryptische Schreibpraktiken ihr Netzwerk inkludiert.

Abb. 8: Quelle: facebook.com (29.03.2012).

Abb. 9: Quelle: facebook.com (29.03.2012).

Mit dieser kommunikativen Praxis unterscheidet sich die marktförmige Nutzung nicht von jener der privaten Nutzer. In beiden Fällen dienen privatistisch anmutende Kommunikationen dazu, Freundesnetzwerke zu koordinieren und Anschlusskommunikationen zu ermöglichen.

Mediensoziologisch lässt sich vor diesem Hintergrund fragen, ob aus diesen Schreibpraktiken generell Transformationen in der Herstellung von Öffentlichkeit und Privatheit zu erwarten sind. Esther Milne arbeitet etwa anhand dreier unterschiedlicher medialer Formate (Brief, Postkarte, E-Mail) heraus, wie »a sense of presence emerges from a complex web of cultural assumptions, technological specificity and signifying practices.« (Milne 2010, S. 15) Präsenz, Intimität und Nähe entstehen ihrer Studie nach über medial vermittelte Abwesenheiten. In Briefen wird Präsenz über eine spezifische Materialität hergestellt: der Signifikant des Abwesenden, das Papier, die Tinte. Dabei nimmt die mediale Materialität ein komplexes Gemisch aus Ermöglichung und Verhinderung an. Denn einerseits stellt das Papier, die Tinte, der Signifikant die Präsenz des Abwesenden her – gleichzeitig verweist die Materialität des Briefes immer nur auf Abwesendes.

> »The presence, intimacy and immediacy created between epistolary subjects relies upon a complex dynamic between, on the one hand, materiality, physical locatedness and embodiment and, on the other hand, references to the material conditions of epistolary communication and the corporeal body.« (Ebd. S. 62)

Notwendig ist es deshalb, stilistische Bilder der Präsenz zu erzeugen, die die Anwesenheit des Abwesenden in eine kommunikative Gegenwärtigkeit verwandeln können. »Generating a sense of presence relies, in part, on the ability of letter writers to create images of themselves for another.« (Milne 2010, S. 62) Die Bilder dienen dann gleichermaßen dazu, die mediale Vermitteltheit der Präsenz vergessen zu lassen. Die mediale Materialität soll in den Hintergrund treten, um die vorgestellte Präsenz des Abwesenden zu ermöglichen. Die stilistischen Bilder des Briefes unterscheiden sich wiederum von jenen, die in Postkarten aufgegriffen werden. Während Briefe private Bilder der Verbundenheit erzeugen, die über Schreibpraktiken individuell erzeugt werden müssen, sind die Bilder der Postkarten öffentlich und maschinell produziert. Hier hat man es tatsächlich mit Bildern im Sinne von ikonischen Massenprodukten zu tun, die eine Szene, ein Monument, eine Landschaft zeigen. Über das Versenden dieser Massenprodukte an eine spezifische Person entsteht aber so etwas wie ein geteilter Erfahrungsraum:

»It seems to promise immediacy and intimacy between correspondents because the picture can be ›shared‹ by both writer and reader, thereby producing a personal and unique moment [...].« (Ebd. S. 119) Über die Auswahl von Bildmotiven und die spezifische Adressierung erzeugen Postkarten intime Präsenz, gleichwohl sie vergleichsweise standardisiert und öffentlich sind. Das Internet erzeugt nun wieder eine alternative Form der Präsenz. Milne begründet dies mit der speziellen zeitlichen Struktur des Netzes und der neuen Ausdifferenzierung von Öffentlichkeit und Privatheit. Selbstpräsentationen im Netz müssten sich einem erhöhten Publikumszugriff aussetzen und unterliegen einem beständigen »conversational flood«, einem kommunikativen Strom, der diese permanent verändere. »[I]n general, a letter is a product exchanged between only two people. In contrast, the sense of an audience and the theatrical style of email discussion groups means that the subject's representation, to a certain extent, takes on a life of its own.« (Ebd. S. 188) Vor dem Hintergrund dieser Studie stellt sich die Frage nach den konkreten Schreibpraktiken in Social Network Sites und die damit mögliche Transformation von Öffentlichkeit und Privatheit.

2. Transformationen

Die folgenden Überlegungen gehen der Frage nach, wie Schreibpraktiken im Web 2.0 (Facebook) dazu beitragen, ein spezifisch medial geprägtes Verhältnis von Öffentlichkeit und Privahtheit herzustellen. Hierbei wird auf unterschiedliche Schreibpraktiken verwiesen: das Profilbild, der Einsatz von Emoticons, sowie die Nutzung von im Web 2.0 üblicher Affordanzen (Kopieren, Teilen, Liken, Kommentieren, Hashtags).

2.1 Unbestimmte Sprecher: the ever changing profile picture

Social Network Sites wie Facebook erzeugen Adressen. Jeder Nutzer verfügt über einen Account, der zumindest als Hardware fest verankert ist. Auch die Software promoviert die persönliche Selbstbeschreibung von Nutzern. Es sind zunächst die Anforderungen der Site selbst, die private Adressierungen hervorrufen. Dies zeigt sich einerseits an der Statuszeile:

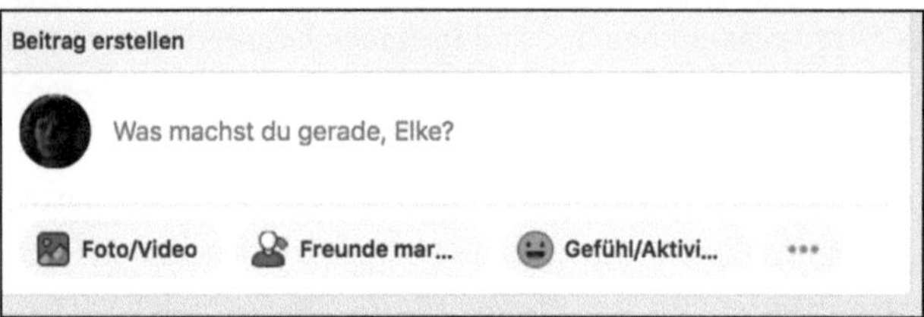

Abb. 10: Quelle: facebook.com (16.12.2018).

Die Frage danach, was man gerade tut, trägt dazu bei, persönliche Selbstbeschreibungen zumindest wahrscheinlich werden zu lassen. Andererseits wird die spezifische Anforderung der Adressierung über die Profilbilder sichtbar, die jedem Account eingefügt werden. Es sind die medialen *affordances* (Gibson 1979/1982, S. 137ff.) der Seite selbst, die diese Adressierung verlangen. Gibson versteht in seiner Wahrnehmungstheorie unter *affordances* Angebote der Umwelt, die »die Komplementarität von Lebewesen und Umwelt« (Ebd. 137) zum Ausdruck bringen sollen, etwa: die Erdoberfläche als Maßstab der Orientierung in der Fortbewegung: »Unter den *Angeboten* (affordances) der Umwelt soll das verstanden werden, was sie dem Lebewesen *anbietet* (offers), was sie *zur Verfügung stellt* (provides) oder *gewährt* (furnishes), sei es zum Guten oder zum Bösen.« (Ebd. 137). Eben jene Anforderungen an Selbstbeschreibungen von Personen bergen auch die Angebote der Social Network Site Facebook. Es ist die Anlage der Seiten, die innerhalb der Diskurslandschaft der Sozialwissenschaften dazu führt, Subjektivierung über das Web 2.0 im Sinne von Vermachtungsprozessen zu beschreiben. Mit dem Web 2.0, formuliert etwa Reichert, sei

> »eine spezifische Medienkultur der Selbstpraktiken entstanden, die vielfach die Form von Selbstführung und Bekenntnis, von Buchführung und akribischem Leistungsvergleich, von experimentellem Selbstverhältnis und Selbstinszenierung als ästhetische Praxis annimmt.« (Reichert 2008, S. 7)

Reichert spricht von der »Normalisierung von Visibilisierungszwängen« (ebd.), wenn er Formate des Web 2.0 in den Blick nimmt.

> »Als Identitätsgeneratoren tragen sie zur Strukturierung von Machtverhältnissen bei, indem sie darauf bedacht sind, Praktiken des Selbstmanagements,

> diskursive Prozesse der Wissensgenerierung und eine ›neue‹ Selbstverwirklichungskultur zu induzieren.« (Ebd. S. 21)

Auch Hannelore Bublitz geht in ihrer Studie über die Bekenntniskultur im Radiojournalismus davon aus, dass »Medienformate [...] als Foren der Subjektivierung [funktionieren, Anm. E. W.]; sie dienen als Messlatte der Einordnung und der Optimierung des Selbst« (Bublitz 2010, S. 15). Man kann die Praktiken der Subjektivierung durch Medien bereits aus der Studie von Alois Hahn zur Beichtkultur ableiten.

> »So wie der Analysand auf der Couch des Psychotherapeuten im psychoanalytischen Strukturmodell eine Matrix für seine individuelle Triebbiographie findet, so fand der mittelalterliche Kaufmann, Handwerker, Gelehrte, Priester oder Adlige in der Kasuistik der Summen und Manuale, Beichtspiegel usw. einen Raster für die Beurteilung seiner Sünden.« (Hahn 2000, S. 208)

Aus dieser Bekenntniskultur entsteht das individualisierte Subjekt der Moderne (siehe hierzu auch Foucault 1976). Neben der Bedeutung von Institutionen, wie jener der Beichte, macht Hahn auf die Bedeutung der Schrift für die Hervorbringung individueller Selbstbeschreibungen aufmerksam:

> »Eine zentrale Variable für die Art und Weise, wie Identität als durch Erinnerung und Gedächtnis gestiftete paradoxe Einheit von Gegenwart und Vergangenheit erzeugt wird, stellt die Verwendung von Schrift dar. Sie gestattet komplexe Formen der Selbstthematisierung auch unabhängig von direkter Interaktion.« (Hahn 2000, S. 8)

Was man an den Ausführungen von Alois Hahn lernen kann, ist, dass Medien spezifische Anforderungen bereit stellen können, die zur Ausbildung von Subjektivierungspraktiken führen.

Diese Anforderungen implizieren aber keinen Zwangsmechanismus, sondern lediglich Möglichkeiten, Angebote, Bedingungen, die eine spezifische Wahrscheinlichkeit der Praxisgenerierung mit sich führen können. Die Schlussfolgerungen insbesondere von Ramón Reichert im Hinblick auf den Zwang zur Selbstvisibilisierung scheinen mediale Subjektivierungsformen immer schon an einen Unterwerfungsgestus zu binden, der sich empirisch doch erst einmal als solcher ausweisen müsste. Das folgende Beispiel zeigt etwa einen alternativen Umgang mit der von der SNS Facebook geforderten Selbstvisibilisierung. Was hier sichtbar wird, ist eine Reihe an Profilbildern, die ein Nutzer über einen bestimmten Zeitraum hinweg ausgewählt und sich damit auf Facebook als Sprecher präsentiert hat. Die Bilder zeigen kein einziges Mal das Gesicht des Nutzers. Gezeigt werden statt dessen Schauspieler und Schauspielerinnen aus Filmen, Comicfiguren, ein Regierungschef, Bandfotos, ein Stofftier und das Bild eines Affen:

Abb. 11: Quelle: facebook.com (24.12.2014).

Diese Art des Umgangs mit den *affordances* der Site Facebook, sich selbst subjektivieren und visibilisieren zu müssen, zeigt einen kreativen Umgang mit Sollenserwartungen, die zu einem anderen Ergebnis führen als Ramón Reichert dies beschreibt. Anstelle eines Unterwerfungsgestus werden praktisch aktive Aneignungsweisen der medialen Formatvorlage sichtbar. Mit dem Zugriff auf mediale Bildvorlagen können in der Nutzung von Facebook unterschiedliche Probleme gelöst werden. Einerseits bleibt der Nutzer als sichtbare Persönlichkeit anonym. Andererseits kann der Nutzer durch das Auswählen von Bildvorlagen spezifische Informationen vermitteln – das Bild stellt insofern einen Kommentar und keine Visibilisierung des Nutzers dar. Beide Aspekte wurden innerhalb des hier verhandelten empirischen Materials immer wieder sichtbar. Die hier beforschten Nutzungsprofile versammelten immer wieder eher Bildvorlagen als eigene Bilder, um sich selbst darzustellen. Wenn auf eigene Profilbilder zurückgegriffen wurde, dann wurde das Gesicht meist in irgendeiner Form verdeckt (Sonnenbrille, Fotographie im Halbprofil, Mützen). Dabei müssen die Bilder nicht als Masken angesehen werden, wie Sennett dies anhand der Kleider- und Sprachordnung der Öffentlichkeit des Anciên Regime beschrieben hat.[2] Was sich hier vielmehr zeigt, sind Oberflächenästhetiken, die spielerisch eingesetzt werden, indem Anleihen bei fremden Bildern vorgenommen werden bzw. Selbstbilder verfremdet werden. Die Nutzer lösen damit das Problem, als Sprecher vor einem Publikum aufzutreten, ohne dabei selbst in Erscheinung treten zu wollen. Gleichzeitig erfüllt der Rückgriff auf mediale Formatvorlagen eine Kommentarfunktion, wie der folgende Interviewausschnitt zeigt:

> »Und wie gesagt (Pause) ähm (Pause), ich hab mich dann entschieden für realer Name und Fakeprofilbild und die Profilbilder wähle ich dann aus (Pause) wie mir grad (Pause) wie ich dann lustig bin; nach irgendeiner Sache, die ich grad lustig find, die ich grad wichtig find, die mich grad interessiert, die ich grad mit Freunden erlebt hab (Pause), *aber die in erster Linie nix mit meiner Person zu tun hat, sondern nur ganz im weitesten, weitesten, weitesten Sinn.*« (I-A-1, Z. 60–72)

Diese Kommunikationsform entspricht einer Praxis, die bereits Patricia Lange in ihrer Studie über die Nutzung der Social Network Site Youtube herausgearbeitet hat. Lange arbeitet anhand einer qualitativen, ethnographischen Studie mit YouTube-Nutzern unterschiedliche Grade von Öffentlichkeit heraus. Sie identifiziert verschiedene Praktiken der Nutzer im Umgang mit der Herstellung von Öffentlichkeit.

> »Some participants exhibited ›publicly private‹ behavior, in which video makers' identities were revealed, but content was relatively private because it was not widely accessed. In contrast, ›privately public‹ behavior involved sharing widely accessible content with many viewers, while limiting access to detailed information about video producers' identities.« (Lange 2007, S. 361)

2 »Der Körper wurde als Kleiderpuppe begriffen und die Sprache als Zeichen statt als Symbol. Dem ersten Prinzip zufolge betrachteten die Menschen Kleidung als Mittel der Dekoration und Konvention, wobei der Körper als Puppe und nicht als expressiver, lebendiger Organismus erschien. Dem zweiten Prinzip zufolge schien ihnen Sprache etwas kundzutun, das an und für sich, unabhängig von äußeren Situationen oder der Person des Sprechers, Geltung hatte.« (Sennett 1986, S. 93)

Nichts anderes geschieht auch im Falle der hier präsentierten Profilbilder. Die hier sichtbar werdenden Bildpraktiken sind Techniken des Umgangs mit dem Verhältnis von Öffentlichkeit und Privatheit, die gleichzeitig noch Kommentarfunktion haben. Kommentiert wird damit nicht unbedingt ein wissensmäßiger Sachverhalt, der sich im Hinblick auf seinen Informationswert ausdrücken ließe. Die Kommentarfunktion des Bildes verbleibt, wie der Interviewausschnitt zeigt, eher im Unbestimmten. Es geht in den meisten Fällen nicht um die Verbreitung von Wissen, sondern um gemeinsame Erlebnisse mit Freunden, bestimmte Einstellungen und Erfahrungen und Gefühlslagen, die über das Profilbild ausgedrückt werden. Entgegen der im sozialwissenschaftlichen Diskurs angenommenen Unterwerfungsgesten von Subjekten werden also aktive Nutzer sichtbar, die mit dem Problem der Öffentlichkeit von Privatheit kreativ umgehen. Als Effekt werden damit Sprecher sichtbar, die sich über Oberflächen-Ästhetiken darstellen und in der Öffentlichkeit unbestimmte Gefühlslagen präsentieren. Der Bedeutungsgehalt der Bilder wird durch ihr häufiges Wechseln gleichsam relativiert. Es sind keine Selbstpräsentationen mit tiefenhermeneutischer Ausdrucksstärke, die hier promoviert werden. Was sich zeigt, sind vielmehr kontinuierlich wechselnde Selbstpräsentationen, die dadurch dem jeweils sichtbaren Ausdruck auch die Tiefe nehmen. Die Medialität des Bildes unterstützt diese Praxis gleichsam aufgrund seiner medialen Eigenschaft:

> »Bilder ermöglichen eine assoziative Verbindung von disparaten Bildelementen und -typen […]. In einem Bild können einzelne Bedeutungselemente aus äußerst disparaten Kontexten miteinander in Verbindung gesetzt werden, ohne dass sofort eine vereinheitlichende Logik sichtbar würde.« (Stäheli 2007, S. 76)

Weil Bilder assoziativ sind, können sie auch in unterschiedlichsten Bereichen verwendet werden, ohne damit einen spezifischen Informationswert auszuweisen. So können Fremdbilder zu Selbstbildern werden. »(D)ieses ›Eindringen‹ und ›Einmischen‹ fremder Bilder (weist) darauf hin, dass visuelle Selbstbeschreibungen in erhöhtem Maße mit fremden Bildern konfrontiert sind und diese gleichzeitig aber auch für eigene Identitätskonstruktionen nutzen.« (Stäheli 2007, S. 77) Durch ihren assoziativen Charakter drängen sich Bilder als mediale Kopiervorlagen regelrecht auf. Was hierbei entsteht, ist eine Selbstbeschreibung, die sich aber nicht durch bildliche Ähnlichkeiten, den Abbildcharakter der verwendeten Formatvorlagen auszeichnet, sondern anhand des spielerischen Umgangs mit medialen Formatvorlagen. Astheimer (2010) zeigt einen ähnlichen Effekt anhand der Nightlife-Fotographie in Party-Portalen im Netz:

> »Im Zusammenspiel von Posieren und Fotografieren orientieren sich die Akteure an den Selbstentwürfen des Marktes (›Fremdbilder‹), die durch Vorbilder (Stars/Models) verkörpert werden und übernehmen diese als ihre eigenen Selbstentwürfe (›Selbstbilder‹). Verwirklicht werden also keine Selbst-, sondern Fremdbilder.« (Astheimer 2010, S. 182)

Nichts anderes geschieht im Falle der Facebook-Praktiken, wie der folgende Interviewausschnitt verdeutlicht. Ein Nutzer beschreibt den Umgang mit seinem aktuellen Profilbild, das den Fußballtrainer Berti Vogts in einem Rosengarten liegend zeigt, während er ein Buch liest:

> »Ja genau. Also jetzt als ich das Bild zum Beispiel – ich weiß gar nicht (Pause), es war gestern oder so, da hatte ich dieses Bild hochgeladen – und der liegt da eben in diesem Rosengarten und ähm (Pause) hat dieses Buch in der Hand und dieses Buch schaut aus wie so ein altes Suhrkamp-Buch. Und da kam dann sofort der erste Kommentar ›Ja, was liest er denn?‹ Und ich wusste zuerst gar nicht, ob ich gemeint bin (Pause), also, weil das jemand war, den ich kannte (Pause) auch aus nem Seminar; mit dem ich auch gemeinsam irgendwas (Pause), aber er meinte tatsächlich Berti Vogts, was der in dem Bild da grad liest. Und dann ging das da so los und dann meinte der Nächste: ›Ja, ja, der liest bestimmt Marcuse‹, oder sowas. Des schaut nämlich genauso aus. Und dann hat man nachgeguckt in so nem (Pause) und hat so'n Antiquariatsbuch gepostet, und dann schaust du dir dieses Buch [an, Anm. E. W.], das der Berti Vogts in der Hand hat, [das, Anm. E. W.) tatsächlich so aussieht (lacht), wie so'n Suhrkamp-Buch.« (I-A-2, Z. 123–132)

In diesem Interviewausschnitt wird die Assoziationskraft von Bildern buchstäblich vorgeführt. Was sich zeigt, ist nicht nur, dass Fremdbilder als Selbstbilder angeeignet werden können, weil sie assoziativ sind. Es zeigt sich auch, dass sich um die solchermaßen benutzten Fremdbilder ein Diskurs der Assoziationen entspinnen kann. Gerade weil das Bild selbst nichts

Konkretes bedeutet, kann in unterschiedlichster Weise hieran angeschlossen werden:

> »Da waren natürlich alle superbegeistert, weil natürlich dann Berti Vogts ›Triebstruktur und Gesellschaft‹ liest oder irgend sowas, und (Pause) also, und des passiert eigentlich ganz oft, dass einfach die Leute des einfach kommentieren, weil's erst mal so (Pause), also weil sie's interessiert, weil sie es skurril finden (Pause), warum jetzt denn gerade der Berti Vogts und nichts anderes, du kannst ja auch was anderes machen (Pause). Also, ich glaub nicht, dass das ein Problem ist jetzt zwischen privat und Öffentlichkeit, und dass man da was verbergen will, oder sonst, sondern es wär einfach viel zu langweilig, sich selbst ähm (Pause) permanent als Bild (Pause).« (I-A-2, Z. 134–142)

Es geht also bei den verwendeten Fremdbildern vordringlich nicht um Masken der Identifikation, sondern vielmehr um visuelle Diskursivierungspraktiken, über die erst in einem erweiterten Sinne auch Selbstbeschreibungen angefertigt werden. Die visuellen Diskursivierungspraktiken über Fremdbilder werden möglich durch den Assoziationscharakter von Bildern. Das Profilbild in Social Network Sites wird damit zu einem szenischen Schaukasten, in dem Bildinszenierungen als Orte performativer Wirklichkeitskonstitution stattfinden: Subjektivität erscheint dabei als

> »medial und materiell verkörperter Wahrnehmungs- und Erfahrungsprozeß, der performativ hervorgebracht wird und nicht von einem hypostasierbaren und festen Subjektpol ausgeht. Das durch solche Inszenierungsprozesse konstituierte Subjekt ist als Spur wahrnehmbar, die sich im performativen Zusammenspiel von Wiederholung, Ähnlichkeit und Differenz beständig löscht und erneuert.« (Kolesch/Lehmann 2002, S. 365)

2.2 Emoticons und Nicht-Wörter: die fremden Heiligen des Web 2.0

Nähert man sich den Schreibweisen auf Facebook in einem weiteren Schritt, so fällt zunächst die Nähe zur Mündlichkeit auf. Der Einsatz von Emoticons und Nicht-Wörtern in jedweder Form ist etwa eine typische Ausdrucksweise auf Facebook, wie das folgende Beispiel zeigt:

Abb. 12: Quelle: facebook.com (19.10.2010).

Tatsächlich handelt es sich hier aber um aufgeschriebene und gespeicherte Formen der Mündlichkeit. Schrift ist hier einerseits Speichermedium und andererseits, um mit Sybille Krämer zu sprechen, »nicht einfach die graphische Fixierung der gesprochenen Sprache, sondern ein auf Zwischenräumlichkeit als Darstellungsmodus beruhendes Symbolsystem sui generis.« (Krämer 2008, S. 341) Groß- und Kleinschreibung (HATE), wiederholte Buchstabenfolgen (haaaate), Auslassungen zwischen Buchstaben (h a t e) spielen für die Herstellung von Emotionen in Social Network Sites eine zentrale Rolle (siehe auch Palmgren 2011; Derks 2007). Die Rhetorizität der Sprache wird hier zum Medium der Herstellung von Emotionen. Sprache tritt hier nicht nur als Distributionsmedium auf, sondern auch als Wahrnehmungsmedium. Wie sonst nur im Kunstsystem üblich, tritt hier die verschriftlichte Sprache als Materialität in den Vordergrund. Breckner trifft in Anschluss an die Arbeiten von Langer (1979) die Unterscheidung zwischen präsentativen und diskursiven Formen der Symbolisierung. Diese Unterscheidung schließt an jene von Bild und Sprache an, fällt damit aber nicht zusammen. »Das heißt, Bild und Sprache sind nicht kategorial der einen oder anderen Form zuordenbar, vielmehr überkreuzen sich letztere innerhalb eines Mediums in vielfältiger Weise.« (Breckner 2012, S. 150) Während präsentative Formen ihren Gestaltzusammenhang aus der »simultanen Präsenz aller bedeutungstragenden Elemente« erlangen und zum Teil auch idiosynkratische Bezugnahmen ermöglichen, stellen sich diskursive Symbolisierungsweisen als »regelgeleitete sukzessive« Anordnungen heraus. »Obwohl sich Bilder mit der simultanen Präsenz ihrer Elemente für präsentative Symbolisierungen besonders gut eignen, können sie dennoch auch diskursiv Aussagen hervorbringen. Ebenso kann Sprache mit bildanschaulichen Beschreibungen Vorstellungsbilder präsentativ evozieren und zugleich mit diesen ›Bildern‹ argumentieren.« (Ebd.) Diese Vermischung von Sprach- und Bildfunktionen zeigt sich auch an dem hier präsentierten Beispiel. Sprachliche Zeichen werden zu bildhaften Symbolen umfunktioniert. Das ›D‹ gilt als lachender Mund, das ›P‹ als herausgestreckte Zunge etc.

Schandorf (2012) geht davon aus, dass Emoticons und kryptische Tags in Social Network Sites jene Funktion erfüllen, die Gesten in der Interaktion unter Anwesenden zukommen. Die Nutzung von Nicht-Wörtern in den Schreibweisen in Social Network Sites ermöglicht das Kontakthalten und eine konversationelle Bezugnahme aufeinander, obgleich die Körper füreinander nicht sichtbar sind. Social Network Sites würden zu einer immer engeren Bezugnahme aufeinander führen. Dies haben auch andere Autoren herausgearbeitet. So sprechen Licoppe und Smoreda (2005) von einer »continual connection«, Marwick und Boyd (2011) von »digital intimacy«, die durch Social Network Sites entstehen. Emoticons, Nicht-Wörtern und Tags kommt hierbei, Schandorf zufolge, die Funktion einer phatischen Kommunikation zu, wie Malinowski (1923) sie für primitive Gesellschaften herausgearbeitet hat. »Digital and social mediate text is *conversational* text that fulfills the phatic needs of typical social interaction: ›keeping in touch‹ does not in any way constitute a cultural regression but represents the fundamental ground of human cognition, which is inescapably both social and technologically dependent.« (Schandorf 2012, S. 1) In der Nutzung von Nicht-Wörtern können ähnlich wie durch den Gebrauch von Gesten Kontakte aufrechterhalten werden, ohne dabei verbal etwas kommunizieren zu müssen. Bonnie Nardi spricht entsprechend in ihrer Studie über Chat-Kommunikation von einer gefühlten Verbundenheit, von einem »feeling of connection« (Nardi 2005), das durch computervermittelte Interaktion entstehe.

Es gibt alternative Bereiche in der Sprache, in denen Nicht-Wörter auftauchen. Dabei handelt es sich um kontextlose Wörter, die semantisch nicht aufgelöst werden, wie etwa Zaubersprüche in Märchen *(Hokuspokus, Abrakadabra)*. Wie Koschorke erläutert, werden diese Ausdrücke in der Sprachwissenschaft Hapax genannt: »Es bildet einen ›Buchstabenrest‹, der als ›Gedächtnisspur‹ aus anderen, in der gegebenen Textwelt abgedunkelten oder vergessenen Zusammenhängen, als ›Loch im Text‹ und Fenster auf ein nicht weiter sinnhaft gemachtes Draußen des Textes stehengeblieben ist.« (Koschorke 2012, S. 54) Es handelt sich dabei um Wörter, die nur an einer Stelle im Text auftauchen und überliefert werden, gleichwohl ihnen keine inhaltliche Bedeutung zukommt. Sie stellen sozusagen die gegenläufige Tendenz zu den oben behandelten Emoticons und lautmalerischen Nicht-Wörtern dar. Denn während die lautmalerischen Nicht-Wörter in Social Network Sites für signifikante Gesten der Kommunikation stehen, gelten die Nicht-Wörter des Märchens als bedeutungslose Gedächtnisstützen der mündlichen Überlieferung.

> »Zu den liminalen Effekten, die sich an der Grenze einer Sprachwelt zutragen, gehört es ganz offenbar, dass auf der elementarsten Sprachebene die geregelte Distanz zwischen Signifikant und Signifikat sich auflöst, dass Buchstaben- oder Lauteffekte in die Bedeutungsproduktion eindringen oder umgekehrt sinnhafte Elemente sich zu bedeutungslosen, aber desto einprägsameren Signifikanten zurückbilden«,

erklärt Koschorke (Ebd. S. 55). Die etwa im Märchen auftauchenden bedeutungslosen Nicht-Wörter seien zwar sinnentleert, erfüllen aber eine wichtige Funktion, weil sie sich »durch Abweichung von der normalen Lautgestalt auszeichnen und gerade darum im Gedächtnis haften« bleiben (Ebd. S. 56). Koschorke zufolge sind solche Wörter in eben jenen Überlieferungszusammenhängen »fremden Heiligen ähnlich, die eine eigentümliche Macht ausüben können und mit Scheu behandelt werden, obwohl man sie weder versteht noch an sie glaubt.« (Ebd.) Die Emoticons und Nicht-Wörter des Web 2.0 lesen sich für den Laien vielleicht zunächst ähnlich fremd wie Zauberformeln im Märchen. In der Alltagskommunikation in Social Network Sites tauchen sie aber als vertraute kommunikative Mittel zur Herstellung von Nähe auf. Sie ermöglichen es, Nähe zu simulieren unter Kommunikanten, die räumlich voneinander entfernt sind. Gleichwohl sie inhaltlich im Sinne eines informationsmäßigen Arguments nichts bedeuten, erfüllen sie hier die Funktion, Wahrnehmung herzustellen. Dabei wird die Gefühlslage der Nähe erzeugt.

2.3 Gute Kopien

Anschlusskommunikationen zeigen sich in Social Network Sites insbesondere über die Praktiken des Kommentierens und des Einfügens von Videos und Bildern. Dies wird wiederum durch die *affordances* der Seiten selbst mit hervorgebracht. Facebook etwa eröffnet nicht nur die Möglichkeit, Kommentare zu veröffentlichen, sondern diese auch an Videos und Bilder zu koppeln. Was durch diese *affordance* der Seite entsteht, sind Schreibpraktiken, die sich hochgradig als Kopierpraxis manifestieren. Die folgenden Überlegungen widmen sich diesen spezifischen Schreibpraktiken in Social Network Sites am Beispiel von Facebook.

Die Praxis des Kopierens

Was in Social Network Sites wie Facebook in den Blick rückt, sind partizipative Schreibweisen. Die Schreibpraktiken auf Facebook zeigen sich weniger darin, originäre Inhalte zu produzieren, als darin, fremde Inhalte einem Publikum zugänglich zu machen. Es sind die Praktiken des Kopierens, des Teilens, des Likens und des Kommentierens, die als vordringliche Schreibpraktiken sichtbar werden. Diese sollen im Folgenden genauer diskutiert werden. In einem zweiten Schritt werden dann die Implikationen für die Autorschaft und die Inhalte im Web 2.0 näher erläutert.

Abb. 13: Schreib mal wieder! Foto: Florian a. Betz.

Kopieren als medial vermittelte Wiederholung

Wer in Social Network Sites schreibt, hat es zumeist mit der Praxis des Kopierens von Inhalten zu tun. Es sind mediale Wiederholungen, die in Social Network Sites als alltägliche Schreibpraxis funktionieren. Derrida hat bereits ganz generell für die Schrift angenommen: »Sie muss wiederholbar – iterierbar – sein in absoluter Abwesenheit des Empfängers oder der Gesamtheit der empirisch bestimmbaren Empfänger.« (Derrida 2001, S. 80) Gegen eine hermeneutische Tradition der Annahme einer kommunikativen Sinnvermittlung durch Schrift formuliert Derrida:

> »Die Möglichkeit, die Zeichen (marques) zu wiederholen und damit zu identifizieren, ist in jedem Code impliziert, macht aus ihm ein kommunizierbares, übermittelbares, entzifferbares Raster, das für einen Dritten, also für jeden möglichen Benützer überhaupt, iterierbar ist. Jede Schrift muß daher, um das zu sein, was sie ist, in radikaler Abwesenheit jedes empirisch bestimmten Empfängers überhaupt funktionieren können.« (Ebd.)

Jedes geschriebene Zeichen enthalte dabei »eine Kraft zum Bruch mit seinem Kontext, das heißt mit der Gesamtheit der Anwesenheiten, die den Moment seiner Einschreibung organisieren. Diese Kraft zum Bruch ist nicht ein zufälliges Prädikat, sondern die Struktur des Geschriebenen selbst.« (Ebd. S. 83) Die Fähigkeit zur medialen Wiederholung trifft dann nicht nur auf Schriftzeichen zu, sondern auch auf Bilder und Videos. Ludwig Jäger zeigt dies etwa anhand der Zitation und Paraphrasierung eines Bildes Ter Borchs von 1654 (vgl. Jäger 2012, S. 32 ff.). Das Bild zeigt eine Gesprächssituation zwischen einem sitzenden Offizier, einer sitzenden, an einem Glas nippenden Dame und einer stehenden Frau in Rückenansicht. Jäger zeigt nun, wie dieses Bild im Laufe der piktorialen Diskursgeschichte immer wieder aufgenommen worden ist und dabei neue und unterschiedliche Sinnzuweisungen erfahren hat. Goethe hat etwa in den *Wahlverwandtschaften* auf eine Kopie des Originals verwiesen und dieser Kopie damit Originalstatus zugewiesen.[3]

3 Im fünften Kapitel des zweiten Teils wird geschildert, wie zur abendlichen Unterhaltung auf Bildern dargestellte Szenen lebend nachgespielt und nachgestellt werden. »Als drittes hatte man die sogenannte väterliche Ermahnung von Terborch gewählt, und wer kennt nicht den herrlichen Kupferstich unseres Wille von diesem Gemälde? Einen Fuß über den andern geschlagen, sitzt ein edler, ritterlicher Vater und scheint seiner vor ihm stehenden Tochter ins Gewissen zu reden. Diese, eine herrliche Gestalt, im faltenreichen, weißen At-

Schließlich ist »der Status von Original und Kopie nie einfach gegeben, sondern immer auf Zuschreibungen und Konventionen zurückzuführen [...].« (Fehrmann et al. 2004, S. 9) Es sind erst die sozialen Diskursivierungen selbst, die sozialen »Transkriptionsleistungen« (Ebd.), die ein Original als solches konstituieren und organisieren (siehe auch Junker/Stähli 2008).

Im Rahmen von Social Network Sites wird der Bruch mit dem Kontext und die Herstellung von Anwesenheit von Abwesenden über iterierbare Zeichen zur alltäglichen Kommunikationspraxis. Das Einfügen fremder Videos (etwa Musikvideos) und Fotos (etwa Katzenbilder) wird zur alltäglichen Kommunikationsform in Social Network Sites. Dabei entsteht ein Diskurs der permanenten Wiederholung, der Dauerkopie. Social Network Sites entpuppen sich als regelrechte Kopiermaschinen, in denen vorgegebene Inhalte, wie etwa YouTube-Videos, eingefügt werden und dort neu zirkulieren.

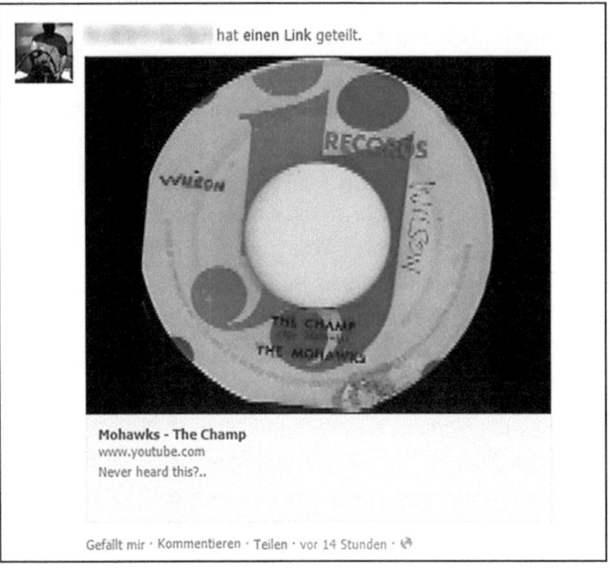

Abb. 14: Quelle: facebook.com (17.10.2011).

laskleid, wird zwar nur von hinten gesehen, aber ihr ganzes Wesen scheint anzudeuten, dass sie sich zusammennimmt. Dass jedoch die Ermahnung nicht heftig und beschämend sei, sieht man aus der Miene und Gebärde des Vaters; und was die Mutter betrifft, so scheint diese eine kleine Verlegenheit zu verbergen, indem sie in ein Glas Wein blickt, das sie eben auszuschlürfen im Begriff ist.« (Goethe 1809/1956, S. 158; 160 f.)

Das hier zitierte Beispiel zeigt einerseits eine typische Schreibpraktik auf der Social Network Site Facebook: das Einfügen eines Musikvideos durch einen Nutzer. Unterhalb des eingefügten Inhaltes besteht die Möglichkeit, diesem mit dem sogenannten ›Like‹-Button Feedback zu geben (Gefallen), diesen zu ›kommentieren‹ oder aber ihn zu ›teilen‹. Das Teilen von Inhalten in Social Network Sites gerät zu einer wesentlichen Schreibpraxis auf Social Network Sites, die zu einer permanenten Zirkulation von Inhalten führt.

Teilen: Diskurse der Zitation

Social Network Sites ermöglichen nicht nur das Einfügen fremder Inhalte, die auf alternativen Seiten im Internet gefunden wurden, sondern auch das Teilen von Inhalten, die ein anderer Nutzer auf der Social Network Site selbst gepostet hat. Dadurch wird der Kopier-Charakter des Diskurses nur aufs Neue unterstützt, wie das folgende Beispiel zeigt. Hierbei handelt es sich um ein Bild, das im Rahmen der Papstwahl im Februar 2013 entstanden ist. Das *ursprünglich* von der Organisation ›Occupy Wall Street‹ gepostete Foto kann nicht nur kommentiert und mit dem ›Gefällt mir‹-Button versehen, sondern jederzeit auch geteilt werden, so dass es im eigenen Freundesnetzwerk zirkuliert.

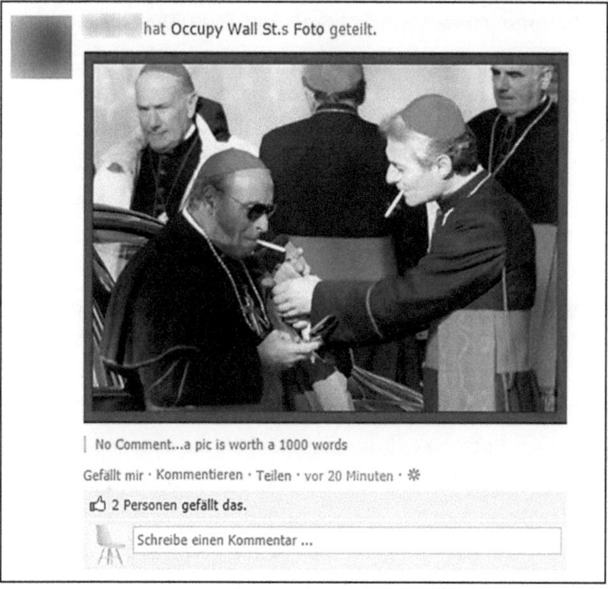

Abb. 15: Quelle: facebook.com (12.03.2012).

Social Network Sites, wie Facebook, institutionalisieren damit einen Diskurs der Zitation und der Wiederholung, die auf komplexe Weise einen Bruch mit dem Original darstellen. Einerseits werden über die Zitationen in Social Network Sites Originale konstituiert, indem individuelle Adressen produziert werden. Occupy Wall Street wird etwa im obigen Beispiel als Produzent des Fotos ausgewiesen und damit als spezifische Urheberadresse hergestellt. Andererseits ist durch die Möglichkeit der Verlinkung das ausgewiesene Original in seiner originären Bedeutung immer schon relativiert. Das Bild von Occupy Wall Street kann problemlos angeeignet werden und innerhalb unterschiedlicher Netzwerke zirkulieren. Über die Praxis der Zitation entstehen dann immer neue Adressen innerhalb des Transkriptionsdiskurses. Es sind die *Praktiken des Sekundären* (vgl. Fehrmann 2004), die hier Autorschaft produzieren.

Die Art der Aneignung von Medieninhalten erinnert hier an das, was bereits Gabriel Tarde aus der Praxis der Wiederholung ganz generell für das Prozessieren des Sozialen abgeleitet hat: »Alle Ähnlichkeiten *sozialen Ursprungs*, die der sozialen Welt angehören, sind Früchte jedweder Art von Nachahmung, also der Nachahmung von Gebräuchen oder Moden, durch Sympathie oder Gehorsam, Belehrung oder Erziehung, der naiven oder überlegten Nachahmung usw.« (Tarde 1890/2009, S. 38) Was hiermit gesagt wird, ist, dass *jede* Form sozialer Prozessierung sich auf Nachahmungsprozesse zurückführen lassen kann. Nicht umsonst hatte Tarde Medien als Vermittler von Nachahmungsprozessen besonders im Blick. Er argumentiert: »Wissen besteht aus einer Mischung von vergangenen Traditionen und gewöhnlichen, mehr oder weniger geordneten Erfahrungen und wird über den großen Träger aller Nachahmungen vermittelt, nämlich über die Sprache.« (Tarde 1890/2009, S. 38) Dass unter den heutigen medialen Bedingungen nicht nur Sprache zum Einsatz kommt, wenn es um medial vermittelte Nachahmungsprozesse geht, zeigen die hier verwendeten Beispiele.

Die funktionale Bestätigungspraxis des ›Likens‹

Der ›Gefällt mir‹-Button stellt im eigentlichen Sinne keine Kopie dar. Was man an ihm aber gleichsam beobachten kann, ist eine Art Bestätigungspraxis. Durch das Anklicken des ›Gefällt mir‹-Buttons zeigt der Leser, die Leserin, dass er bzw. sie das ihm gefällige Posting gesehen hat und verändert es dadurch gleichermaßen.

Abb. 16: Quelle: facebook.com (12.03.2012).

Die Praxis des Bestätigens in Social Network Sites ist immer wieder kritisiert worden. Sie stelle eine Art des Ratings von Inhalten dar, worüber sich die Nutzer einer Art Wahrnehmungswettbewerb aussetzen würden. Als Identitätsgenerator würde das Web 2.0 »zur Strukturierung von Machtverhältnissen« beitragen und zur Ausbildung »konformistische(r) Normalidentitäten«, formuliert etwa Reichert (2008, S. 21). Ähnlich argumentiert Eva Illouz in Bezug auf die von ihr analysierten Dating-Sites im Internet.

> »Das Eindringen von Marketingterminologie und -techniken in den Bereich zwischenmenschlicher Beziehungen kennzeichnet den Übergang zu Technologien der Austauschbarkeit, das heißt zu Technologien, die den Fundus an Auswahlmöglichkeiten vergrößern, den raschen Wechsel von einem Partner zum anderen ermöglichen und Kriterien dafür aufstellen, (potentielle) Partner miteinander und sich selbst mit anderen zu vergleichen.« (Illouz 2011, S. 331)

Dadurch würden authentische zwischenmenschliche Beziehungen ruiniert. André Hoever macht hingegen auf einen alternativen Aspekt aufmerksam. Er beschreibt in seinen Ausführungen zur Bestätigungsfunktion auf Facebook eine »Atmosphäre der Bejahung« (Hoever 2012), die über den ›Gefällt mir‹-Button entstehe. Es werde den Teilnehmern ermöglicht, zwanglos zu kommunizieren und der Diversität des Publikums Rechnung zu tragen:

> »Der Kommentierende ist freigesetzt von einem Zwang zur direkten Reaktion. Freunde von Nutzenden sind nicht gezwungen, etwas zu kommentieren und sie sind ebenso zeit- und ortsunabhängig wie diejenigen, die eine Information erst gepostet haben. Dies bedeutet, dass die negativen Aspekte eines Gesprächs; der falsche Moment, die eigene schlechte Laune, die Unlust zu einer Konversation, auch auf dieser Seite weitestgehend ausgeschaltet sind. Damit ergibt sich eine für alle Beteiligten angenehme Situation; Interaktion kann durch Kommentare hergestellt werden, doch niemand ist persönlich dazu verpflichtet.« (Hoever 2012, S. 5)

Damit werden die Adressierungen des ›Gefällt mir-‹ bzw. ›Like‹-Buttons noch einmal in ein verändertes Licht gerückt. Die Hinweise auf eine vermachtende Aufmerksamkeitsökonomie, die etwa Reichert und Illouz geben, müssen aus solch einer Perspektive an der spezifischen Kommunikationssituation in Social Network Sites vorbei gehen. Der ›Like‹-Button ermöglicht eine Praxis der Kommunikation, die selbst keinen eigenständigen Informationswert beinhalten muss und dabei dennoch das Netzwerk am Laufen halten kann. Entsprechend kommen auch Niklas Barth und Martin Stempfhuber in ihrer gemeinsamen Studie zum ›Like‹-Button zu dem Schluss: »Warum ein Posting gefällt, welche Aspekte daran von Interesse waren oder ob man das diskursiv noch irgendwie einholen müsste, rückt in den Hintergrund. In den Vordergrund rückt über die Betätigung des ›Like‹-Buttons aber die Reproduktion des Netzwerks selbst.« (Barth/Stempfhuber 2017, S. 61) Insofern kann tatsächlich von einer »Atmosphäre der Bejahung« ausgegangen werden. Der ›Like‹-Button promoviert eine Bestätigungspraxis, die sich als funktional für den Fortbestand des Netzwerkes erweist.

Man könnten nun einwänden, dass diese Beschreibung der Kommunikation auf Facebook wiederlegt wird durch die Ausweitung des ›Like‹-Buttons auf unterschiedliche Emojis und damit unterschiedliche Gefühlsreaktionen. Die Einführung von weinenden, staunenden oder auch wütend dreinblickenden Emojis scheint der Annahme einer »Atmosphäre der Bejahung« entgegen zu laufen. Die einstmals allein über den ›Like‹-Button organisierte Kommunikation wird nun ausdifferenziert; unterschiedliche Gefühlslagen können nun für ein Publikum sichtbar gemacht werden. An der These von der Reproduktion des Netzwerks durch die Organisation über das Anklicken eines Buttons ändert sich damit aber nichts. Das Anklicken auch unterschiedlichster Buttons erweist sich als funktional, um ein Netzwerk, das aus diversen, sich überlappenden Publika besteht, weiter prozessieren zu lassen.

Kommentieren als (Dis-)Kontinuieren von Bedeutungen

Die Praxis des Kommentierens kennt man gemeinhin aus dem Umgang mit heiligen, mit kanonischen Schriften oder mit Gesetzestexten. Jan Assmann beschreibt den Kommentar als besondere Form der Textarbeit.

> »Seine Besonderheit besteht darin, nicht in und mit dem Text zu reden, sondern sich als ein Text eigenen, wenn auch minderen Ranges, neben bzw. unter den Text zu stellen. Er ist ein Text, der über einen anderen Text handelt, und in diesem Sinne ein Metatext. Er ist ein Text, der wegweisend und begleitend neben einen anderen tritt, also ein Paratext [...].« (Assmann 1995, S. 28)

Der Kommentar dient dazu, einen Text aus einer anderen Gegenwart in die eigene herüberzuholen und ihn den dortigen Verstehensbedingungen anzupassen. Der Kommentar schreibt sich dabei in den Ursprungstext hinein und kontinuiert ihn (ebd.). Mit jedem Kommentar stellt sich damit gleichermaßen eine Wiederholung des Auslegungstextes ein sowie eine Verschiebung seiner Bedeutung. Nichts anderes geschieht mittels der Kommentarfunktion bei Social Network Sites. Ich möchte die Ausführungen zur Kommentarfunktion hier abbrechen, da ich hierauf noch einmal in der Zusammenfassung dieses Kapitels gesondert und verstärkt eingehen werde. Bevor ich hierzu übergehe, möchte ich diesen Abschnitt indes mit einigen wenigen Auführungen zu einem Zeichen fortführen, das für die Schreibweisen im Web 2.0 enorme Bedeutung erlangt hat: der Hashtag.

Hashtagging als poetische Verschlagwortung

Die Benutzung von Hashtags (#) spielt auf der Social Network Site Facebook eher eine untergeordnete Rolle – zumindest tauchten sie in dem von mir untersuchten Sample eher als randständige Kommunikationserscheinung auf. Der Hashtag in dem von mir untersuchten Feld wird weniger als Ordnungszeichen sichtbar als als »singuläre Ergänzung des eigenen Beitrags«, wie dies Andreas Bernard (2018, S. 76) auch für Twitter- und Instagram-User beobachtet hat: »[...] der Hashtag bleibt [...] Bestandteil einer abgeschlossenen Texteinheit, innerhalb deren [sic!] sich ironische oder poetische Bedeutungseffekte ergeben können. Diese spielerische Verwendung unterläuft die von den medialen Voreinstellungen geregelten Funktionen.« (Ebd.; siehe auch Glanz 2018) Gemeint sind damit eher individualistische Verwendungsweisen des Hashtags, wie etwa #Sunshine oder #vollgutdrauf.

Grundsätzlich kann man den Einsatz von Hashtags nicht nur in seiner Ordnungs-Funktion, also als Index von Diskursen beobachten. Er stellt gleichzeitig, im Sinne eines Schlagwortes, eine Art emotionale Parole dar, die für Aufmerksamkeit sorgen soll – man denke etwa an Hashtags wie #Tahir (2011), #BlackLivesMatter (2013), #Ferguson (2014) oder #MeToo (2018). Sie alle dienten nicht nur dazu, einen Diskurs im Netz organisatorisch zu bündeln, sondern auch dazu, hierüber Aufmerksamkeit herzustellen im Sinne einer Gegenöffentlichkeit. Sie haben dazu beigetragen, Sprechern eine Stimme zu verleihen, »deren Repräsentation in der konventionellen Medienrealität ignoriert oder verzerrt zu werden droht.« (Bernard 2018, S. 59) Insofern trägt der Einsatz von Hashtags zur Herstellung einer Öffentlichkeit im Netz und darüber hinaus bei. Bernard macht darauf aufmerksam, dass die herkömmliche Verschlagwortung von Inhalten sich insofern von dem Einsatz von Hashtags unterscheidet: »Die Organisation der Aussagen und Dokumente in der digitalen Kultur [...] macht den Willen zur Ausdehnung zum grundlegenden kommunikationstechnologischen Prinzip. Ihre Chiffre ist das Zeichen #, dessen dynamische, nach allen Seiten hin offene Gestalt die Hoffnung auf maximale Streuung verkörpert.« (Bernard 2018, S. 49) Die kollaborative Schreibweise über den Einsatz von Hashtags führt also zur Herstellung von durchaus auch affektiv aufgeladenen Publika. Hierauf möchte ich zum Schluss meiner Argumentation noch einmal zu sprechen kommen.

Konsequenzen für die Autorschaft im Web 2.0

Als Effekte all dieser Schreibweisen können die Relativierung der Autorschaft und des Ursprungsdokuments angesehen werden. Walter Benjamin hatte bereits ganz generell für die technische Reproduktion von Kunstwerken angenommen: »*Die sehr viel größeren Massen der Anteilnehmenden haben eine veränderte Art des Anteils hervorgebracht.*« (Benjamin 1935/1974, S. 165; Herv. i. O.) Während Benjamin vor allen Dingen die Transformation des Originals interessierte, also die Zertrümmerung der Aura des Kunstwerks, rückt hier unter anderem die Kopierpraxis selbst als Generator von authentischen Schreibweisen in den Mittelpunkt der Aufmerksamkeit. Wolfgang Ernst hält bereits für das Zeitalter der Fotokopie fest: »In Kopien labyrinthisch verstrickt, lassen sich keine Ursprünge mehr ausmachen.« (Ernst 1988, S. 511) Denn:

> »[N]ach Ansicht der Kopie ist das Original nicht mehr dasselbe. Vampiristisch zehren die Kopien vom Authentizitätsvorschuß ihrer Vorlagen, um gleichzeitig an deren imaginären Status mitzubauen. Am Ende ist das Original nur noch eine abwesende Größe, der Kopie eingeschrieben. Herrenlos (ohne das Signifikat des Originals) treiben die signifikanten Kopien in die Archive, die keine Archäologie mehr in Ordnung bringt.« (Ebd. S. 515)

Der Verlust des Originals ist im Rahmen von Social Network Sites keine beklagenswerte Ressource, sondern vielmehr genau jenes Moment, worüber sich die hier erfolgte Schreibpraxis am Laufen hält. Über das Kopieren fremder Inhalte können nicht nur Autorschaften multipliziert werden, indem sie sich zueinander relativieren. Die Praxis des Wiederholens kann dann auch eingesetzt werden, um Schreibpraktiken zu authentifizieren.

Multiplizierung und Relativierung der Autorschaft[4]

Historisch lässt sich feststellen, dass die Genese von Öffentlichkeit auch an die zur Verfügung stehenden medialen Übertragungsverhältnisse gebunden war. Die griechische Unterscheidung von Oikos und Polis entwickelt sich womöglich nicht ganz zufällig zu einer Zeit, in der das griechische Alphabet entstand. Freilich weiß die frühe Medientheorie der Toronto School, dass Schrift allein noch nicht ausreicht, um unterschiedliche Sichtbarkeiten so aufeinander zu beziehen, dass ein öffentlicher Diskurs im modernen Sinne entsteht. Wie Goody in seiner Untersuchung der Auswirkungen der Schrift auf die Organisation der modernen Gesellschaft bemerkt, »hat die Schrift keine unmittelbaren Konsequenzen in Bezug auf demokratische Regierungen. Es dauerte ungefähr 5000 Jahre, bis die Fähigkeit, zu lesen und zu schreiben, sich im gesamten Gesellschaftssystem zu verbreiten begann und zu einem Instrument der Demokratie, der Macht des Volkes und der Massen wurde.« (Goody 1986/1990, S. 202) Öffentlichkeit im heute gebräuchlichem Sinne ist eine Praxis, die wir dem Buchdruckzeitalter zu verdanken haben. Über den Buchdruck etablierten sich im 18. Jahrhundert Lesewelten, die über den sachlichen Austausch von Argumenten eben jene Sphäre verstetigen sollten, die

4 Die folgenden Ausführungen habe ich publiziert in Wagner (2014a).

uns heute als öffentliche vertraut ist. In der Praxis des Lesens und des Austauschs des Gelesenen wird gleichsam unsichtbar, wie über das Buch, Postillen, Zeitungen und Zeitschriften eine Linearität des Denkens produziert wird, Personen neu aufeinander bezogen werden können und Argumente entstehen. Produziert werden nun über den Buchdruck Publika, die sich über den Streit um bessere Gründe – begründete Meinungen – aufeinander beziehen lassen. Habermas (1962/1990) hat dies aufgegriffen und anhand der Analyse der frühen Lesegesellschaften in England im 18. Jahrhundert Öffentlichkeit idealtypisch im Sinne eines argumentativen Streits um bessere Gründe konzipiert. Man könnte nun gegen Habermas einwenden, dass sich schon im bürgerlichen Buchdruckzeitalter Mischformen des Öffentlichen haben finden lassen, in denen es nicht nur um Argumente ging: der Briefroman und die Autobiographie wären Beispiele. Doch auch der Briefroman und die Autobiographie verdanken sich bürgerlichen Sprechern. Diese können im öffentlichen Diskurs auftreten, weil sie besonders autorisiert sind, wie man an einem Zeitzeugen wie Kant empirisch ablesen kann. Dieser spricht etwa in seiner Schrift zur Frage: *Was ist Aufklärung?* von Öffentlichkeit als »gedankenlose(m) große(m) Haufen« (Kant 1784/1999, S. 21) und buchstabiert weiterhin aus, wie die öffentliche Sphäre des Bürgertums sich ausbilden könne: »Ich verstehe aber unter dem öffentlichen Gebrauche seiner eigenen Vernunft denjenigen, den jemand als Gelehrter von ihr vor dem ganzen Publikum der Leserwelt macht.« (Ebd. S. 22) Liest man Kants Ausführungen hier empirisch, so zeigt sich, dass die bürgerliche Öffentlichkeit sogar eigene Sprecherrollen ausbildet, die die Besonderheit der öffentlichen Sphäre verdeutlichen sollen: neben dem »Gelehrten« sind dies der Intellektuelle (Lepsius 1964), der Berufspolitiker (Weber 1919/1988) und der Journalist (Requate 1995). Das Buchdruckzeitalter produziert bürgerliche Publika als vorherrschendes Paradigma, das sich im Normalfall über begründete Meinungen selbst verständigt.

Die strenge Trennung von Öffentlichem und Privatem im Buchdruckzeitalter verändert sich durch neuartige Übertragungsverhältnisse. Hier ist vor allen Dingen der Film, spätestens aber das Fernsehen anzuführen. Anders als das Buch, das über geschriebene Sprache generalisierbares Wissen, lineares Denken und Argumente produziert hat, zeigen Film und Fernsehen nun Bilder, in denen längst nicht mehr nur die Sprecher bürgerlicher Öffentlichkeit auftreten können. Die Bildlichkeit des Mediums befördert eine andere Praxis als die Sprachlichkeit des Buchdrucks. Dies hält etwa Stuart Hall fest in seiner Auseinandersetzung mit der Aneignungsweise von Medien über das praktische Verfahren des Dekodierens: »Iconic signs are, however, particularly vulnerable to being ›read‹ as natural because visual codes of perception are very widely distributed and because this type of sign is less arbitrary than a linguistic sign […].« (Hall 1980, S. 132) Sichtbar werden im Film und im Fernsehen nun die Körper der Betroffenen, deren Erlebnissen man kaum mit besseren Argumenten widersprechen kann, wie dies im Buch üblich ist. Film und Fernsehen produzieren häufig Bilder authentischer Sprecher, die nicht mehr länger Argumente anführen müssen, um am öffentlichen Diskurs zu partizipieren. Es reicht aus, etwas erlebt zu haben. Eine ähnliche Entwicklung zeigt sich nicht nur anhand der Sendeformate, sondern auch vor dem Fernseher. Befördert wird durch das Fernsehen ein Publikum, das sich nicht mehr länger allein am besseren Argument bürgerlicher Sprecher orientiert, sondern am individuellen und authentischen Erleben von Unterhaltungsformaten. Die Media Studies der Cultural Studies (Fiske 2000) haben dies gezeigt und ein verändertes Publikum sichtbar gemacht. Auch wenn sie in ihren Arbeiten die Rolle der kulturindustriell verbreiteten Produkte bei der Ausbildung von Identitäten zugegebenermaßen sehr hoch angesetzt haben, lässt sich hieran einiges lernen: An einer Untersuchung wie von Ien Ang zum Konsum von Soap Operas wie *Dallas* (Ang 1986) kann man zumindest ablesen, dass die massenmedial vermittelte Öffentlichkeit insbesondere durch das Fernsehen zur Produktion authentischer Selbstbeschreibungen führt. Damit scheint sich ein verändertes Selbstverständnis des Publikums im Vergleich mit jenem des Zeitalters des Buchdrucks eingestellt zu haben, in dem es noch vordringlich um bessere Argumente ging. Nicht umsonst fasst gerade Habermas als Verfechter eines bürgerlichen Öffentlichkeitsmodells das Fernsehen kritisch ins Auge. Man muss dieser negativen Einschätzung nicht Folge leisten, um zu sehen, dass sich an der Praxis der Konstitution von Autorschaft etwas durch das Medium Fernsehen verändert hat.

Durch das Internet wird der eben skizzierte Wandel einerseits verstärkt, andererseits in eine alternative Richtung gelenkt. Soziologisch interessant in Bezug auf virtuelle Öffentlichkeit ist nicht nur, dass jetzt immer mehr Sprecher im öffentlichen Diskurs sichtbar werden. Es zeigt sich auch, dass hier nicht einmal mehr Sätze gesprochen und Argumente vorgebracht werden müssen, damit jemand als legitimer Sprecher auftreten kann. Es reicht an bestimmten Stellen aus, Bilder, Töne und Videos (für sich) sprechen zu lassen oder Sprachfetzen abzugeben. Die Bedeutung von Zitaten und Anspielungen, von Ironisierung und Bildern rückt im Vergleich zu Argumenten und Authentifizierungen vermehrt in den Mittelpunkt. Zwar inkludiert das Internet und dessen mobile Nutzung zusehends mehr Sprecher als das Buchdruckzeitalter und das Fernsehen über die Möglichkeit der Versprachlichung im Netz – die Praxis der Versprachlichung nimmt in Onlineforen, Blogs und Social Network Sites aber oftmals den Charakter der Mündlichkeit an. Sprache dient hier nicht nur als Distributionsmedium von Information, sondern auch als Wahrnehmungsmedium. Gleichzeitig zeigt sich eine immer weitergehendere thematische Ausdifferenzierung von Publika im Netz.

Öffentlichkeit zeigt sich hier im Plural im Sinne von Teilöffentlichkeiten, die gleichzeitig nebeneinanderher bestehen. Anders als im Buchdruckzeitalter, das eine Asymmetrie von bürgerlichen Sprechern und der aufzuklärenden Masse propagiert und eigens hierfür Sprecherrollen ausgebildet hat, kann nun tatsächlich jeder über alles sprechen, wenn es um Öffentlichkeit geht, wie das folgende Beispiel zeigt.

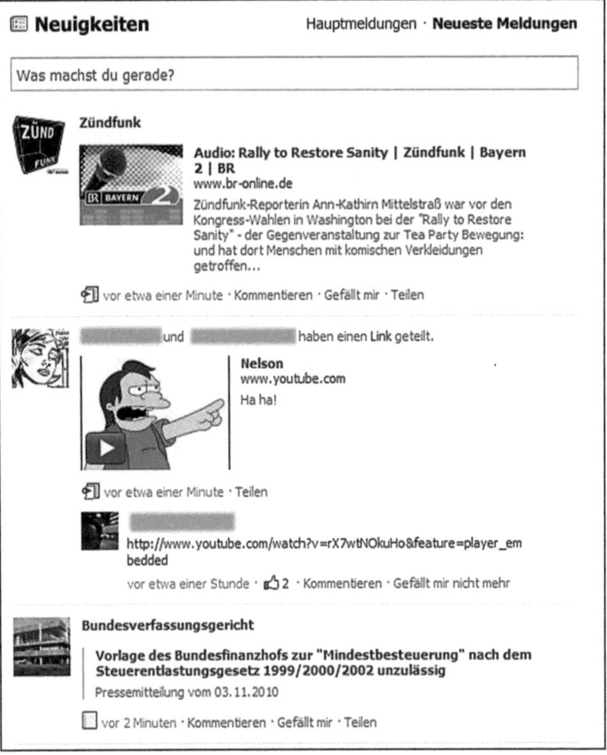

Abb. 17: Quelle: facebook.com (03.10.2010).

Die im Buchdruckzeitalter alles dominierende bürgerliche Öffentlichkeit wird nun in eine Teilöffentlichkeit verwandelt und symmetrisiert zu Publika, die als private Sprecher im Netz auftreten. Sichtbar werden nun unterschiedliche Kulturen des Sprechens oder vielmehr des Schreibens, des Bebilderns, der Vertonung, über die sich Sprecher in der Öffentlichkeit zeigen. Social Network Sites tragen über ihre netzwerkartige Struktur und die Praxis des Kopierens als alltägliche Schreibweise gleichsam dazu bei, Autorschaft zu multiplizieren und zu relativieren. Martha Woodmansee geht deshalb in ihren Studien über die Transformation von Autorschaft von einer Kollektivierung des Autors durch den Computer aus. »In vieler Hinsicht scheint die elektronische Kommunikation einen Angriff auf die Unterscheidung von ›mein‹ und ›dein‹ darzustellen, die das Konstrukt moderner Autorschaft durchsetzen wollte.« (Woodmansee 1992/2000, S. 310) Sie stellt in ihrer Paraphrasierung von Jay David Bolters Studie *Writing Space: The Computer, Hypertext, and the History of Writing* (1991) die dort untersuchten Schreibpraktiken in Analogie zu jenen, die die Renaissance noch kannte. Damals wurden sogenannte *Florilegium-Bücher* in Umlauf gebracht. Dabei handelte es sich »um Notizbücher, die dazu dienten, die für besonders wichtig angesehenen Schriften anderer abzuschreiben und eigene Entwürfe zu sammeln, wobei dies jedoch gewöhnlich planlos und ohne kennzeichnende Beifügung geschah.« (Woodmansee 1992/2000, S. 312) Diese Notizbücher dienten also der Kommentierung alternativer Schriften und deren Weiterverarbeitung.

> »Dabei wurde offenbar von der Identität des Urhebers abgesehen und auf Eigentumsverhältnisse keinerlei Rücksicht genommen. Diese Form des Lesens und Schreibens nach dem Muster der Renaissance findet heute ihre rasche Wiederbelebung vermittels der elektronischen Technologie.« (Ebd. S. 313)

Die Kopierpraktiken im Web 2.0 stellen insofern eine Kollektivierung von Autorschaft dar, als auch hier auf fremde Inhalte zurückgegriffen und in der Praxis des *copy-and-paste* sich angeeignet werden können. Der Unterschied zu den Notizbüchern der Renaissance besteht hier in Teilen aber darin, dass die geteilten Inhalte im Web 2.0 oftmals gar nicht aufgrund ihres Informationswerts geteilt werden. Sie dienen häufig eher als Wahrnehmungs- und nicht als Informationsmedium.

Unbestimmte Inhalte und Ironie

Die Praxis des Zitierens geht gemeinhin von einem starken Begriff des Originals aus. Die Angabe räumlich-zeitlicher Ursprungskoordinaten stellt ein Originäritätskonzept her, das mit einer starken Autorfigur (Autor als Genie) konnotiert ist. Sie identifiziert das Original, macht es einholbar und auffindbar. Fehrmann et al. (2004) machen darauf aufmerksam, dass diese Art des Kopierens eine spezifische Praktik des Schriftzeitalters ist. Mündliche Kulturen würden etwa nicht Adressen reproduzieren, sondern Kontexte, in denen es um eine »szenisch komplexe Rekonstruktion von situationalen Zusammenhängen« geht (Ebd. S. 14) Im digitalen Zeitalter wird das schriftbasierte Originalitätskonzept scheinbar unterlaufen. Es wird hier im Verweis auf ein Primäres geschrieben und individuelle Autorschaft damit konstituiert. Gleichzeitig wird der Hinweis auf das Original in der Praxis der Zitation gleichsam immer unwichtiger. Die Schreibweisen im Web 2.0 als Praktiken des Sekundären erfolgen oftmals nicht, um tatsächlich auf Quellen hinzuweisen und Originale als Originale zu verbreiten. Der Hinweis auf das Original hat oftmals mit der Botschaft des Senders relativ wenig zu tun. Vielmehr dienen die Zitationen in Social Network Sites dazu, über unbestimmte Inhalte Präsenz zu erzeugen. Die Zitationen ermöglichen das Aufgreifen von Inhalten, die spezifisch genug sind, um bestimmte Personen im Netzwerk zu adressieren. Gleichzeitig erweisen sie sich als unbestimmt genug, um allgemeine Anschlussfähigkeit zu sichern. Der eigentliche Inhalt von Postings rückt damit oftmals in den Hintergrund der Kommunikation, wie der folgende Interviewausschnitt zeigt:

> »[M]an muss sich einfach gewahr sein, dass jeder einfach (Pause), man muss einfach einen Allgemeinplatz finden. *Mit Allgemeinplatz mein ich, man muss etwas machen, wo wirklich jeder eine Anschlussmöglichkeit hat. Und des funktioniert dann eben dann am ehesten, wenn man keine persönlichen Sachen macht, beschreibt, postet, sondern wenn man wirklich nen Allgemeinplatz findet.* Aber Allgemeinplatz soll jetzt auch net heißen, dass es eben Kuckucksheimsachen sind, sondern schon irgendwie, sondern die tatsächlich jetzt schon nen realen Hintergrund haben (Pause), aber die jetzt auch auf die Person auch nicht rückbezogen werden können direkt.« (A-1, Z. 501–511)

Der hier Interviewte stellt auf die Bedeutung von unbestimmten Inhalten ab, wenn es um die Schreibpraktiken in Social Network Sites geht. Die Inhalte müssen offen genug sein, um allgemeine Anschlussfähigkeit sichern zu können. Der Begriff der Unbestimmtheit hat einerseits in der Systemtheorie (Luhmann 2000, S. 29) Bedeutung erlangt, andererseits in der Kultursemiotik (Lotman 1974) und der Konstanzer Rezeptionstheorie (vgl. Koschorke 2012, S. 124 ff.). Ausgegangen wird davon, »dass jede Kultur innere Mechanismen zur *Erzeugung von Unbestimmtheit* besitzt« (Lotman 1974, S. 418) und diese sich als funktional für den Ordnungsaufbau erweisen. Als Beispiel verweist Lotman (ebd. S. 420) auf Bachtin, der anhand der mittelalterlichen Kultur vorführt, wie in bestimmten Fällen die Möglichkeit besteht, ein Verhalten gleichzeitig sowohl als sündig als auch als vorschriftsmäßig zu klassifizieren: »Eine derartige Einführung von Unbestimmtheit in ein streng determiniertes System vermittelt ihm ein notwendiges Potential innerer Variabilität.« (Ebd.) Auch Korschorke geht davon aus, dass jede Kommunikationsstruktur

> »einen Rest [enthält, Anm. E.W], der nicht ›aufgeht‹, der mehrdeutig oder vage bleibt. Dieser Rest [...] ist nicht bloß eine Störgröße oder der kostentreibende Nebeneffekt einer idealiter reibungsfreien Informationsübermittlung, sondern ein funktioneller Bestandteil des Kommunikationsuniversums.« (Koschorke 2012, S. 125)

Gerade weil Personen in einen »Raum des Diffusen hinein kommunizieren, sind Gesellschaften einigermaßen integrierte Gebilde.« (Ebd.) Diese Praxis der Erzeugung von unbestimmten Inhalten zur Sicherung der Anschlussfähigkeit und des Ordnungsaufbaus des Netzwerkes zeigt sich auch in Social Network Sites. Inhalte dürfen hier nicht zu bestimmt sein, um den Kommunikationsfluss aufrechtzuerhalten. Dies zeigt noch einmal folgender Interviewausschnitt, in dem ein Nutzer über die Unzulänglichkeit von Streitgesprächen auf Social Network Sites berichtet:

> »X: Ja (Pause), ja (Pause), also doch, ich hab ein paar Freunde – des sind auch Kommilitonen von mir – und ähm (Pause), da sieht (Pause), da hab ich irgendwie auch gesehen, *wie es glaub ich überhaupt keinen Sinn macht (Pause), wie's überhaupt keinen Spaß macht.* Die hatten dann wirklich quasi Kommentarfunktionen zu irgendwelchen Postings dazu benutzt, dass ähm (Pause), naja, die haben da wirklich gestritten quasi. Also, die hatten sich da irgendwie (Pause), *also des waren dann ellenlange Kommentare irgendwie, die äh (Pause),*

> *in dem (Pause), in der Situation sowieso keiner liest.* Des ist vielleicht auch so'n Hinweis (Pause), man beschränkt sich da irgendwie (Pause), also es muss prägnant sein. Die haben es irgendwie komplett anders genutzt, als ich es für mich entdeckt hatte. *Also die hatten da wirklich, ja (Pause), die hatten diskutiert quasi.* Also so ganz, ganz normal, wie es jetzt irgendwie im ... (Pause)«
> I: ... im Streitgespräch.
> X: ... im Streitgespräch irgendwie ablaufen würde. Und da dacht ich mir so: ›Ja, nee, des ist jetzt es jetzt gerade irgendwie nicht.‹ Äh, (Pause), und dann hat man da ganz schnell irgendwie so 'ne Form gefunden, ähm (Pause), die des (Pause), ja, ich weiß eigentlich gar nicht genau, wie die aussieht. Ich weiß nur, dass es das irgendwie auf alle Fälle nicht ist.« (I-A-5, Z. 101–122)

Diskursivierungen im Sinne eines argumentativen Streitgesprächs erweisen sich diesen Ausführungen zufolge als unbrauchbar, um das Netzwerk am Laufen zu halten. Sie sind zeitlich zu langwierig, binden Kommentatoren zu eng aneinander und produzieren komplizierte Themen, die dem Fluss des Netzwerks entgegenstehen. Die Zitationen von Videos hingegen ermöglichen einen Netzwerkbetrieb, der sich beständig erneuert und die Kommunikationsteilnehmer über Inhalte binden kann, die einerseits Präsenz erzeugen, andererseits aber auch den Umgang mit privaten Informationen auf ein alternatives Niveau heben. Kommunikationsteilnehmer können an der Netzwerkkommunikation über Zitationen teilnehmen, ohne auf private Informationen zurückgreifen zu müssen. Der Inhalt des Originals spielt deshalb für die Zitationen von Videos und Bildern nur eine sekundäre Rolle. Die Funktion der Zitation besteht vielmehr in der komplexen Aufrechterhaltung von Kommunikationspraktiken im Netzwerk, die einerseits Präsenz erzeugen, andererseits aber nicht zu spezifisch oder privat erfolgen sollen. Dies zeigt wiederum der folgende Interviewausschnitt, in dem darüber berichtet wird, warum eine Freundschaft im Netzwerk abgebrochen worden ist:

> »Des war zu viel (Pause), ähm (Pause), des war zu viel privater Input für mich. Also des wollt ich auch gar nicht wissen irgendwie (Pause), wer da jetzt sich mit wem entliebt, verliebt hat, wer da jetzt gerade wie, wo, mit wem ist. Des ist mal ganz interessant, aber wenn sich des mal gehäuft hat, und des zu viel privater Input (Pause), also des war mir dann (Pause), also des hat mich auch nicht interessiert.« (A-5, Z. 272–291)

Anstelle von zu konkretistischen Schreibweisen bieten sich ironische Schreibweisen an, um das Netzwerk am Laufen zu halten.

> »Also was ich auf keinen Fall mache, ist, dass ich, ähm, (Pause), so eben knallhart Privates ohne jegliche Brechung oder Ironisierung eigentlich poste. Egal, ob ich das jetzt irgendwie schreibe oder irgendwas mach oder mein Profil danach anlege, ähm (Pause), das ist immer (Pause), in irgend 'ner Form ist das schon gebrochen. Also das (Pause), da ist (Pause), da ist immer schon irgendwie dadurch, *dass es ironisiert wird, ist da so 'ne Barriere drin.*« (A-5, Z. 161–167)

Ein weiterer Befragter erklärt:

> »*Also nicht als persönliches Tagebuch*, sondern eben als Plattform für Kommunikation, zum Nachrichten Verschicken, als Austausch von Informationen, die jetzt *keine persönlichen Belange tangieren*, sondern allgemeiner Art sind (Pause), was Interessen betrifft, Musik, Film, *allgemeine soziale, gesellschaftliche und politische Angelegenheiten*, und dann und wieder Anknüpfungspunkte von Freunden zu finden, und dann die Interaktion dazu, was ein anderer dazu sagt, was ein anderer dazu meint, *ob es jetzt nur ein Spaß oder ein Schwachsinn* ist.« (A-2, Z. 22–27)

Unbestimmte Inhalte erweisen sich als praktikable Lösung, um in der Öffentlichkeit des Netzwerks als privater Sprecher aufzutreten. Ironie dient dabei der In- und Exklusion von Publika. Inhalte können über Ironisierungen einerseits so unbestimmt gehalten werden, dass sich die Inhalte als offen genug für Anschlüsse jedweder Art eignen können. Andererseits ermöglicht die Ironisierung von Inhalten eine spezifische Inklusion von Publika: nahezu jeder und jede kann den geposteten Inhalt lesen und daran anschließen. Über die Ironisierung von Inhalten können aber spezifische Hinterbühnen eröffnet werden, an denen dann nur wieder ganz bestimmte Teile der Netzwerköffentlichkeit teilnehmen können sollen.

Soziologisch betrachtet, lässt sich ironische Kommunikation als spezifisch modernes Phänomen beschreiben, das als dunkle Seite von Wertekommunikation entsteht (vgl. Luhmann 1996; im Überblick Stempfhuber 2012). Die Kommunikation von Werten setzt einen Bruch der Tradition voraus und impliziert Kontingenzerfahrung. Ironische Kommunikation ermöglicht wiederum die implizite Kommunikation von Werten und schützt sich damit gleichzeitig vor Widerspruch. Sie präsentiert sich als andere Seite des Ernstes (vgl. Bohrer 2000; Baecker 2000), kann aber gleichsam ernste Dinge, wie sie Wertekommunikation impliziert, zum Ausdruck bringen, ohne damit Kontingenzerfahrung leugnen zu müssen. Richard Rorty (1989) hat aus diesen Anhaltspunkten seine utopische Figur der liberalen Ironikerin gefasst. Martin Stempfhuber arbeitet für die soziologische Betrachtung von ironischer Kommunikation unterschiedliche Orientierungspunkte heraus: Ironische Kommunikation reagiert auf Kontingenzerfahrung und ist deshalb ein spezifisches modernes Phänomen. Sie verweist also auf mehr als ein rhetorisches Mittel der Unterhaltung, sondern ist ein spezifisch historisches Phänomen der Strukturverarbeitung von gesellschaftlichen Veränderungen. Weiterhin lässt sich ironische Kommunikation immer schon als implizite Kommunikation verstehen, die schließlich empirisch betrachtet dazu dient, spezifische Probleme der Kontextbewältigung zu lösen (siehe im Weiteren Stempfhuber 2012, S. 211). Im Falle der von Martin Stempfhuber beschriebenen praktischen Herstellung von Intimität in Paarinterviews löst ironische Kommunikation das Problem der Hervorbringung von Nähe unter den spezifischen Bedingungen der Interviewsituation. Durch ironische Kommunikation können Bilder der romantischen Liebe vor dem Publikum des soziologischen Forschers bedient werden, ohne diese schlicht zu kopieren – sie können wiederholt werden und dennoch individualistisch bleiben. Ironische Kommunikation erhält dadurch einen stark inszenatorischen Charakter.

> »Ein ironischer Kommunikationsstil erscheint insofern nicht als Feind, sondern als Bundesgenosse der Kommunikation von Intimität. Er verleiht den Interviewtexten einen starken Akzent auf ihre ästhetische Dimension, indem er in der Inszenierung von Intimität und Liebe auf diese Inszenierungsleistung verweisen kann, ohne sie dadurch zu desavouieren.« (Ebd. S. 229)

Die Problemlösungsfunktion von ironischer Kommunikation in den oben zitierten Interviewauszügen ist auf den ersten Blick etwas anders gelagert. Die Interviewtexte weisen sich hier zunächst durch ihren reinen Informationswert aus. Es wird davon berichtet, dass sich Schreibweisen in Social Network Sites über ironische Kommunikation am Laufen halten. Innerhalb der Kommunikationspraxis auf Social Network Sites löst ironische Kommunikation aber womöglich ein funktional ähnliches Problem wie in den Paarinterviews, die Martin Stempfhuber analysiert. Auch in der Kommunikation auf Social

Network Sites geht es um die Herstellung von einem spezifischen Nähe- und Distanzverhältnis. Die Zitationen von Videos, Zeitungsartikeln und Bildern stellen zunächst nichts weiter als Kopien dar, die es dem individuellen Sprecher ermöglichen, an den Schreibpraktiken im Web 2.0 teilzunehmen, ohne selbst etwas sagen zu müssen. Durch individuelle Kommentierungen werden diese Zitationen angeeignet und individualisiert. Kommentierungen ermöglichen es, ganz ähnlich wie in der Kommunikation romantischer Liebe, zu zitieren, ohne zu zitieren. Bereits medial Hergestelltes wird wiederholt, ohne es schlicht zu wiederholen – vielmehr entsteht in der Wiederholung etwas Neues, was explizit als solches ausgewiesen wird. Freilich ist schon das bloße Zitieren innerhalb des eigenen Netzwerkes eine Wiederholung, die Neues produziert. Die individuelle Inskription macht diesen Vorgang indes als solchen explizit sichtbar. Die Ironisierung von Kommentaren verdoppelt diese Explikation um ein Weiteres. Es ist nicht nur die Explikation der Wiederholung, sondern die Explikation der Explikation der Wiederholung, die sich durch ironische Kommunikation auf Social Network Sites vollzieht. Durch diesen inszenatorischen Aspekt der Schreibweisen auf Social Network Sites wird gleichsam ein spezifisches Verhältnis von Nähe und Distanz erzeugt, wie der folgende Interviewausschnitt zeigt:

> »Und des ist dann auch wieder so eine Sache, also man postet irgendwie an den innersten Kreis und denkt sich so: ›Hey, die verstehen dich jetzt, die wissen jetzt, was ich mit den Beachboys verbinde, und dem äußeren Kreis ist es dann irgendwie egal.‹« (B-3, Z. 237–243)

Durch die Kopierpraktiken in Social Network Sites vollzieht sich damit ein eigentümliches Verhältnis von Nähe und Distanz über unbestimmte Kommunikationen. Einerseits ermöglicht unbestimmte Kommunikation die Teilnahme von jedermann an den Kommunikationen im Netzwerk. Andererseits wird durch die Ironisierung von Kommunikation eine Hinterbühne geschaffen, an deren Vorgängen nur spezifische Teile der Netzwerköffentlichkeit teilnehmen können. Der Anschluss einer allgemeinen Öffentlichkeit wird dadurch aber nicht weiter gestört, wie der folgende Interviewauszug zeigt:

> »[U]nd da kann dann jeder wieder irgendwie was zu sagen. Und des entwickelt sich dann irgendwie ganz (Pause), also, es nimmt völlig unabsehbare ähm (Pause) Entwicklungen an dann. Da kann dann wieder jeder mitmachen

> irgendwie. Und dann spricht man übers Land plötzlich irgendwie und dann wieder über die Stadt und dann ist man da und ... (Pause).« (A-5, Z. 211–215)

Die Interviewausschnitte zeigen, wie die Nutzer von Social Network Sites das Problem des Umgangs mit Privatheit vor einem Publikum durch den Einsatz unbestimmter Kommunikationen lösen. Diese ermöglichen es ihnen, miteinander Kontakt zu halten, ohne zu viel von sich preisgeben zu müssen. Sie können als private Personen vor einem Publikum auftreten, ohne zu privat kommunizieren zu müssen. In Bezug auf Privatheit zeigen sich also unbestimmte Kommunikationen, die einen spezifischen Ein- und Ausschluss von Publika ermöglichen. Wichtig für den Fortbestand des Netzwerkes ist dabei gar nicht so sehr ein inhaltlicher Austausch, sondern ein Wahrnehmungsdiskurs, der sich vorwiegend über seine Anschlüsse, nicht aber über seine inhaltlichen Informationswerte definiert.

Moralität als Anschlussfähigkeit

Die bisherigen Ausführungen haben gezeigt, dass Kopierpraktiken nicht nur relativ unproblematisch als Schreibpraktiken in Social Network Sites wie Facebook operieren können. Sie haben gezeigt, dass hierüber ein ganz bestimmter Kommunikationsstil initiiert wird, nämlich einer, der über Unbestimmtheit funktioniert. Unbestimmte Inhalte ermöglichen Unterschiedliches: Einerseits eröffnen sie individuellen Nutzern die Teilnahme an Netzwerkkommunikationen, ohne selbst Inhalte generieren zu müssen. Sie lösen dabei gleichzeitig das Problem, als privater Sprecher vor einem Publikum aufzutreten. Netzwerk-Kommunikationen können nun erfolgen, ohne selbst etwas Privates veröffentlichen zu müssen. Ironische Kommunikationen und unbestimmte Kommunikationen hatten sich aber auch als Möglichkeit eröffnet, spezifische Teile der Netzwerköffentlichkeit anders inkludieren zu können als den Rest. Es wurden über ironische und über unbestimmte Kommunikationen Hinterbühnen eröffnet, die einem bestimmten Teil der Öffentlichkeit eine spezifische Inklusion eröffneten. Damit waren andere Teile des Netzwerks nicht ausgeschlossen von der Kommunikation, sie sind nur auf alternative Weise inkludiert worden. Auf die spezifische Form der In- und Exklusion von Publika soll später genauer eingegangen werden. Was hier gezeigt werden soll, ist, dass die spezifische Praxis der Herstellung von kommunikativer Anschlussfähigkeit durch Kopien in Social Network Sites sogar moralisiert werden kann, wie das folgende Beispiel veranschaulichen soll. Die Debatte um die Verhaftung der Frauenband *Pussy Riot* in Russland 2012 erfolgte auch im Rahmen von Social Network Sites. Interessant hieran ist, dass sich diese Debatte auch als Kopien-Diskurs etabliert hat. Anlässlich der Verhaftung der Bandmitglieder produzierte etwa die Musikerin *Peaches* ein Musikvideo, dass die ästhetischen Komponenten der Band *Pussy Riot* (Strickmaske, Musikproduktion im öffentlichen Raum) aufnahm (wiederholte), um sie dann zur Zirkulation im Web 2.0 freizugeben. Was sich zeigt, sind massenhafte Praktiken des Kopierens der ästhetischen Komponenten von *Pussy Riot* auch in alternativen Videos, die dann innerhalb des Web 2.0 Verbreitung finden.

Abb. 18: Quelle: facebook.com (20.07.2012).

Abb. 19: Quelle: facebook.com (20.07.2012).

Abb. 20: Quelle: facebook.com (20.07.2012).

Durch die Überschreibung fremder Videos mit individuellen Kommentaren entsteht dabei ein jeweils neuer Sinnzusammenhang. Eine vorhandene

Skriptur wird wieder zur Aufführung gebracht, indem sie durch individuelle Überschreibung angeeignet wird. Damit entsteht eine Praxis der Moralisierung von Inhalten auf alternative Weise, als dies die Moraltheorie bislang diskutiert hat. Innerhalb der Diskurstheorie von Jürgen Habermas sind es originäre und authentisch vorgebrachte Beiträge, die die Operativität eines Moraldiskurses organisieren. Wenn Diskursregeln vorgeben, dass »[j]eder [...] jede Behauptung problematisieren« darf, dass »[j]eder [...] jede Behauptung in den Diskurs einführen« darf, dass »[j]eder [...] seine Einstellungen, Wünsche und Bedürfnisse äußern« (Habermas 1983, S. 99) darf, dann ist damit impliziert, dass Diskursteilnehmer originäre Beiträge vorbringen, für die sie Geltungsansprüche einklagen. Die hier zitierten Diskursregeln sichern für Habermas »allen Teilnehmern gleiche Chancen, Beiträge zur Argumentation zu leisten und eigene Argumente zur Geltung zu bringen« (Habermas 1983, S. 99). Angenommen wird dabei, dass es sich um eigenständige Argumentationen handelt, die kritisch über Geltungsansprüche verhandeln. Die Geltungsansprüche der Wahrheit, Richtigkeit und Wahrhaftigkeit, nach denen Habermas zufolge Argumentationen strukturiert sind, implizieren Sprecherpositionen, die im Sinne einer bürgerlichen Moral authentisch verallgemeinerbare Normen verhandeln. Es wird generell angenommen, dass Moraldiskurse über das Einbringen von Argumentationen erfolgen. Im Zentrum von Habermas' Fassung des Moraldiskurses stehen bürgerliche Sprecher, deren Partizipationsrechte gewahrt werden müssen. Die Bürgerlichkeit der Habermas'schen Sprechkultur innerhalb seiner Konzeption von Moral zeigt sich in der Annahme, dass Normen verallgemeinerbar sind. Insofern sind die von Habermas konzipierten Moraldiskurse hochgradig voraussetzungsreich. Impliziert sind nicht nur Sprecher, die über die Möglichkeit der Argumentation verfügen. Impliziert ist auch ein Wertekanon einer allgemeinen Humanität, auf den man sich letztlich einigen können soll. Diskurse, so lautet Habermas' Diskurskonzeption, verknappen eine Vielheit möglicher Argumentationen zu einem letzten, besten Grund, zu einem Konsens, auf den sich schließlich alle einigen können sollen.

Die Praxis der Moralisierung am obigen Beispiel verhält sich hierzu alternativ. Es müssen nicht originäre Beiträge vorgebracht werden, um am Diskurs zu partizipieren. Es reicht aus, fremde Inhalte weiterzuverbreiten und einem Publikum zugänglich zu machen. Die individuellen Kommentare dienen nur mehr der Kenntlichmachung, dass hier fremde Inhalte individuell angeeignet wurden. Sie dienen aber nicht als Grundvoraussetzung für die

Teilnahme am Diskurs. Moraldiskurse als Streitgespräche, wie Habermas sie im Blick hat, werden am obigen Beispiel nicht sichtbar. Vielmehr zeigt sich ein Kopiendiskurs, der über das potentiell endlose Weiterverbreiten von fremden Inhalten am Laufen gehalten wird. Dabei werden im Regelfall eher keine Argumentationen sichtbar, sondern bestätigende Kommentare und Likes, über die die Moralisierung erfolgt. Es sind keine Streitdiskurse um bessere Begründungen, sondern Wahrnehmungsdiskurse, die sich im Sinne einer Bestätigungspraxis am Laufen halten, wenn es um die Moralisierung von Sachverhalten in Social Network Sites geht. Moralität zeigt sich hier als Bestätigungspraxis und als kommunikative Anschlussfähigkeit. Kopien können damit den Charakter von Moralität erhalten. Indem Inhalte aufgegriffen und weiterverbreitet werden, kopiert werden, wird eine moralisch gute Praxis unterstellt. Das Kopieren fremder Inhalte ist hier kein problematischer Fall, sondern ein moralisch gutes Handeln. Der Diskurs muss sich damit nicht weiter verkomplizieren und in komplexe Streitdiskurse verwickeln. Es reicht aus, zu kopieren. Gleichzeitig können über die Praxis des moralisierten Kopierens mehr Personen als jemals zuvor an kritischen Diskursen partizipieren. Wenn es ausreicht, fremde Inhalte zirkulieren zu lassen, um am moralischen Diskurs teilzunehmen, können dies potentiell endlos viele Diskursteilnehmer tun. Die Anzahl der am Diskurs Partizipierenden kann sich damit ins Unermessliche steigern. Es kommt durch die Kopierpraxis in Social Network Sites nicht zu einem moralisch letzten, besten Grund, auf den sich alle einigen können sollen. Es kommt vielmehr zu einer endlos anmutenden Kopierpraxis, in der sich gleiche Inhalte immer wieder neu und anders darstellen. Damit hört der Diskurs nicht auf, weil ein letzter, bester Grund gefunden worden ist. Er hört vielmehr irgendwann auf, weil es soziale Gründe hierfür gibt – Themen sind nicht mehr aktuell, wurden schon zu oft verbreitet und finden deshalb keine Anschlusskommunikation mehr. Moralische Diskurse in Social Network Sites stellen sich deshalb oftmals wie eine Schwarmbewegung ein, die rasch, wellenmäßig aufkommt und dann wieder verschwindet, aber gleichsam immer wieder neu aufgegriffen werden kann. Was bis hierher deutlich geworden sein sollte, ist, dass die Praxis des Kopierens in Social Network Sites keine problematische Praxis darstellt, sondern eine, die die spezifische Schreibweise dort ausmacht und sogar moralisiert werden kann im Sinne einer moralisch guten Praxis.

2.4 Listen[5]

Ein weiteres wichtiges Kennzeichen von Social Network Sites sind Listen. Die Inhalte in der Social Network Site Facebook sind listenförmig auf der Eingangsseite angeordnet, Kontaktpersonen werden listenförmig arrangiert, Interessen und Vorlieben listenförmig dargestellt. Jedes neue Posting auf der Startseite von Facebook erzeugt dabei eine Veränderung der dort sichtbaren Liste. Einmal eingestellte Inhalte rücken zeitlich nach unten und ein neues Posting erscheint. Listen erzeugen Gegenwarten. Diese Gegenwarten bestehen aus der Diskontinuität ihrer Elemente und der Kontinuität des Listenraums. »Nichts scheint kulturell gesehen neutraler zu sein, als eine Liste aufzustellen«, formuliert Jullien (2004, S. 10) in seiner Auseinandersetzung mit der Liste als Kulturform. Listen gelten für gewöhnlich als eine Art Gebrauchsanweisung des Doings. Listen reduzieren auf das Wesentliche, sie enthalten dabei alle Möglichkeiten. Dabei genügen Listen sich selbst, sie müssen sich nicht gesondert rechtfertigen. Anders als durch eine Zahl oder einen Spiegelstrich werden Listen meist nicht angeordnet. Wie Urs Stäheli herausarbeitet, beruht »[d]as Herstellen von Listen [...] auf der Schaffung von Diskontinuitäten« (Stäheli 2011, S. 96). Impliziert sei mit der Schaffung von Listen stets ein Prozess des Schneidens: »Elemente werden aus einem kontinuierlichen Zusammenhang herausgelöst, um sie danach beliebig verschieben zu können.« (Ebd.) Listen anzufertigen »bedeutet auch eine Umwandlung analoger Verhältnisse in digitale Einheiten, die klar voneinander abgrenzbar und unterscheidbar sind.« (Ebd.) Mit Digitalisierung ist hier schlicht die Isolierung einzelner Elemente gemeint. Listen sind »Einlösungen der vielfältigen Kombinations-, Mobilitäts- und Verknüpfungsmöglichkeiten, die durch eine Liste geschaffen worden sind.« (Ebd., S. 98)

Die Liste auf der Startseite der Social Network Site Facebook impliziert dabei einerseits eine Art Willkür: Egal, was gepostet wird, erscheint untereinander angeordnet. Die einzelnen Postings haben nichts miteinander zu tun. Gleichzeitig rückt die listenförmige Anordnung die Inhalte in eine relative Vergleichbarkeit. Dies meint, dass die einzelnen Inhalte zueinander relativiert werden, ihre Bedeutung ist nur eine neben vielen anderen mög-

---

5 Die folgenden Ausführungen habe ich in Teilen publiziert in Barth/Wagner (2017) und Wagner/Barth (2016).

lichen. Damit verbindet die Liste auf der Startseite von Facebook unterschiedlichste Kommunikationsmöglichkeiten, ohne zunächst die eine vor der anderen zu präferieren – freilich ändert sich der Stellenwert einzelner Postings abhängig vom Kontakt-Algorithmus, den das jeweilige Profil aufweist. Grundsätzlich aber werden über die listenförmige Anordnung der Inhalte diverse Kontakte miteinander kombinierbar und darstellbar. Bettina Heintz macht darauf aufmerksam, dass für die Entstehung von Globalität die Entwicklung neuer Aufschreibesysteme von Bedeutung war. »Während der anwesende Beobachter nur sieht, was *er* sieht, lassen sich die von ihm anfertigten [sic!] Texte, Landkarten, Zeichnungen, Inventare und Tabellen im Prinzip allen zugänglich machen.« (Heintz 2010, S. 166) Entferntes lasse sich über spezifische Aufschreibesysteme zueinander in Beziehung setzen – was in vormodernen Gesellschaften als unzusammenhängend wahrgenommen wurde, könne in modernen (Welt-)Gesellschaften über bestimmte Darstellungsarten als zusammenhängendes Ganzes vermittelt werden und gleichzeitig auf Unterschiedlichkeiten hin beobachtet werden. Heintz macht in diesem Zusammenhang insbesondere auf quantitative Darstellungen aufmerksam:

> »Die geringe Indexikalität quantitativer Darstellungen, ihre ›disembeddedness‹, erleichtert ihre Anschlussfähigkeit in kulturell heterogenen Kontexten. Numerisch repräsentierte Informationen sind von Kontextbezügen weitgehend gereinigt und folglich auch ohne Hintergrundwissen und in unterschiedlichen Kontexten kommunikativ anschlussfähig. [...] Insofern stellen numerische Darstellungen eine enorme Abstraktions- und Selektionsleistung dar, die die Verständigung vor allem dann erleichtert, wenn kein gemeinsames kulturelles Hintergrundwissen vorausgesetzt werden kann.« (Ebd. S. 173)

Ähnliches lässt sich in Bezug auf die listenförmige Anordnung von Inhalten bei Facebook beobachten. Über die Liste werden unterschiedlichste Kontakte miteinander vermittelt, ihre Unterschiedlichkeit bleibt aber gleichzeitig beibehalten. Man könnte hier auch von einem *Chaos der Liste* sprechen, das für die Vermittlung von unterschiedlichen Kommunikationsangeboten in einer globalisierten Welt funktional wird. Die chaotische Aufzählung, wie man sie etwa in der Literatur kennt (vgl. Eco 2011, S. 321 ff.), bringt das Heterogene zur Aufführung. Vermittelt wird eine Reihe von disparaten Inhalten, denen keine Einheit mehr verliehen werden kann. Auf der Startseite von Facebook besteht die Einheit der dort gezeigten Inhalte allein darin, dass sie vom User einmal für interessant genug gehalten wurden, um sie im eigenen Netzwerk zirkulieren zu lassen. D. h. Kontaktadressen wurden in das eigene Freundschaftsnetzwerk ganz bewusst inkludiert, spezifische Seiten ausgewählt und abonniert. Der Effekt dieser Ansammlung von unterschiedlichsten Kontakten besteht aber in einer heterogenen Anordnung von Inhalten. Der Mechanismus der Inklusion, auf den das Freundschaftsnetzwerk auf Facebook abzielt, führt zur Darstellung des Heterogenen.

Die Ausstattung von Inhalten mit numerischen Darstellungen ermöglicht dann die leichtere Lesbarkeit von Inhalten – dies betrifft den ›Like‹-Button und die Kommentarfunktion auf Facebook. Der Nutzer der Site kann relativ schnell überblicken, welcher Inhalt auf wie starke Referenz gestoßen ist, wie das folgende Beispiel zeigt:

Abb. 21: Quelle: facebook.com (20.07.2014).

Der Leser dieses Postings kann relativ schnell überblicken, welche Anzahl von Publika dieses Posting erzeugt hat. Eben dies wird einerseits durch die listenförmige Anordnung ermöglicht, andererseits durch die numerische Darstellung: Zeit des erfolgten Postings, Häufigkeit der Zustimmung, Anzahl der erfolgten Kommentare werden für den Leser des Postings durch Zahlenwerte transparent gemacht. Diese einem Ranking ähnliche Darstellung wird in der Literatur zu Social Network Sites immer wieder kritisiert (vgl. etwa Reichert 2008; Illouz 2012), weil hierdurch die gegenseitige Bezugnahme von Personen aufeinander nach dem Prinzip des Ökonomischen erfolge. Illouz spricht etwa in Bezug auf Datingsites im Internet vom Verlust der romantischen Liebe durch neuartige Schreibpraktiken, die das Web 2.0 erforderlich mache:

> »Die Technologie des Internets vergrößert die Instrumentalisierung romantischer Interaktionen, indem sie eine Prämie auf den ›Wert‹, den die Individuen sich selbst und anderen im Rahmen eines strukturierten Marktes zubilligen, ausschreibt. Die romantischen Beziehungen werden nicht nur im Rahmen von Märkten organisiert, sie sind selbst zu Fließbandprodukten geworden, bestimmt zu schnellem, effizientem, billigem und reichlichem Konsum. Als Konsequenz daraus wird das Vokabular der Emotionen mittlerweile fast allein vom Markt diktiert.« (Illouz 2006, S. 135)

Aus dem hier vorgeschlagenen Blickwinkel lassen sich die quantifizierten Listen auf Social Network Sites wie Facebook aber auch alternativ beobachten. Sie steigern die Möglichkeit der Verbindung heterogener Publika, die im Netzwerk organisiert sind, und ermöglichen einen raschen Überblick über Leseverhalten und Reaktionen dieser dispersen Publika.

Anders als in der Literatur, in der Listen durch Kommata oder aber durch das Einsetzen eines ›und‹ typischerweise markiert werden (vgl. Belknap 2004), erscheint die Liste auf der Eingangsseite auf Facebook vergleichsweise unverbunden. Die einzelnen Postings haben nichts miteinander zu tun. Ihre Reihenfolge ist mehr oder weniger zufällig angeordnet und abhängig von den Posting-Aktivitäten der User und der algorithmischen Steuerung. Der Inhalt der Social Network Site Facebook wird listenförmig geordnet. Dies leitet auch die Leseerfahrung der Nutzer an, wie aus folgendem Interviewauszug hervorgeht:

> »Inzwischen blocke ich alles weg, was ich wegblocken kann, und mach halt eigentlich nix, sondern guck nur, wenn ich reinguck: ›Hab ich 'ne Nachricht? Will irgendjemand was von mir? Gibt's irgendeine Veranstaltung, die mich interessiert?‹ *Und scroll kurz einmal runter, was so los ist, und dann bin ich wieder weg.* Weil den Mechanismus hab ich mir angewöhnt, weil ich sonst auch nur so: ›Ach hier noch und da noch‹, und dann sind drei Stunden um.« (B-2, Z. 412–416)

Die Liste ordnet Sachverhalte so an, dass sie einen relativ schnell überschaubaren Überblick vermitteln kann. Dabei ist die Liste offen. Sie kann immer wieder neu ergänzt und verlängert werden. Sie folgt also dem Additionsprinzip. Dieses Prinzip impliziert auch einen spezifischen Speichermodus. Die Liste ordnet nicht nur, sie speichert auch Inhalte nach dem Prinzip der Auflistung. Dies führt für Nutzer von Social Network Sites zu einem ganz spezifischen Problem. Inhalte der Liste werden relativ genau datiert abgespeichert. So können Leser dieser listenförmig angeordneten Inhalte relativ genau nachvollziehen, wann das Posting eines Nutzers erfolgt ist. Auf den privaten Homepages der Nutzer wird somit ein relativ genaues Profil sichtbar, das anzeigt, was wann von wem gepostet worden ist und wann nicht. Die folgende zitierte Nutzerin leitet hieraus eine ganz spezifische Umgangspraxis mit listenförmigen Schreibweisen ab:

> »Und ich lösche einfach alte Bilder, weil ich will nicht (Pause), ich will einfach nicht, dass jemand, der sich denkt: ›Ach, was macht denn jetzt eigentlich die XY [Name anonymisiert, Anm. E. W.] mal‹ – geht auf mein Profil *und kann zwei Jahre zurück*. Und weiß halt, ich war am 19.08.2009 auf 'nem Konzert von Bla. Das will ich nicht. Ich will es einfach nicht. Ich will (Pause), *also, ich erhalt eigentlich die Kurzlebigkeit der Sache dadurch, dass ich halt so viele Sachen weglösch*. So dass man vielleicht von der letzten Woche noch was nachvollziehen kann, oder sieht, dass ich da mal ein Bild rein hab, oder ein Video, oder einen Hinweis auf eine Veranstaltung. Dann ist das okay. Dann erinnern sich die Leute vielleicht auch noch persönlich daran. Aber ich lösche auch regelmäßig Freunde und alles. Also eigentlich räume ich regelmäßig den Briefkasten und die Kontaktpersonen auf.« (B-2, Z. 235–243)

Listen im Web 2.0 implizieren also einerseits einen Schließungsmodus. Sie geben einen bestimmten Überblick und speichern Inhalte auf ganz spezifische Weise. Fabian Brückner und Stephan Wolff stellen für Listen in Organisationskontexten fest: »Weitläufiges Ziel der Technik des Listengebrauchs ist es, Ereignisse unterscheidbar zu machen und in einer logischen Struktur bzw. Sequenz zu ordnen, die wiederholt abgerufen werden kann. Listen gestalten semantische Räume. Sie präfigurieren Beobachtungen, Kommunikationen und Tätigkeiten und richten einen Grad an Erwartbarkeit (Wiederholbarkeit) in diesen Operationen ein.« (Brückner/Wolff 2014) Dieses Prinzip der Wiederholbarkeit führt für den Gebrauch von Listen im Web 2.0

zum Problem der Wiederabrufbarkeit von Daten. Inhalte, die einmal in Web 2.0-Formate eingestellt wurden, sind relativ leicht wieder abrufbar, einordenbar und nachvollziehbar. Entsprechend reagiert die oben zitierte Nutzerin auf diese Praxis, indem sie Inhalte ganz bewusst wieder entfernt über die Möglichkeit der Löschfunktion.

Gleichzeitig folgen Listen im Web 2.0 dem Prinzip der Offenheit – sie fördern unbestimmte Adressierungen, wie aus folgendem Interviewauszug hervorgeht:

> »Also eigentlich finde ich die Art der Kommunikation gut, weil es ist halt diskreter, als sich die ganze Zeit E-Mails zu schicken – vor allem, wenn es dann halt um Veranstaltungen geht, um was mitzuteilen, was wirklich für alle interessant sein könnte. *Des ist diskreter, wie bei Facebook kannst du dich einloggen und gucken oder du lässt's.* Und E-Mails liest ja eigentlich jeder täglich oder die meisten müssen es täglich lesen. *Und das nervt dann eben auch, wenn ich dann dauernd das Postfach voll hab.* Bei Facebook schau ich einmal rein und seh dann, okay, folgende Sachen finden gerade statt. Und wenn es gut ist und wenn ich ein bisschen Zeit hab, zu sehen, was die Leut so gemacht haben, und was die reingestellt haben, dann finde ich es auch super.« (B-2, Z. 70–77)

Listen im Web 2.0 erzeugen in der Zeitdimension eine Taktung der Beiläufigkeit, die sich auch in der Sozialdimension auswirkt. Die immer wieder erfolgte Neuerung der Liste durch erneut eingestellte Postings führt in der Sozialdimension dazu, dass die Inhalte der Postings sich an ein disperses Publikum richten. Zwar ist die Freundesliste bei der Social Network Site Facebook klar definiert. Es ist genau einsehbar, über wie viele Kontaktpersonen (Freunde) ein User verfügt und um wen es sich hierbei handelt (Name, Profilbild). Die Kommunikation auf der Startseite von Facebook erfolgt aber dennoch so, als ob es die User mit einem relativ losen Netzwerk zu tun hätten, wie der folgende Screenshot zeigt:

Abb. 22: Quelle: facebook.com (22.07.2014).

Die hier eingestellten Inhalte richten sich an ein disperses Publikum und nicht an eine konkrete Person, wie sie etwa in einem Chat-Room erfolgen würden. Die Postings erscheinen in der Liste als ein Kommunikationsangebot neben vielen anderen möglichen – der Personenkreis wird damit geöffnet, es können beliebig viele Personen an dieses Kommunikationsangebot anschließen oder gar den Inhalt in ihrem eigenen Freundschaftsnetzwerk zirkulieren lassen. Die Beiläufigkeit der Liste richtet sich an ein weitgehend unbestimmtes Publikum, das immer wieder neu ausgeweitet werden kann (durch Teilen). Insofern führt die listenförmige Kommunikation zur Inklusion heterogener Publika.

Die Beiläufigkeit der Liste hat aber nicht nur Auswirkungen in der Sozialdimension, sondern auch in der Sachdimension, wie der folgende Interviewauszug zeigt. Ein User berichtet über die Posting-Praktiken auf Facebook und erklärt, warum es eher unüblich sei, Videos dort einzustellen, die länger als fünf Minuten andauern, oder lange Sätze zu formulieren:

> »*Wenn jetzt einer 'nen Videolink schickt, wo das Video fünf Minuten lang ist, dann* überlegt man sich schon vorher, ob man jetzt in das Video reinschaut überhaupt. Aber so ein vierzig-Sekunden-Ding, des guckst du dir eher mal an. *Weil das ist halt so schnell nebenher.* Und deshalb denke ich, wenn sich jetzt da einer

> stellt gegen den Commonsense oder gegen den (Pause), gegen *den üblichen gemeinsamen Stil* da stellt und sagt: ›Ich schreibe vollständige Sätze‹, dann löst man nur Irritationen aus.« (B-1, Z. 135–140)

Ganz ähnlich berichtet ein weiterer User darüber, dass es in Facebook eher unüblich sei, langwierige Streitgespräche und Diskussionen zu führen:

> »Ähm (Pause), es war einfach (Pause), irgendwie war des (Pause), des hat sich irgendwie äh (Pause), war nicht der Ort irgendwie dafür. Es hat sich irgendwie (Pause) falsch angefühlt. Es war auch (Pause), teilweise (Pause) hatte ich da auch keinen Sinn dann drin gesehen, da jetzt noch mal (lacht) (Pause), also nochmal wirklich (Pause), also so argumentativ durchzuboxen irgendwie mit jemandem. Wenn doch irgendwie äh (Pause) *zwei Minuten später irgendwie das Nächste schon zur Debatte steht*, irgendwie. Also des wird dann auch irgendwie (Pause), natürlich wird das immer wieder eingeholt von dem nächsten Post, der immer schon wieder da ist dann irgendwie. Also, da ergibt sich vielleicht (Pause), ich würd auch gar net vielleicht sagen, dass es unbedingt so 'n arges Zeitproblem ist; dass man da jetzt irgendwie nicht die Zeit hätte, drauf einzugehen, aber man sieht da auch keinen großen Sinn und Zweck drin irgendwie, des zu machen. [...] Also, des ist (Pause), ich könnte auch den nächsten Kommentar schon irgendwie (Pause) schon immer zum nächsten Thema schreiben, weil des nächste Thema irgendwie auf alle Fälle kommt.« (A-5, Z. 132–142)

Die Taktung der Beiläufigkeit wirkt sich auch auf die Art der Thematisierung aus. Themen, die auf Facebook verhandelt werden, können zwar komplex sein. Die sich hieran anschließenden Diskussionen unterliegen allerdings der Taktung der Liste. Die beständige Verschiebung von Inhalten auf den unteren Rang der Liste auf der Startseite beeinträchtigt auch die Art der Diskussion der Inhalte der Liste. Dass Kommunikationspraktiken durch ihre technische Rahmung geprägt werden, weiß man bereits aus der konversationsanalytischen Forschung. Ian Hutchby und Vanita Tanna (2008) zeigen in ihrer Studie über SMS-Kommunikation, wie hierdurch die Bezugnahme von Kommunikationsteilnehmern typischerweise anders verläuft als in der Interaktion unter Anwesenden (zur Chat-Kommunikation siehe Storrer 2001). Kommunikationsangebote, die mehrere Fragen beinhalten (etwa: ›Wie geht es Dir? Was machst Du heute Abend?‹), werden im Sinne einer

Liste nacheinander abgearbeitet und beantwortet, wenn sie per SMS gestellt werden. In der Interaktion unter Anwesenden hingegen nehmen Personen zumeist auf die zuletzt gestellte Frage als Erstes Bezug. Hutchby und Tanna schreiben diese alternative Kommunikationsform unter veränderten medialen Bedingungen der Chronologie und der schriftlichen Form zu, die Kommunikationen in SMS-Formaten annehmen: »This [...] may have to do with the temporal ordering of text exchange and with the written format, in which multiple actions come to be oriented to as lists.« (Hutchby/Tanna 2008, S. 161) Die listenförmige Anordnung der Kommunikation beeinflusst also die Art der Bezugnahme aufeinander und die Art der Thematisierung. Dies führt in der Praxis der Nutzung zu spezifischen Umgangsweisen mit der Startseite von Facebook. Für den im Folgenden zitierten User ergibt sich aus der listenförmigen Anordnung von Inhalten auf der Startseite etwa der Imperativ für User, nicht zu viele Inhalte auf einmal auf der Startseite einzustellen.

> »Ich mein, ich schau da am Tag zweimal rein, dann scroll ich einmal kurz runter, was die Leute da so geschrieben haben. Wenn dann von ihm so 25 Beiträge sind und ich ewig beschäftigt bin, die anderen rauszufinden (Pause). Ich mein, ich schau da ja auch interessehalber rein, manchmal find ich ein Video, das ich mir anschauen kann, oder irgend'nen Quatsch. Und wenn dann von einer Person schon die ganze Seite fast voll ist ...« (B-2, Z. 283–287)

Dieser Aussage zufolge müssen Listen im Web 2.0 beiläufig bleiben, um nicht den Fluss der Kommunikation zu stören. Eine überbordende Belastung der Liste mit den Inhalten eines einzigen Users nimmt dem Leser die Übersichtlichkeit. Andererseits führt die Beiläufigkeit der Liste wiederum dazu, dass bestimmte Inhalte nicht eingestellt werden – dies betrifft Inhalte, denen User eine spezifische Bedeutung beimessen, wie etwa einem Kunstwerk. Eine befragte Künstlerin berichtet etwa, dass sie ihre Videoarbeiten dezidiert nicht in Web 2.0-Formaten einstellen möchte, weil sie dadurch an spezifischer Bedeutung verlieren würden:

> »Also (Pause), ich mach Videos, die man locker hochladen kann, aber dann sind die in so 'nem Youtube-Fenster, oder (Pause), *und derjenige lässt es ein bisschen laufen und geht weg* (Pause), das will ich nicht. Und wenn jemand zu einer Ausstellung geht, dann steht er davor, ich präsentier es ihm so, wie es sein

soll, und dann kann er sich es anschauen oder nicht. *Aber er kann nicht klick-klick machen.*« (B-2, Z. 483–486)

Zusammenfassend bleibt also zu sagen, dass die listenförmige Anordnung der Kommunikation auf der Social Network Site Facebook die dort vollzogene Kommunikationspraxis prägt. Sie sorgt für eine Relativierung von Themen und für eine heterogene Darstellung inkludierter Publika.

2.5 Zusammenfassung

Die bisherigen Ausführungen sollten Folgendes zeigen: Social Network Sites wie Facebook konfrontieren ihre User mit spezifischen Anforderungen in Bezug auf das Verhältnis von Öffentlichkeit und Privatheit. Die Social Network Sites führen zu spezifischen Herausforderungen hinsichtlich des Privatheitsschutzes. Die Möglichkeit der Fluktuation von Inhalten führt dazu, dass einmal eingestellte Daten relativ schnell und problemlos immer wieder neuen Publika zur Verfügung gestellt werden können. Für die User führt diese technische Möglichkeit zunächst zur Erfahrung der Peinlichkeit bzw. des Fremdschämens. Sie lernen, dass die von ihnen eingestellten Inhalte Personen zur Verfügung gestellt werden können, die sie nicht im Blick hatten, als sie die Inhalte eingestellt haben. Gleichzeitig zeigen die hier verhandelten Nutzungspraktiken von Social Network Sites, dass die User auf dieses Problem der schnellen Fluktuation von Inhalten reagieren können. Es werden spezifische Nutzungspraktiken sichtbar: Inhalte werden unbestimmt genug gehalten, um darüber spezifische Publika zu in- resp. zu exkludieren. Inhalte werden ironisiert und hierüber gleichsam so verschlüsselt, dass die Anschlussfähigkeit unterschiedlich organisiert werden kann, ohne Netzwerkkommunikation zu verhindern. Die bisherigen Ausführungen haben sich damit vordringlich auf den Schutz der Privatsphäre durch Nutzungspraktiken von Social Network Sites konzentriert. Die im Weiteren interessierende Frage ist nun, welche Form und Praxis der Öffentlichkeit durch die hier sichtbar werdenden Nutzungspraktiken entsteht.

IV. Die Privatheit des Öffentlichen

Die bisherigen Ausführungen sollten zeigen, dass Privatheit durch die Diskursivierung auf Social Network Sites eine Stabilisierung durch ihre kommunikative Destabilisierung erfährt und dass private Kommentare in Social Network Sites zusehends damit beschäftigt sind, sich als unbestimmt genug zu halten, um spezifische In- und Exklusionspraktiken des Ein- und Ausschlusses von Publika zu ermöglichen. Es zeigt sich damit eine spezifische kommunikative Umgangsweise in der Problematik des Privatheitsschutzes und in der Herstellung von privaten Sprecherpositionen in der Öffentlichkeit von Netzwerken, wie der folgende Interviewauszug noch einmal verdeutlichen soll. Hier beschreibt ein Nutzer seine Kommunikationspraxis auf Facebook anhand des Postens von Musikvideos:

> »Und des ist dann auch wieder so eine Sache, also man postet irgendwie *an den innersten Kreis* und denkt sich so: ›Hey, die verstehen dich jetzt, die wissen jetzt, was ich mit den Beachboys verbinde, und *dem äußeren Kreis ist es dann irgendwie egal.*‹« (B-3, Z. 237–243)

Was aus einer Soziologie der Privatheit auf die Figur unbestimmter Kommunikation verweist, lässt sich öffentlichkeitssoziologisch noch einmal alternativ in den Blick nehmen. Einerseits erweisen sich die unbestimmten Kommunikationen in Social Network Sites als offen genug, um als privater Sprecher vor der Öffentlichkeit des Netzwerkes aufzutreten. Dies geht aus folgendem Interviewauszug noch einmal hervor:

> »*[U]nd da kann dann jeder wieder irgendwie was zu sagen.* Und des entwickelt sich dann irgendwie ganz (Pause), also es nimmt völlig unabsehbare ähm (Pause) Entwicklungen an dann. *Da kann dann wieder jeder mitmachen irgendwie.* Und

dann spricht man übers Land plötzlich irgendwie und dann wieder über die Stadt und dann ist man da und (Pause) …« (A-5, Z. 211–215)

Gerade weil Postings und Kommentare nicht auf ihre ursprünglichen Bedeutungen hinterfragt werden, können unterschiedlichste Sprecher hieran anschließen. Gleichzeitig zeigt sich aber, dass durch die unbestimmten Kommunikationen spezifische Ein- und Ausschließungspraktiken von Publika mit einhergehen, die schließlich zu einer zunehmenden *Intimisierung* von Öffentlichkeit im Sinne von Nischenbildung führen. Ein Nutzer beschreibt im Interview seinen Umgang mit unliebsamen Kommentaren, die ihm als zu privat erschienen:

> »Ähm (Pause) also, ich glaub, *ich hab so drei Gruppen an Freunden dort.* Die einen, die des wirklich rein professionell nutzen – also eben jetzt aus dem Musikbereich. Dann die anderen, die (Pause), die es privat nutzen, und dann teilweise langweiliger und offensichtlich, äh, ich, des ist da Selbstdarstellung (lacht), also (zu) unorigineller Selbstdarstellung nutzen, und dann die anderen, die es sehr unterhaltsam und kurzweilig machen. Und inzwischen sind eigentlich fast nur noch die, die es professionell nutzen, und die, die es originell für sich auch privat nutzen, übrig geblieben an meiner Wall sozusagen. *Die anderen habe ich alle ausgeschaltet (Pause), weil ich bei vielen echt auch die Aggression bekommen hab und dachte, ›eh, was denn das schon wieder für'n Mist‹, und die hab ich ja alle mal ignoriert. Ähm (Pause), ich lösche dann keine Freunde, sondern ich mach halt einfach ›Beiträge von blablabla verbergen‹.* (A-1, Z. 412–428)

1. Black Boxing: Das Ausblenden ungeliebter Netzwerkkontakte[1]

Hinsichtlich von Schreib- und Kommunikationspraktiken auf Facebook von Öffentlichkeit zu sprechen, erscheint zunächst einmal kontraintuitiv: Private User melden sich auf der SNS als private User an – und nicht als öffentliche Sprecher, die eine für alle zugängliche Seite dort einrichten, was Facebook ermöglicht. Politiker etwa verfügen auf Facebook über öffentliche Seiten, die jedermann einsehen kann, während private Nutzer die Zugangs-

1 Die folgenden Ausführungen habe ich in Teilen publiziert in Wagner (2018) und Barth/Wagner (2019).

möglichkeiten von Fremden einschränken. Gleichzeitig nehmen die privaten Kontakte im Netzwerk privater User oftmals solch einen zahlenmäßigen Umfang an, den sich so mancher, der Öffentlichkeit herstellen möchte, nur wünschen kann, wie der folgende Screenshot zeigt:

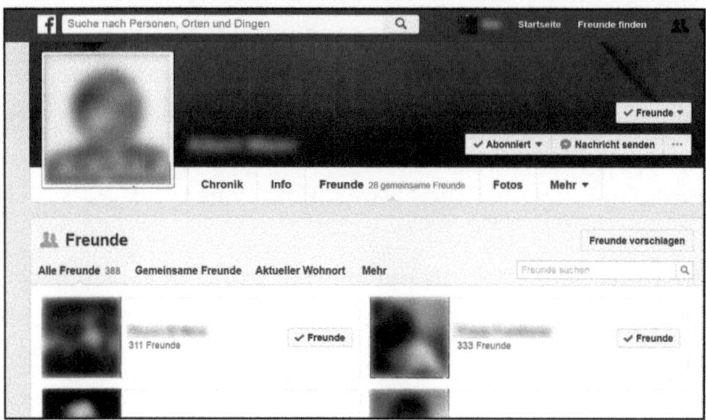

Abb. 23: Quelle: facebook.com (27.11.2016).

In dem im Rahmen meines Forschungsprojekts sichtbar werdenden Netzwerk haben die User nicht selten mehr als 300 Freunde. Wie gehen private User mit der so entstehenden Öffentlichkeit um? Die Benutzeroberfläche von Facebook ermöglicht es, Kontakte zu verbergen, ohne sie gleich vollständig aufgeben, löschen zu müssen. Diese Praxis zeigt wiederum der folgende Screenshot:

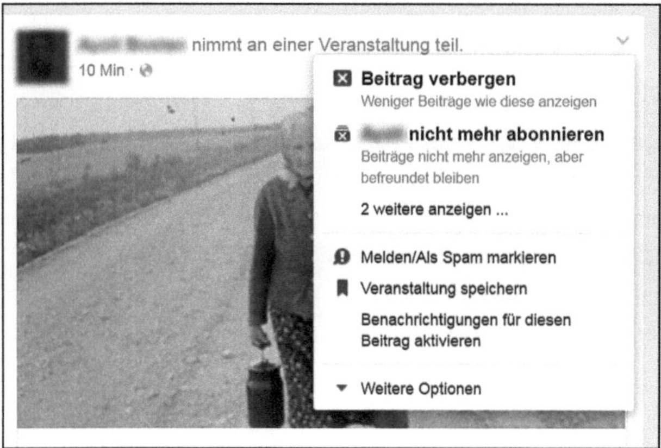

Abb. 24: Quelle: facebook.com (27.11.2016).

Der Kontakt im Netzwerk bleibt damit erhalten, wird aber auf der Startseite der Social Network Site nicht mehr sichtbar. Der Verborgene merkt dabei nichts von seinem Schicksal im Netzwerk seiner Kontaktadressen. Dies ermöglicht es den Nutzern, Kontaktadressen aus Taktgefühl aufrechtzuerhalten, ohne ihren inhaltlichen Kommentaren ausgesetzt zu sein. Dies führt einerseits zu einem spezifischen Umgang mit unliebsamen Kommentaren, die sich innerhalb der Interviews vor allen Dingen dann als solche herauskristallisieren, wenn sie als zu privat empfunden werden. Andererseits führt diese Praxis des Verbergens von Kontakten zu einer Hermetisierung des Netzwerkes. Ein Nutzer berichtet etwa im Interview:

> »[A]lso ich bin sehr vorsichtig mit anderen Sachen Kommentieren (Pause), also in negativer Art. Weil ich denke immer, man sollte eigentlich tendenziell nur positiv kommentieren, weil des sonst (Pause). Also, ich hab schon öfters mal den Impuls, dass ich denk, ›oh, so'n Schmarrn, da würd ich jetzt am liebsten schreiben‹, (Pause) ähm. Ach so, ein Freund von mir hat sich des neulich mal getraut – ich weiß nicht, ob er es bereut hat – aber hat bei wiederum 'nem anderen Freund von mir, hat er mal drunter geschrieben ›who cares‹. Also so richtig – wenn man ihn kennt, weiß man, dass es so richtig böse (Pause), also von Herzen gemeint kam, ›was interessiert mich jetzt der Scheiß‹. Und es war eigentlich ein sehr großes Herzensding, was der da gepostet hat. *Und sowas hab ich immer versucht zu vermeiden, dass man seinen ersten (Pause), ›oh, was soll jetzt der Müll‹, dass ich des dann da hinschreib, weil wenn's mich nicht interessiert, dann brauche ich es auch nicht lesen – ich kann den ja auch wegklicken theoretisch mit seinen Neuigkeiten.*« (A-2, Z. 137–154)

Was über den spezifischen Ein- und Ausschluss von Kontakten im Netzwerk entsteht, ist eine Art intimisierte Öffentlichkeit: Das zahlenmäßig eingeschränkte Netzwerk vermittelt das Gefühl, unter sich zu sein und alles, was die gesamte Person betrifft, ansprechen zu können. Dies sei noch einmal anhand der folgenden Interviewausschnitte verdeutlicht:

> »Facebooks brillanteste Erfindung ist dieser ›Like‹- äh (Pause) -Button, wenn man was postet, was äh (Pause), was vielen Leuten gefällt, und die (Pause), mhm (Pause), warum eigentlich, (Pause), ja, weil man ähm (Pause), dann das Gefühl hat, dass dann die Blase auf einmal gar nicht mehr so schlimm, sondern schön (Pause), äh (Pause), dass man (Pause) dadurch, dass man be-

stimmte Inhalte gleich – vermeintlich zumindest – *gleich betrachtet oder gleich dekodiert* (Pause), zumindest Gefallen bewertet, dass man äh (Pause), dann darüber *eine Gemeinsamkeit* und weiß (Pause), Gemeinsamkeit hat und äh ein erst (Pause) mhmmm.« (A-4, Z. 92–111)

»Gut, ich mein, (Pause), es ist jetzt schon ein Kreis von Leuten, wo ich – ich war ja relativ wahllos – aber wo ich bei den meisten davon ausgehe, dass nicht, weil sie mich so gut kennen, *sondern weil wir eine gemeinsame Sprache sprechen* (Pause), die meisten, äh, (Pause), dass sie verstehen, was ich sage.« (A-3, Z. 62–70)

»Das ist das, was ich meinte mit dieser (Pause), *mit dieser Blase, in der man sich bewegt*. Des sind halt Leute, die mit Medien zu tun haben und in den Neunzigern groß geworden sind (lacht). Also da gibt's eine Art zu sprechen, und die hängt mir manchmal auch zum Hals raus (Pause), aber natürlich spreche ich auch oft so. Und, äh, (Pause), ja, da kommt man auch (Pause), *und deswegen glaub ich, kann ich relativ viel sagen, ohne auf Unverständnis zu stoßen oder auf Missverständnisse.*« (A-7, Z. 74–84)

Bislang hatten die Interviews gezeigt, wie die Nutzer von Social Network Sites das Problem des Umgangs mit Privatheit vor einem Publikum durch den Einsatz unbestimmter Kommunikationen lösen. Diese ermöglichen es ihnen, miteinander Kontakt zu halten, ohne zu viel von sich preisgeben zu müssen. Sie können als private Personen vor einem Publikum auftreten, ohne zu privat kommunizieren zu müssen. In Bezug auf Privatheit zeigen sich also unbestimmte Kommunikationen, die einen spezifischen Ein- und Ausschluss von Publika ermöglichen. Wichtig für den Fortbestand des Netzwerkes ist dabei gar nicht so sehr ein inhaltlicher Austausch, sondern ein Wahrnehmungsdiskurs, der sich vorwiegend über seine Anschlüsse, nicht aber über seine inhaltlichen Informationswerte definiert. Parallel dazu wird nun innerhalb des hier verhandelten empirischen Materials eine Schließungsbewegung sichtbar. Unliebsame Inhalte werden verborgen und tauchen somit in der Öffentlichkeit des Netzwerkes individueller Nutzer nicht mehr auf. Durch die Möglichkeit des Ausblendens von Kontaktadressen werden Netzwerköffentlichkeiten immer hermetischer. Sie nehmen damit den Charakter einer Nischenöffentlichkeit an. Zusammenfassend kann man deshalb feststellen, dass sich Privatheit auf Social Network Sites in unbestimmten Kommunikationen stabilisieren kann, während sich öffentliche Diskurse immer weiter schließen können, ohne Netzwerkverbindungen dabei vollständig zu kappen. Die Öffentlichkeit des Netzwerks bleibt zwar erhalten, wird aber für den individuellen Nutzer beabsichtigterweise nicht mehr in vollem Umfang sichtbar. Die Öffentlichkeit des Netzwerks wird insofern intimisiert, während Privatheit unbestimmter wird.

2. Technische Beobachter: Algorithmen

Dieser Kommunikationsstil wird dann noch wahrscheinlicher, wenn die Kommunikationsstruktur auf Facebook durch technische Beobachter, also Algorithmen, zu einer *Filter Bubble* verdichtet wird. Es ist zwar ein Geschäftsgeheimnis, wie sich der Algorithmus, der die Timeline auf Facebook konkret strukturiert, zusammensetzt und errechnet – meinen Informanten scheint aber klar zu sein, dass er sich an den bestehenden Kontaktierungspraktiken der User orientiert. Ein Facebook-User erklärt zu dem dortigen Newsfeed-Algorithmus, der auch als Edge-Rank bezeichnet wird, Folgendes:

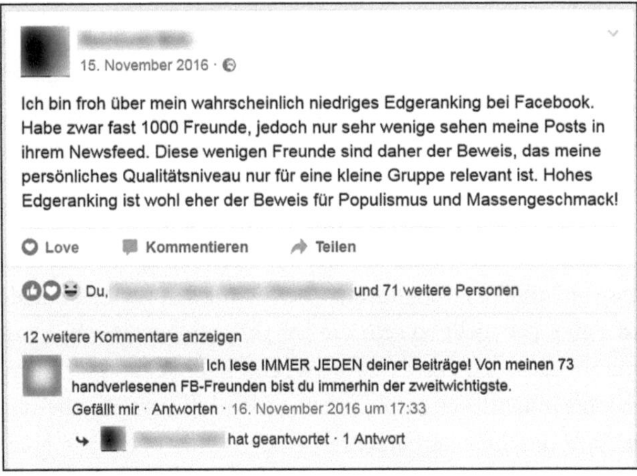

Abb. 25: Quelle: facebook.com (15.11.2016).

Diese hier solchermaßen beschriebene Algorithmisierung der Kommunikation auf Facebook strukturiert eine Öffentlichkeit derart, dass deren Intimisierung zumindest wahrscheinlicher wird. Eli Pariser geht davon aus, dass sich Öffentlichkeiten im Internet algorithmisch gesteuert so verdichten, dass allein ein personalisiertes Netzwerk übrig bleibt, das Irritationen von außen schlicht ausblendet. Dies führe zu einer Verkümmerung jener Form von Öffentlichkeit, die die bürgerliche Gesellschaft einmal hervorgebracht hat, nämlich einen offenen, für jedermann zugänglichen Diskursraum. Übrig bleibt die *Filter Bubble*: »In der Filter Bubble bekommt man keine komplette Lageerfassung, keinen Rundumblick, sondern immer nur einen kleinen Ausschnitt.« (Pariser 2012, S. 151) Die solcherart organisierte personalisierte Öffentlichkeit führe schließlich zum Absterben politisierter Diskursformationen: »Die Filter Bubble wird noch oft Themen unserer Gesellschaft ausblenden, die wichtig, aber schwierig oder unangenehm sind. Sie macht sie einfach unsichtbar. Und so verschwinden nicht nur die Probleme. Sondern immer mehr auch der politische Prozess.« (Ebd. S. 159) Für Pariser geht die Öffentlichkeit mit den algorithmisch hergestellten Schließungsbewegungen verloren.

Alltagsdiskurs wie Internetsoziologie begrüßten in den 90er Jahren zunächst neue kulturelle Formen digitaler Kommunikationsweisen emphatisch als deliberative Hoffnungsträger. Bald darauf schon wurde hingegen enttäuscht ihre Kurzlebigkeit und Oberflächlichkeit festgestellt. Für einen ganzen Diskurs stilprägend hat etwa Kurt Imhof beschrieben, dass das partizipatorische Potential des Internets nicht automatisch zu gesteigerter Teilhabe im Sinne deliberativer Öffentlichkeit führe. Die eigentliche Diskursrelevanz verpuffe durch den personalisierten Bias öffentlicher Kommunikation. Übrig blieben nur mehr oberflächliche Affekte. Dieser digital vermittelten Kommunikationsform fehle dann genau das, was bürgerliche Öffentlichkeit im Sinne von Habermas einmal ausgemacht habe: die kühle, reflexive Distanz. So beschreibt etwa ein User seine Kommunikationsform auf Facebook mit den Worten:

> »Ja, aber so viel denke ich da gar nicht drüber nach, muss ich sagen. Das ist bei mir so ziemlich emotionsgeladen, ok, was heißt emotionsgeladen, also sehr ad hoc, dass ich das sehe, mir gefällt's und dann poste ich es, da überlege ich nicht so sehr: Mache ich das? Kommentiere ich es jetzt? Ich mach's und dann war's so. Da gibt es nicht so zwei Tage überlegen, welches Foto poste ich aus dem Urlaub, sowas, also (Pause).« (I-NB, Z. 357–362)

Liest man diese Beschreibung der Nutzungsweise empirisch, so lässt sich keineswegs beobachten, dass die Nutzer daran scheitern würden, Öffentlichkeit herzustellen. Jedoch ändert sich innerhalb der Medienkultur der Sozialen Netzwerke der Status, was als öffentliches Datum gilt – und was nicht. Gerade personalisierte Kommunikation scheint sich hier besonders zu bewähren. Auf Facebook wird die Vorstellung vom symmetrisierten Disput über Informationsfragen durch den Austausch von Wahrnehmungsfragen ersetzt. Was sich ändert, ist der kommunikative Stil des Öffentlichen: Es geht um subjektives Empfinden. Daraus kann dann durchaus ein politisierter Diskurs entstehen, wie der folgende Screenshot zeigt:

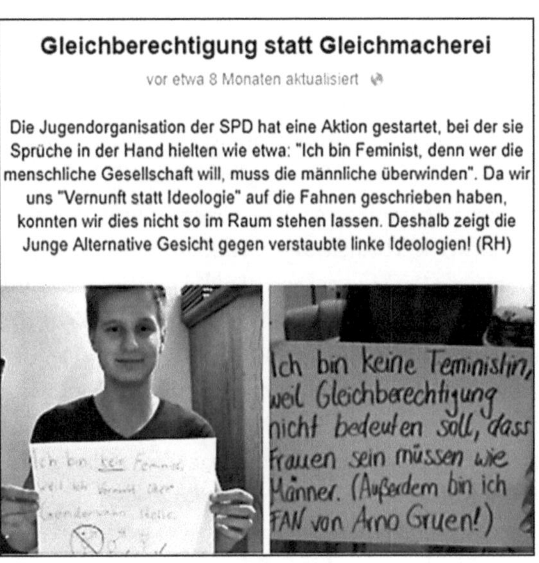

Abb. 26: Quelle: facebook.com (27.03.2016).

An diesem Bildausschnitt aus der Jugendkampagne gegen Feminismus auf der offiziellen Facebook-Seite der rechtspopulistischen Partei *Alternative für Deutschland* wird die Praxis gängiger Meinungsbekundung im Web 2.0 exemplarisch sichtbar. Das selbstgewählte private Setting der Personen oder auch die selbstgeschriebenen Plakate zeigen, dass sich hier keine asymmetrischen, auf Sachlichkeit basierenden Sprecherrollen einer bürgerlichen Öffentlichkeit finden lassen. Prinzipiell kann sich hier jeder und jede zu diesem Thema äußern – und zwar ganz persönlich. Statt der diskursethischen Verknappung von besseren Argumenten über ethische Diskursregelungen folgt die Logik einer steten Pluralisierung von Sprechern, die allenfalls noch, wenn sie Gründe braucht, auf den differenten Ort ihrer authentischen Sprecher verweist – wie zum Beispiel die eigene Erfahrung. Ein skeptischer Nutzer erklärt wiederum im Interview:

> »Also, ich glaube nicht, dass da jemand in den Diskurs treten will und Erkenntnis zu Tage fördern will und Positionen schildern will [...]. [D]iese breite aufgestellte Partizipationsmöglichkeit [...] gibt die Möglichkeit, 'ne Befindlichkeit zu äußern und sich selbst zu inszenieren für den Fragestellenden oder den Pseudobeitragenden.« (I-NB, Z. 48–50; 68–71)

Problematisiert wird hier die Form von Inszenierung öffentlicher Kommunikation auf Facebook, die zu einer Art Befindlichkeitskommunikation gerinnt. Und tatsächlich treffen wir auf Facebook nicht nur auf veränderte Sprecher, sondern auf einen veränderten Kommunikationsstil des Öffentlichen, der je nach Kontext zwischen Empörung, Befindlichkeit und Entertainment *switcht*. Beobachten lässt sich vor allem ein Umschalten der Kommunikationslogik des Öffentlichen: von Rationalität auf Authentizität; von Information zu Wahrnehmung. Dies sei noch einmal an einem weiteren Interviewausschnitt illustriert:

> »Ich nehm's eher als (Pause), wie soll ich das jetzt sagen, das ist halt ein Ventil der kollektiven Enthemmung. Ja, also ganz viele Leute nutzen das, um mal die Sau rauszulassen. Ich müsste lügen, wenn ich sagen würde, ich bin da völlig gefeit davon, ja. Also ich hab's schon angedeutet: Mir macht es auch mal Spaß, dann rumzupoltern. Das stimmt schon.« (I-NB-9, Z. 191–195)

Erwartet wird vor allen Dingen ein emotionaler Kommunikationsstil, aber eben gerade nicht, dass sich ein rationales Gespräch entspinnt.

Die medialen Bedingungen der bürgerlichen Lesegesellschaften hatten eine spezifische Form der Gefühlslage (Innerlichkeit) hervorgebracht und zu einer typischen Praxis des Öffentlichen geführt. Bürgerliche Öffentlichkeiten sind solche, die sich orientiert an den Werten einer allgemeinen Humanität vordringlich über Argumente am Laufen halten. Wer sich innerhalb bürgerlicher Öffentlichkeiten als Sprecher etablieren will, orientiert sich an dem Vorbringen von Legitimationsfragen, die über das kommunikative Einlösen von Geltungsansprüchen prozessieren. Gleichzeitig versteht sich eine bürgerliche Öffentlichkeit zumindest von ihrem normativen Anspruch her als allinklusive Praxis. Es geht um die Inklusion »ausnahmslos aller Subjekte, die über die Fähigkeit verfügen, an Argumentationen teilzunehmen« (Habermas 1983, S. 99).

Die medialen Bedingungen von Social Network Sites transformieren diese Praxis auf spezifische Weise. Anstelle einer gefühlten Innerlichkeit werden in den kommunikativen Praktiken auf Social Network Sites (auch) unbestimmte Kommunikationen sichtbar. Diese ermöglichen es privaten Sprechern, als solche in der Öffentlichkeit des Netzwerks aufzutreten, ohne zu viele Informationen von sich preisgeben zu müssen. Die gefühlte Verbundenheit geht dann über den inhaltlichen Gehalt der Postings hinaus bzw. der Informationswert der Postings ist für die Kommunikationspraxis auf Social Network Sites nicht mehr das alles entscheidende Datum. Anstelle von Informationsfragen treten in der Öffentlichkeit des Netzwerkes Wahrnehmungsfragen in den Vordergrund. Postings und Kommentare, die als unliebsam, weil zu privat empfunden werden, werden oftmals ausgeblendet und verborgen. In Bezug auf Öffentlichkeit führt diese Praxis zu einer Entwicklung, die der Gestalt einer bürgerlichen Öffentlichkeit entgegenzulaufen scheint. Es sind Schließungsprozesse, die sich hier zeigen. Über die Praxis des Öffentlichen wird nicht mehr länger im Sinne eines Meinungsstreits verhandelt, wie man sich dies aus Habermas'scher Sicht etwa noch vorstellen könnte.[2] Stattdessen bilden sich eher hermetisch anmutende Nischen des Öffentlichen innerhalb des Netzwerkes aus, die über spezifische Ein- und Ausschließmechanismen operieren. Beobachten lässt sich insofern eine *Intimisierung des Öffentlichen.*

Was ist mit diesem Begriffsszenario gemeint? Der Begriff der Öffentlichkeit erweist sich deshalb als plausibel, weil hier zahlenmäßig große Netzwerke sichtbar werden, die Hunderte von Kontakten bündeln können. Der Begriff der Intimisierung erscheint wiederum deshalb als angebracht, weil die mögliche Verknappung von Kontakten im Interface der User die *illusio* einer geschlossenen Gruppierung vermittelt. Hier lässt sich ungestört alles ansprechen, was die gesamte Person betrifft. Intimisierte Öffentlichkeiten verweisen dann auf die eigentümliche Verschränkung von dem Gefühl, unter sich zu sein und gleichzeitig vor einem großen Publikum zu sprechen. Öffentlichkeit im Netz gerät damit soziologisch betrachtet nicht in eine Krise, sondern ändert zunächst einmal nur ihren Kommunikationsstil. Das Mehr an Partizipation führt nicht zu mehr Vernunft und rationaler Diskursivierung wie in der bürgerlichen Öffentlichkeit. Das Mehr an Partizipation führt hier zu authentischen Sätzen, zu Wahrnehmungs- und Identitätsfragen.

Der Begriff einer intimisierten Öffentlichkeit (intimate public) entstammt einer Diskussion, die Lauren Berlant in Bezug auf die amerikanische Öffent-

2 »Jedes sprach- und handlungsfähige Subjekt darf an Diskursen teilnehmen« (Habermas 1983, S. 99).

lichkeit unter der Regierungsära Reagan analysiert hat. Berlant ging es dabei um die Beschreibung einer privatisierten öffentlichen Kultur, die den Regeln der Zivilgesellschaft, wie sie Habermas beschrieben hat, aus ideologischen Gründen entgegenläuft. Ihre Kritik lautet:

> »[T]he dominant idea marketed by patriotic traditionalists is of a core nation whose survival depends on personal acts and identities performed in the intimate domains of the quotidian. It is in this sense that the political public sphere has become an intimate public sphere.« (Berlant 1997, S. 4)

Die intimisierten Öffentlichkeiten in Social Network Sites verweisen weniger auf einen ideologischen Steuerungsprozess als auf medial vermittelte Schreibpraktiken, die ein spezifisches Verhältnis von Öffentlichkeit und Privatheit erzeugen.

3. On doing Hate Speech

Immer wieder erhitzen sich Debatten auf der Social Network Site Facebook. Und zwar in einem Maße, dass hier im Rahmen einer Meldung über die Höhe der Finanzhilfe für Flüchtlinge im Jahr 2016 die Redaktion der Tagesschau sich offenbar nur mehr mit dem Hinweis auf die Allgemeinen Geschäftsbedingungen zu helfen weiß und schließlich das Löschen von Kommentaren androht:

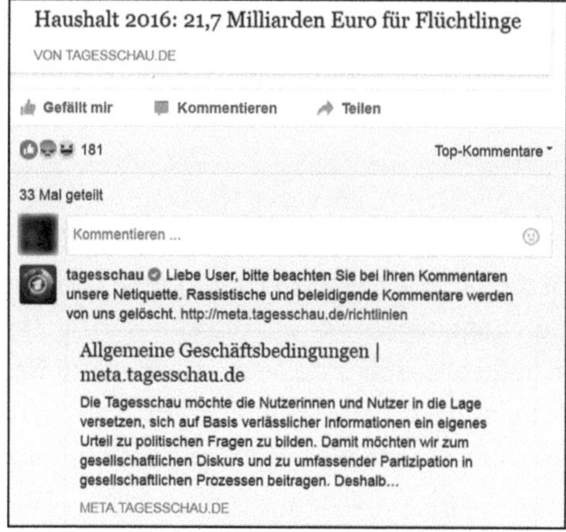

Abb. 27: Quelle: facebook.com (27.01.2017).

Erhitzte Öffentlichkeiten scheinen auf Facebook der Normalfall zu sein. Private User beteiligen sich an dort stattfindenden Diskursen emotional, beleidigen einander, *trollen* und *haten*, wie man das neudeutsch formuliert. In der Frühphase des Internets waren digitale Öffentlichkeiten noch als telematisches Pfingstwunder gefeiert worden: Im Medium des Computers könnten sich verstreute Teilöffentlichkeiten vernetzen und zusammengeführt werden, so die Hoffnung des Feuilleton-Diskurses und der Internet-Soziologie. Hingegen wird heute Netzkommunikation eher als irrationales Wüten eines digitalen Pöbels wahrgenommen. Hass und ungehemmte Leidenschaften würden sich hier Bahn brechen. Die rationale Distanz gehe verloren. So stellen Keipi et al. (2017) in einer ländervergleichenden Studie zum Thema Hass im Netz fest: Social Media »is by far [...] the most visible sphere for hate and its expression« (Keipi et al. 2017, S. 111). Margaret E. Duffy beobachtet eine ähnliche Entwicklung:

> »The Internet has evolved into a sprawling system of communication with attendant large-scale commercial, industrial, and social relevancies. In addition, the Internet and the World Wide Web have been implicated as contributors to a culture of hate and violence.« (Duffy 2003, S. 291)

Insbesondere Social Network Sites wie Facebook gelten als Hort für Hass im Netz (Costello et al. 2016, S. 3; Bossler et al. 2012; Leukfeldt 2014; Leukfeldt/Yar 2016; Navarro/Jasinski 2012; Reyns 2015; Reyns et al. 2011; van Wilsem 2011 und 2013).

Tatsächlich hat sich der Ton im Zuge der sogenannten Flüchtlingskrise in den sozialen Netzwerken radikalisiert. Die Debatte um digitale Öffentlichkeiten ist schließlich auch auf dem Radar des Politischen aufgetaucht: So hat Bundesjustizminister Heiko Maas bereits im Dezember 2016 die Einführung von Bußgeldern vorgeschlagen, um gegen Hasskommentare, Beleidigungen und Fake News auf Facebook vorzugehen – dieser Vorschlag hat wiederum eine breite politische Debatte ausgelöst (einen guten Überblick zur Debatte zum Netzwerkdurchsetzungsgesetz bietet Reuter 2017). Denn schließlich kann man davon ausgehen, dass die Kommunikation von Hass nicht folgenlos bleibt: »While many people who see online hate materials are unaffected by it and most hate messages do not directly advocate violence [...], exposure can have short- and long-term consequences«, stellen Costello et al. (2016, S. 3) fest. Zu befürchten seien Furcht und Einsamkeit (Tynes 2006), ein Erodieren des sozialen Vertrauens (Nasi et al. 2015) sowie die Verbreitung extremistischen Gedankenguts, woraus selbst wieder eine Quelle für Radikalisierung entstehen könne (Foxman/Wolf 2013).

3.1 Reiterationen

In ihrer Analyse von Hate Speech im Internet stellt Margaret E. Duffy fest: »Virtually all of the sites express themes of fairness, justice, and morality in justifying their claims and beliefs.« (Duffy 2003, S. 295) Untersucht wurden von ihr die Homepages von Stormfront.org, von der neonazistischen Gruppierung National Alliance (natvan.com), vom Ku Klux Klan (k-k-k.com) und von der Nation of Islam (noi.org). Vor diesem Hintergrund wird ersichtlich, dass es aus empirischer Sicht schwierig ist, Hass im Netz zu beforschen. Was aus normativer Sicht eine klare Verschleierungstaktik rechter Gruppierungen sein mag – etwa um den kritischen Blicken der Justiz zu entgehen –, stellt sich aus empirischer Perspektive als schwierig einzufangendes Phänomen dar. Wie aber lässt sich soziologisch Hass im Netz beforschen? Der allgemeine Forschungsstand hierzu geht zunächst von einem Definitionsproblem aus, wenn es um das Thema der empirischen Beforschung von Hass im Netz geht: »Although the terms ›hate crime‹ and ›hate speech‹ are in common use, various scholars emphasise that defining hate is actually a highly complex task, and that it is very difficult to distinguish what is hate speech from what is not.« (Keipi et al. 2017, S. 54) Keipi et al. beziehen sich hier auf Studien von Citron/Norton (2011), Foxman/Wolf (2013) und Waldron (2012). Sie sprechen von einer »complexity of defining hate content« (Ebd. S. 55). Sie beziehen sich in ihrer Analyse deshalb auf Individuen und Gruppen, »that attack others based on race, national origin, gender, ethnicity, sexual orientation, religion, or any other characteristic that defines a particular group.« (Keipi et al. 2017, S. 55) Dabei sehen sie aber durchaus, dass diese Definition allein ein Hilfsmittel ist. Denn: »[A]lmost anything can cause people to become upset online, and almost anything can eventually lead to hateful communication.« (Ebd. S. 59) Es war Judith Butler, die bereits sehr früh auf das Problem der Definition von Hate Speech verwiesen hat: »Um die Frage zu entscheiden, was eine Drohung ist oder was ein verwundendes Wort, reicht es nicht, die Wörter einfach zu prüfen.« (Butler 2006, S. 27) Wörtern jenseits ihres Gebrauchs und jenseits ihrer Geschichte wohnt aus Butlers spachanalytischer Perspektive also keine inhärente Eigenschaft inne, die ihre verletzende Kraft erklären könnte. Aber auch die Ausweitung auf die Kontexte der Beleidigung reicht nicht aus, um das Phänomen angemessen in den Griff zu bekommen: »Doch auch die Umstände allein bewirken nicht, daß Worte verwunden.« (Ebd.) Ungeklärt bleibe dabei, warum manche Ausdrücke leichter von ihrer Macht der Verletzung zu lösen seien als andere. So schließt Butler: »Tatsächlich scheitern neuere Versuche, die unbestreitbar verwundende Macht bestimmter Wörter zu begründen, offenbar an der Frage, wer diese Interpretation vornimmt, was diese Worte bedeuten und welche Sprechakte sie vollziehen.« (Butler 2006, S. 27) Butler bezieht sich hierbei auf die Sprechakttheorie von John L. Austin (1979), wenn sie formuliert, dass Sprechen nicht einfach nur das Verweisen auf außerhalb der Sprache existierende Dinge ist, sondern dass Sprechen ein performativer Akt sein kann: »Eine performative Handlung ist eine solche, die das, was sie benennt, hervorruft oder in Szene setzt und so die konstitutive oder produktive Macht der Rede unterstreicht.« (Butler 1993, S. 123 f.) Ein performativer Sprechakt produziert das, was er sagt, im Sprechen selbst – der Satz ›Es ist ein Mädchen!‹ ist nicht nur eine Beschreibung eines Sachverhalts, sondern vollzieht gleichsam eine Handlung. Es erfolgt eine Identitätsbeschreibung, die sich in der sprachlichen Äußerung in Szene setzt. Dabei haben Sprechakte »eine immanent zeitliche Dimension« (Villa 2012, S. 29), also eine Geschichte. Jede Äußerung »enthält abgelagerte frühere Sprechakte, jeder Sprechakt verweist auf frühere – und auf zukünftige.« (Ebd.) Damit gerinnt jeder performative Sprechakt zum sich wiederholenden Zitat. Diese Zitation erfolgt aber nicht immer gleich – sie ist abhängig von spezifischen Kontexten und spezifischen subjektiven Anschlüssen. Jede Zitation ist nicht lediglich eine Wiederholung des Immergleichen, sondern eine *Reiteration* (Butler 2006, S. 208; Villa 2012, S. 31). Der kommunikative Sinn einer Äußerung ist von den jeweiligen kommunikativen Anschlüssen abhängig – er kann nicht ein für alle Mal fixiert und vorhergesagt werden: »Alle Voraussetzungen erfolgreicher Sprechakte tragen die Möglichkeit ihres Misslingens in sich, und zwar nicht als externes Problem außerhalb der Rede, sondern als immanenter Bestandteil sprachlicher Performativität.« (Butler 2009, S. 289) Die »Anrufung« (Althusser 1977) des Subjekts qua einer Beleidigung muss also nicht erfolgreich sein, sie kann auch scheitern, kann umgewendet, umgedeutet werden durch den kollektiven Adressaten. Um es noch einmal mit Butler zu formulieren:

> »Allgemeiner bedeutet dies, daß die veränderliche Macht solcher Ausdrücke eine Art diskursiver Performativität markiert, die nicht aus diskreten Reihen von Sprechakten, sondern aus einer rituellen Kette von Resignifizierungen besteht, deren Ursprung und Ende nicht feststehen und nicht feststellbar sind.« (Butler 2006, S. 30)

Dieser Sachverhalt wird insbesondere in der empirischen Forschung häufig ausgeblendet. Veranschlagt werden etwa Definitionen von Hate Speech, die sich an dem normativen Diskurs – beispielsweise: dem Diskurs des Politischen oder jenem der Rechtsprechung – orientieren. Hate Speech firmiert dann im Sinne von Äußerungen, die sich gegen grundgesetzlich verankerte Gleichheitsrechte richtet (siehe etwa die obige Definition von Keipi et al. 2017, aber auch die Studie von Awan 2016). Andere wie Christian Schütte (2014) veranschlagen Hate Speech dort, wo das Wort »Hass« respektive »hassen« in Online-Diskursen fällt. Taucht dieses Wort auf, wird von Hate Speech ausgegangen. Die hier vorgenommenen Äußerungen möchten sich von solchen Herangehensweisen vor dem Hintergrund der Butler'schen Einwände eher distanzieren und einen alternativen Lösungsweg vorschlagen. Distanzieren deshalb, weil eine Orientierung von Definitionsversuchen an einer normativen Perspektive aus empirisch-praktischer Sicht insofern als problematisch erscheint, weil bestimmte Beleidigungen zwar als solche adressiert werden können – sie müssen aber nicht so aufgefasst und es muss nicht in dieser Weise an sie kommunikativ angeschlossen werden. Es kommt also stets auf den Kontext von Hate Speech und auf die jeweiligen, spezifischen und immer auch möglicherweise unterschiedlichen kommunikativen Anschlüsse an, die aus empirischer Sicht interessieren, wenn es um Hate Speech geht. Eine intendierte Beleidigung muss nicht zwingend als solche aufgefasst und rückadressiert werden. Insofern erscheinen forschungspraktische Herangehensweisen an das Thema plausibel, die just jene Anschlüsse in den Blick nehmen. Kate Crawford (2016) etwa nähert sich dem Thema Hate Speech auf der Weise, dass sie sich ansieht, wann User sich im Netz über Äußerungen anderer User beschweren. Das sogenannte *flagging* zielt darauf ab, Nutzer bei den Betreibern von Netzwerkseiten zu melden und anzuzeigen, dass Inhalte beleidigenden Charakter (aus ihrer Sicht) besitzen. Die folgenden Überlegungen nehmen diese Fährte auf und machen sich mit Hilfe von qualitativen Interviews mit Social Media-Managern auf die Spur von Hate Speech. Social Media-Manager stellen insofern eine relevante Personengruppe dar, als sie tagtäglich vordringlich damit beschäftigt sind, zu entscheiden, was Hate Speech ist und was nicht – welche Beiträge also gelöscht werden müssen und welche im Online-Diskurs verbleiben dürfen und (noch) geduldet werden können.

3.2 Definitionsprobleme: Was ist Hass auf Facebook?

Betrachtet man politische Initiative gegen Hasskommunikation im Netz, so wird schnell ersichtlich, dass relativ weit angelegte Definitionen veranschlagt werden, um das Phänomen zu fassen. Das Ministerkomitee des Europarats bestimmt etwa in seiner »Empfehlung über die Hassrede« folgende Definition: Hassrede sei »eine Rede mit der Wirkung, dass Rassenhass, Fremdenfeindlichkeit, Antisemitismus oder andere Formen von Diskriminierung oder von Hass, die auf Intoleranz gründen, gutgeheissen (sic!), verbreitet oder gefördert werden.« (Siehe www.egmr.org/minkom/ch/rec 1997-20.pdf, zuletzt abgerufen am 10.08.17) Das deutsche Strafgesetzbuch perspektiviert Hass insbesondere unter dem Gesichtspunkt der Volksverhetzung. Dieser Tatbestand ist erfüllt, wenn jemand »in einer Weise, die geeignet ist, den öffentlichen Frieden zu stören, 1. zum Hass gegen Teile der Bevölkerung aufstachelt oder zu Gewalt- oder Willkürmaßnahmen gegen sie auffordert oder 2. die Menschenwürde anderer dadurch angreift, dass er Teile der Bevölkerung beschimpft, böswillig verächtlich macht oder verleumdet« (StGB, §130 [1]). Auf der Homepage der Amadeu-Antonio-Stiftung wird wiederum folgende Definition veranschlagt: »Hassrede unterscheidet sich vom alltagssprachlichen Begriff der Beleidigung dadurch, dass letztere dann gegeben ist, wenn jemand als Individuum verunglimpft oder herabgewürdigt wird, also nicht als Mitglied einer Gruppe oder über seine Zugehörigkeit zu dieser Gruppe.« (https://www.amadeu-antonio-stiftung.de/hate speech/was-ist-ueberhaupt-hate-speech/, zuletzt abgerufen am 10.08.17) Und die »No Hate Speech«-Kampagne definiert Hate Speech als »bewusste Herabsetzung und Bedrohung bestimmter Menschen und Menschengruppen aufgrund ihrer Zugehörigkeit zu einer Minderheit (oder ihrer wahrgenommenen Zugehörigkeit zu einer Minderheit). In Deutschland verwendet man häufig auch den Begriff der gruppenbezogenen Menschenfeindlichkeit.« (https://no-hate-speech.de/de/wissen/, zuletzt abgerufen am 10.08.17) Aus den Facebook-Richtlinien geht wiederum folgende Definition von Hassrede hervor: »Hassreden, glaubwürdige Drohungen oder direkte Angriffe auf Einzelpersonen oder Personengruppen«, sind auf der Social Network Site nicht gestattet.

(https://www.facebook.com/help/1735443093393986?helpref=hc_global_nav, zuletzt abgerufen am 15.01.2019) Auf Facebook können in Bezug auf Hate Speech durchaus verwirrende Praktiken entstehen. So hat die ZDF-Fernsehmoderatorin Dunja Hayali auf den Kommentar eines Users (Emre: »Dunja hayali du Nutte warum so ein hass auf türken??«) entsprechend geantwortet (»Emre ... du endgeiler Ficker warum so ein hass auf deutsche??«). Dieser Antwortkommentar wurde seitens Facebook gelöscht, weil er irrtümlicher Weise für einen Hasskommentar gehalten worden war. Dafür hat sich der Netzwerkbetreiber in den darauffolgenden Tagen entschuldigt – es habe sich um ein Versehen gehandelt, hieß es seitens des Unternehmens (siehe Spiegel Online, 09.08.17). Diese versehentliche Löschpraxis stellt dabei kein Einzelfall dar – immer wieder werden seitens Facebook Postings und Kontakte gelöscht, weil der Verdacht besteht, dass Hate Speech vorliege – im Nachhinein werden dann oftmals persönliche Entschuldigungen ausgesprochen (siehe Süddeutsche Zeitung, 22.08.16).

Wie entscheiden aber Social Media-Manager, was Hate Speech ist und was nicht? Wie gehen sie mit den eher weit gefassten Definitionen, die bis hierher zitiert wurden, praktisch um? Eine Informantin beschreibt diesen Entscheidungsprozess wie folgt:

> »IP: Das ist total schwierig. Also das muss man wirklich *von Fall zu Fall entscheiden* und da hat man auch gemerkt, wir ha'm dann auch drüber diskutiert, ob wir das so stehen lassen sollen. Es ist natürlich ähm letztlich auch 'n Vertrauensverhältnis zwischen dir und deinem Vorgesetzten, der dir natürlich auch das Vertrauen entgegenbringt, dass du da 'ne richtige Entscheidung triffst. Was halt oft auch nicht einfach ist. Ähm und manchmal täuscht man sich vielleicht auch. Aber mei, letztendlich muss man halt irgendwie 'ne Entscheidung treffen und das basiert meistens darauf (Pause), man hört natürlich in sich selber rein und man vergleicht das halt irgendwie mit anderen Situationen und muss natürlich auch in 'ner gewissen Art und Weise unternehmerisch denken. Muss halt schauen, ok, schadet das dem Unternehmen oder ähm (Pause) bringt das eher (Pause), also, man muss natürlich so weiter im Fokus denken so bisschen. Also wenn ich das jetzt stehen lasse, was passiert da? *Kommt da jetzt jemand anderes und sagt dann (Pause) ähm und greift den Ball auf und spielt ihn weiter?* Oder kann man es noch so klein halten, dass es sich

nicht irgendwie weiter aufbauscht. Was eben auch 'ne Timing-Entscheidung ist. Wenn ich jetzt sehe, dass halt 'ne Diskussion abends um 23h vier Beiträge hat oder vier Kommentare, dann lass ich sie halt auch, weil, also, das ist dann irgendwie noch kein Shitstorm oder was. Wenn die Diskussion dann irgendwie 150 Kommentare hat, dann muss man sich das natürlich angucken und muss halt irgendwie schauen, okay, passiert da jetzt gerade was, wo ich einschreiten muss? Also schon auch 'ne Quantifizierung, natürlich.
I: Also eine Interpretationssache?
IP: Ja, auf jeden Fall. Das ist jetzt natürlich alles sehr subjektiv. *Ich bin sicher, dass irgendwie andere Medien das auch ganz anders machen, aber das war jetzt halt nur mal so mein Vorgehen.*« (I-1, Z. 138–155)

An diesem Zitat wird deutlich, dass die Entscheidung, was unter Hate Speech fällt und was nicht, eben gerade nicht vorab gefällt werden kann, etwa: indem man bestimmte Worte festlegt und einen Index von Wörtern bildet, die zum Beispiel über einen Algorithmus gesteuert gebannt werden können. Es zeigt sich, dass die Entscheidung über ein Einschreiten bei Hate Speech von Fall zu Fall erfolgt und hochgradig unbestimmt definiert ist – zumindest in diesem hier angeführten Interviewauszug. Aber auch Keipi et al. (2017) stellen in ihrer quantitativen Studie fest: »Hate can [...] be specifically targeted at individual characteristics, or motivated by developments on a global scale relating to issues central to certain identity groups.« (Keipi et al. 2017, S. 70) Die Unbestimmtheit in der Bestimmung von Hate Speech erweist sich deshalb nicht als fehlerhaft, sondern als funktional: Dies deshalb, weil es eben gerade nicht so ist, dass Beleidigungen und ihre Wirkungen auf die Öffentlichkeit mit Bestimmtheit vorab festgelegt werden könnten. Was als eine Beleidigung fungiert und was nicht, zeigt sich stets erst im kommunikativen Anschluss. Dieser Sachverhalt wird in den weiteren Ausführungen der eben zitierten Social Media-Managerin noch deutlicher:

»Also, ich glaube, mittlerweile gibt es halt auch irgendwie so 'ne Tonalität im Netz, die man selber vielleicht gar nicht mehr so versteht. Ähm weil man beispielsweise (Pause), keine Ahnung (Pause), wenn das jetzt so 'n Begriff ist wie: ›Du bis so 'ne Bitch!‹ oder so, *dann kann das sein, dass ich das als 'nen Angriff sehe, aber letztendlich ist es halt Teil dessen, wie die Jugendlichen gerade miteinander sprechen.* Also, das muss man dann schon immer noch miteinbeziehen in seine Entscheidung. Man muss natürlich auch sehen, dass beispielsweise die Fans

> bei XYZ (Name eines Unternehmens), die waren halt sehr sensibel bei vielen Dingen. Und viele Dinge, die für dich so (Pause), wo du gesagt hättest: ›*Ach, das ist jetzt völlig wurscht*‹, das hat die dann voll oft auf die Palme gebracht. Da muss man dann schon gucken, okay, kommt das jetzt so bei denen an oder wie fühlen die sich jetzt. Also, du brauchst schon auch *viel Empathie für die anderen Parteien.* Du hast natürlich dich selber als Korrektiv oder als Maßstab, aber es kann halt immer sein, dass drunter oder drüber noch Spielraum ist. Da muss man dann gucken und 'ne rationale Entscheidung treffen, *basierend darauf, wie die Leute in der Vergangenheit reagieren und wie du denkst, dass es ausgehen kann.*« (I-1, Z. 173–186)

Eine weitere Social Media-Managerin von einer überregionalen deutschen Tageszeitung erklärt im Interview in diesem Zusammenhang:

> »Ich glaub es wird immer 'nen *Graubereich* geben. Ich glaube so 'n ganz Schwarz-Weiß wird es nicht geben. Dafür ist unsere Welt zu komplex.« (I-3, Z. 183–184)

Und weiter:

> »Das ist das, was ich (Pause), das ist so 'n (Pause), ja, da sehe ich 'ne große Gefahr, wo setzt man dann die Grenze, ist das jetzt schon ähm (Pause), ist das jetzt quasi eine allgemeine Äußerung, eine pauschalisierende Äußerung, was alle Flüchtlinge betrifft und damit total rassistisch und hetzerisch ist oder ist das eine Kritik an, was weiß ich, an-an-an 'nem bestimmten, an 'nem best- (Pause), an 'ner Politik oder an einem Zustand oder so etwas oder ist es halt wirklich schon persönlich und rassistisch und hetzerisch. Ich glaube, das ist immer so schwierig im Arbeitsalltag.« (I-3, Z. 202–208)

Dieser Umstand der Unbestimmtheit in der Bestimmung von Hass im Netz kann dann sogar wiederum dazu genutzt werden, Hass zu produzieren. Die Social Media-Managerin einer übereregionalen deutschen Tageszeitung hat dies im Falle des Phänomens des *flaming* bzw. *flagging* beobachtet. Von *flaming* bzw. *flagging* spricht man dann, wenn User selbst den Social Media-Unternehmen via einer extra hierfür vorgesehenen Kommentarfunktion anzeigen, dass es sich – aus ihrer Sicht – bei einem Beitrag im Netz um Hate Speech handelt:

> »Wir haben ähm auf der Seite auch diese ›Melden‹-Funktion. Das heißt, man kann Kommentare, die veröffentlicht wurden, melden und sagen, da ist war nicht in Ordnung. Das ist 'ne gute und wichtige Funktion, quasi ein Korrektiv der Leser, falls doch mal was durchgerutscht ist. Da sind wir auch auf jeden Fall dankbar, denn dann hat man noch mal 'ne zweite Chance, da drüberzugehen und zu sehen, das hätte nicht passieren dürfen. Auch das wird natürlich missbraucht, *die dann behaupten, ›da sagt jemand was Böses‹, wo man sich dann denkt ›Hä? Nee, eigentlich nicht‹*, und dann merkt man halt, der will einfach nicht die andere Meinung stehen haben. Ähm und genauso auf Facebook natürlich auch. Da gibt's absolut gerechtfertigte Kritik und wo wir dann auch nachgehen und wo wir uns dann dafür bedanken und ähm, aber es gibt genauso Leute, die versuchen irgendwelche anderen Leute zu diffamieren und dann ›hier, nehmt den mal weg oder nehmt die hier mal raus‹ oder so, klar, das gibt in beide Richtungen. Man muss dann halt auch beim zweiten Mal kontrollieren, muss man genauso mit 'nem kritischen Auge drauf gucken und stimmt das, stimmt das nicht, *und dann sagen ›Sie haben Recht‹ oder ›Ne, wir haben uns das nochmal angeguckt und das ist richtig so.*« (I-3, Z. 323–337)

Abseits von dem Sachverhalt, dass der hier angeführte Mechanismus wiederum zur Produktion von Hass im Netz genutzt werden kann, ist es spannend, zu sehen, wie sich an der hier geschilderten Fallgeschichte zeigt, dass Hass im Netz nicht eindeutig zu definieren ist. Die Perspektive der Social Media-Managerin unterscheidet sich von jener möglicher kritischer Leser und Internetnutzer. Auch ein privater User erklärt seine Facebook-Praxis mit folgenden Worten:

> »Also ich, ich poste dann oder antworte dann, wenn ich mich im Endeffekt, ja, *ich kann das gar nicht genau beschreiben, wann genau und wann nicht.* Also, ich sitz davor und seh des und dann fühl ich mich manchmal rausgefordert, was zu sagen, beziehungsweise nichts zu sagen. Beispielsweise bei den Öffentlich-Rechtlichen, also, alles, was Heute-Nachrichten, also, da denk ich mir natürlich, man muss Nachrichtenmedien immer mit Vorsicht genießen, aber ich bin ein großer Verfechter der öffentlich-rechtlichen Medien und dann ist halt mein Standardkommentar: ›Gut, dass es die öffentlich-rechtlichen Medien gibt‹. Ja.« (I-4, Z. 109–117)

Der hier zitierte User beschreibt seinen Zugang zu Hass als Gefühlsentscheidung. Es handelt sich für ihn um einen Graubereich, der nicht objektiv-eindeutig und vorab bestimmt werden kann, sondern sich von Fall zu Fall jeweils neu ergibt. Hierzu sei auch die Aussage eines weiteren Social Media-Managers angeführt:

> »Es ist natürlich ein *Gefühl, ein Gefühl, erst mal ein Gefühl,* das man dann aber mit bestimmten Fakten unterlegt, das sich aus *jahrelanger Praxis* ergibt.« (I-5, Z. 95–97)

Anstelle einen Satz vorab als Hassaussage zu definieren, wird eine alternative Problemstrategie erkennbar, um Hass im Netz zu erkennen: Man muss den Kontext des Satzes kennen – der Satz selbst spricht zunächst einmal nicht für bzw. gegen sich. Der eben zitierte Social Media-Manager erklärt weiter im Interview:

> »Das kann mein Chef nicht entscheiden. Dem zeig ich einen Hasskommentar, der kennt nicht einen (Pause), *der kennt nicht das Umfeld, der kennt nicht, der kennt nicht die Community so gut wie ich, der kennt nicht die Geschichte dieses (Pause), der kennt das Profil nicht.* Bis ich ihm das erklärt hab, das ist ja ein halbstündiger Vortrag, damit der 'ne qualifizierte Entscheidung dadrüber treffen kann. Das geht nicht, das geht nicht.« (I-5, Z. 226–231)

Gleichzeitig lässt sich beobachten, dass etwa die Redaktionen überregionaler Medienformate durchaus in der Lage sind, bestimmte Kriterien festzulegen, die die Kommunikation im Netz regulieren sollen. Jenseits von strafrechtlichen Einschätzungsmöglichkeiten besteht im Netz die Netiquette: Einzelne Redaktionen und Seitenbetreiber erlassen allgemeine Geschäftsregeln, die von den Nutzern der Kommentarspalten dieser Seiten eingehalten werden müssen. Die Tagesschau verweist etwa in ihrer Kommentarleiste immer wieder auf die von ihr festgelegte Netiquette, wenn die Diskussion offenbar zu sehr von einem rationalen Diskurs abzuweichen droht. Dies hat der oben angeführte Screenshot sichtbar gemacht. Darin heißt es dann etwa relativ bestimmt und explizit:

> »*Auf unseren Plattformen haben Diskriminierung und Diffamierung von Personen und Gruppen keinen Platz,* insbesondere nicht aufgrund ihrer Religion, Herkunft,

Nationalität, körperlichen Verfassung, Einkommensverhältnissen, sexuellen Identität, ihres Alters oder ihres Geschlechts. Entsprechende Äußerungen sind nicht von der Meinungsfreiheit gedeckt.« (http://meta.tagesschau.de/richtlinien, Abrufdatum 06.08.2017, Herv. i. O.)

Und weiter:

»Kommentare, die *ehrverletzend, beleidigend, pornografisch* oder sonst unzulässig oder gar *strafbar* sind oder nationalsozialistische Terminologie verbreiten, werden nicht freigeschaltet beziehungsweise gelöscht. (vgl. § 4 JMStV)« (Ebd., Herv. i. O.)

Gleichzeitig führt die Netiquette der Tagesschau aber folgende Einschränkung an:

»Natürlich besteht bei der Beurteilung der Kommentare stets ein *Ermessensspielraum*.« (Ebd.)

Damit nimmt die Netiquette gleichsam jene Praxis vorweg, die bereits anhand der angeführten Interviewauszüge beschrieben worden ist. Hasskommentare weisen zwar eine eigene Diskursgeschichte auf, sie tragen, um in Anschluss an Judith Butler zu sprechen, eine spezifische eigene Zeitlichkeit, eine Art Sozialgeschichte in sich. Ob solche Äußerungen aber als Hass wirken oder nicht, bleibt wiederum von den spezifischen sozialen Umständen abhängig.

3.3 Kulturen des Hasses

Keipi et al. (2017) stellen einen Unterschied zwischen Ländern innerhalb der EU fest bzgl. der Diffamierung von Personen im Netz durch Hass-Kommentare: »[D]ifferent studies conducted on cybercrime victimisation show differences between countries [...].« (Ebd. S. 60) Sie stellen fest, dass sogar in der virtuellen Welt des Internets kulturelle Unterschiede eine Rolle spielen können: »Even in the online world, geographical locations and national borders do make a difference.« (Ebd.) Sie verweisen hier auf die Studien von Livingstone et al. (2011), Näsi et al. (2015) und Reyns et al. (2011). Das hier vorliegende Material legt einen über diesen Befund hinausgehenden und vielleicht zunächst einmal sehr einfachen weiteren Schluss nahe: Unterschiedliche Praktiken von Online-Hass zeigen sich nicht nur zwischen verschiedenen Nationen, sie zeigen sich auch zwischen verschiedenen Online-Formaten. Was Hass ist und was nicht, wird damit offensichtlich nicht von unterschiedlichen, etwa nationenmäßig geprägten Kulturen abhängig, sondern vom jeweiligen kommunikativen Anschluss. Es wird davon abhängig, wie ein Satz im Online-Bereich medial gerahmt ist. Und es wird davon abhängig, wer sich von diesem Satz ›angerufen‹ fühlt – und wer nicht. Ein Social Media-Manager berichtet im Interview:

> »Ich war bei der XY [Name einer überregionalen, deutschen Tageszeitung, Anm. E. W.] wesentlich strenger, die neutralen (Pause), 'n Nachrichtenmedium auch jetzt mit 'ner bestimmten politischen Haltung aber äh gerade auch auf Facebook, zumindest (Pause). Derzeit ändert sich ja auch 'n bisschen, aber 'n Nachrichtenmedium ist ... Bei ZZ [Name eines satirischen Fernsehmagazins, Anm. E. W.] lass ich mehr zu, weil ZZ 'ne starke Haltung transportiert und dann auch 'ne starke Gegenhaltung vertragen muss.« (I-5, Z. 115–119)

Diese hier vorgenommene Differenzierung zwischen unterschiedlichen medialen Formaten und dem jeweiligen Umgang mit Hasskommentaren zeigt, dass die Einschätzung, was Hass ist und was nicht, nicht immer gleich bleibt. So kann der gleiche Social Media-Manager unterschiedlich auf Hasskommentare zugreifen, diese einschätzen und gegebenenfalls löschen – abhängig vom jeweiligen medialen Kontext. So berichtet der eben zitierte Social Media-Manager weiter:

> »[D]u kannst dich nie wirklich hundert Prozent frei machen von deiner eigenen Haltung. Ich könnte nicht beim Fokus moderieren, da würd ich durchdrehen, da würd ich Amok laufen. *Du musst schon in einem Umfeld moderieren, das zumindest halbwegs zu dir passt.* Ähm aber ähm ich würde bei Fokus die ganze Community zerstören [...].« (I-5, Z. 238–242)

Was hier identifiziert wird, ist nicht nur eine unterschiedliche Community-Kultur des Schreibens im Social Web. Was hier weiterhin praktiziert wird, ist eine Kulturalisierung der eigenen Expertenperspektive auf die Praktiken in den Kommentarspalten. Eine weitere Social Media-Managerin vollzieht mit ihren Aussagen diese Praxis auf ähnliche Weise. Sie berichtet im folgenden Interviewauszug von ihrer Tätigkeit im Online-Management eines Homeshopping-Senders und erklärt zunächst Folgendes:

> »Aber wie gesagt, auch da hab ich halt eben festgestellt, dass Homeshopping einfach ein total emotionales Thema ist. Emotionaler, als wenn du jetzt irgendwie 'nen Nachrichtenkanal hast, wo du halt nur 'nen Meinungsaustausch hast, und klar können da die Emotionen auch mal hochkochen, aber letztlich wird's nie so persönlich und also (Pause), ja keine Ahnung, vielleicht lag das daran, dass das auch die Anfangszeit war und man noch nicht so genau wusste, wie man damit umging. Also das war jetzt halt 2010, 2011 (Pause), das ist ja jetzt schon auch 'ne Weile her. Das, was ich dort erlebt hab an (Pause), also, dass die Emotionen so hochgekocht sind, das hab ich sonst nirgends so erlebt.« (I-1, Z. 239–246)

Was sich hier zeigt, ist eben jener Mechanismus, der sich bereits in den eingangs angeführten Zitaten abgezeichnet hatte: Praktiken des Hasses sind nicht immer gleich, sondern hochgradig abhängig von ihrem medialen Kontext. Die eben zitierte Informantin führt weiterhin aus:

> »Man muss natürlich auch sehen, dass beispielsweise die Fans bei XY [Name eines Homeshopping-Senders, Anm. E. W.], die waren halt sehr sensibel bei vielen Dingen. *Und viele Dinge, die für dich so (Pause), wo du gesagt hättest: ›Ach, das ist jetzt völlig wurscht‹, das hat die dann voll oft auf die Palme gebracht.* Da muss man dann schon gucken, okay, kommt das jetzt so bei denen an oder wie fühlen die sich jetzt. Also, du brauchst schon auch viel Empathie für die anderen Parteien. Du hast natürlich dich selber als Korrektiv oder als Maßstab, aber es kann halt immer sein, dass drunter oder drüber noch Spielraum ist. Da muss man dann gucken und 'ne rationale Entscheidung treffen, basierend darauf, wie die Leute in der Vergangenheit reagieren und wie du denkst, dass es ausgehen kann.« (I-1, Z. 178–186)

Was sich an diesem Interviewauszug zeigt, ist, dass es nicht nur unterschiedliche Kulturen des Hasses gibt. Sichtbar wird an dem hier angeführten Zitat, dass es der jeweilige kommunikative Anschluss ist, der darüber entscheidet, ob es sich um Hass handelt oder nicht. Was hier aus Sicht der Social Media-Managerin vollkommen problemlos erscheint (»Ach, das ist jetzt völlig wurscht«), erscheint wiederum aus Sicht der User dieser spezifischen Seite als durchaus problembehaftet.

Dieser empirische Befund lässt sich an eine Zeitdiagnose anschließen, die Irmhild Saake und Armin Nassehi bereits im Jahr 2004 vorgelegt haben. Sie beobachten die Praxis des Zugriffs auf den Begriff der Kultur systemtheoretisch und kommen zu dem Schluss,

> »daß sich das Versprechen einer zunehmenden Symmetrisierung der Sprecherpositionen anders einlöst, als es von Habermas gedacht war: Die Relativierung von Kontexten [durch den Verweis auf Kultur, Anm. E. W.] erzeugt tatsächlich symmetrische Sprecherpositionen, aber sie führt nicht zu mehr Eindeutigkeit, sondern zu mehr Anschlussfähigkeit. [...] Nicht die Beobachtung von Kontingenz ist das entscheidende Kennzeichen der modernen Gesellschaft, sondern die Beobachtbarkeit von Kontingenz und die Erfahrung authentischer Selbstbeschreibungen.« (Saake/Nassehi 2004, S. 115)

Die Emergenz unterschiedlicher Kulturen des Hasses im Netz könnte ein Effekt eben dieser hier beschriebenen Zeitdiagnose sein. Denn auch bei der Kommunikation in den Kommentarspalten im Netz zeigt sich ein Effekt, den Saake und Nassehi zeitdiagnostisch generell annehmen, wenn es um den praktischen Verweis auf Kulturen des Sprechens geht: »Kulturen halten sich selbst für relevant – und andere für irrelevant.« (Ebd. S. 102) Emanzipiert werde in der modernen Gesellschaft nicht mehr länger der einsichtsvolle Sprecher, »sondern de(r) Sprecher überhaupt.« (Ebd. S. 103) Wenn Social Media-Manager auf unterschiedliche Community-Kulturen in den Kommentarspalten stoßen und sogar ihre eigene Perspektive auf diese Kommunikationskulturen kulturalisieren, scheint sich hier genau diese Promotion des authentischen Sprechers abzuzeichnen. Sichtbar werden Diskursformationen, in denen es nicht mehr länger um das bessere Argument und die Einsicht in gute Gründe geht. Sichtbar werden vielmehr Kulturen des Sprechens resp. des Schreibens, des Bebilderns, deren »Zurechnung aufs Individuelle und seine authentische Performanz die Botschaft selbst zu sein scheint« (Nassehi 2006, S. 173). Diese Kommunikationspraxis, in der »das Sprechen selbst zum Argument wird« (ebd. S. 172), kann dann insofern scheitern, als die Inkommensurabilität von Sprecherpositionen wechselseitig nicht (!) mehr anerkannt wird – der Hass auf die Anderen, die anders sind als man selbst, wird dann zum ethischen Problem des Eingreifens in den

Diskurs durch Social Media-Manager – aber auch zum rechtlichen Problem, wie ein befragter Jurist erklärt, der sich mit Hasskommentaren auf Facebook auseinandergesetzt hat:

> »Obwohl sie [gemeint sind die Betreiber von Facebook, Anm. E.W.] in ihrer Außenkommunikation natürlich sagen, dass sie deutsches Recht beachten, tun sie (das) aber nicht; wie wir jetzt auch zum Beispiel mit der Enthüllung aus dem Süddeutsche-Zeitung-Magazin gesehen haben, wo sehr deutlich wird, *die orientieren sich einzig und allein an ihren Gemeinschaftsstandards, die im Widerspruch stehen zum deutschen Recht.*« (I-6, Z. 79–82)

3.4 Entscheidungsprozesse: Was tun gegen den Hass?

Weil es nicht vorab feststeht, was als Hasskommentar gelten kann und was nicht, muss hierüber entschieden werden, und zwar auf der Grundlage bereits getätigter Kommunikationsofferten. Es ist ein Entscheidungsprozess, der sich jedesmal neu auftut, wenn es um Hasskommentare im Netz geht. So berichtet ein Social Media-Manager:

> »Äh die, äh *das Problem entsteht in-in-in einem in-in-in Grenzbereichen, wo du 'ne potentiell verletzende Sprache hast, die aber nicht zwangsläufig jetzt aber als Beleidigung oder sonst was* (Pause) ... *Und da muss man dann einen feinen Grat wandern.* Man kann auf verschiedene Art und Weise reagieren. Du reagierst ent- (zögerlich) und-und-und das sind *Abwägungen*, die ich dann mach.« (I-5, Z. 125–129)

Dabei ist der Eingriff in Kommunikationspraktiken im Netz eine hochsensible Angelegenheit. Denn wie Costello et al. (2016) in ihrer quantitativ-empirischen Studie feststellen, beruhigt die soziale Kontrolle im Netz Diskussionskulturen dort nur bedingt:

> »We fail to find evidence that informal social control or guardianship significantly reduce targeting. In fact, individual-level social control actually increases the likelihood of being targeted by hate likely because it makes individuals more visible to potential attackers.« (Costello et al. 2016, S. 12)

Den Social Media-Managern geht es deshalb nicht unbedingt immer darum, Entscheidungen als Entscheidungen öffentlich als solche auszuflaggen und sichtbar zu machen. Vielmehr geht es zunächst einmal darum, Diskussionen zu beruhigen, um das Aufkommen eines möglichen Shitstorms zu vermeiden. Eine Technik hierbei ist das Unsichtbarschalten von Kommentaren. Ein getätigter Kommentar wird dabei für die User der Site eines Netzwerks nicht mehr sichtbar; nur derjenige User, der den Kommentar getätigt hat, sowie dessen Freunde können diesen noch sehen. Ein Social Media-Manager erklärt:

> »Ich weiß zum Beispiel, dass es Kollegen gibt, die dieses Unsichtbarschalten für's Sakrileg halten, weil das, äh weil das Unsichtbarschalten zur Folge hat, dass dieser Kommentar verschwindet aus der Diskussion, aber [...] eben nicht für den Nutzer und die Freunde. Das heißt, ich *beruhige die Diskussion*, den Diskurs – wie auch immer – ah in dem Fall die Diskussion, beruhige die Diskussion *ohne ähm eine Einzelperson vor den Kopf zu stoßen* oder was ähm.« (I-5, Z. 147–152)

Ethisch mag diese Technik verwerflich sein: Ein User wird unwissentlich aus der Öffentlichkeit des Netzwerks ausgeschlossen, weil seine Kommentare unsichtbar geschaltet wurden. Soziologisch betrachtet hat diese Technik indes einige Vorteile: Wenn ein Kommentar einfach verschwindet aus der Diskussion, wird der Kommentator auch nicht als mögliches Angriffsziel für weitere Attacken markiert. Ein Diskurs kann sich deshalb nicht hieran entlang orientieren, sondern muss eine alternative Richtung einschlagen. Eben weil diese alternative Diskurspraxis durch das Verschwinden von Kommentaren emergiert, wird die Technik des Unsichtbarschaltens von Kommentaren soziologisch gesehen so plausibel. Es geht eben gerade nicht darum, Entscheidungen als Entscheidungen auszuflaggen und sich als Social Media-Manager als Entscheider öffentlich zu gerieren. Vielmehr handelt es sich um eine Art Vermeidungsstrategie: Durch das Unsichtbarschalten von Kommentaren werden sowohl der Entscheider (Social Media-Manager) als auch die Entscheidung gegen einen Kommentar im Unsichtbaren belassen. Eine Debatte resp. ein Shitstorm kann sich daher hieran nicht entflammen.

Es ist vor diesem Hintergrund auch plausibel, dass das Löschen von Kommentaren als letzte Instanz fungiert. Eine Social Media-Managerin berichtet:

> »Äh löschen tu ich dann, wenn jemand ganz klar, wenn jemand beleidigt, wenn jemand rassistisch ist, wenn jemand vor allen Dingen, wenn jemand vielfältig auffällig geworden ist, ähm *wenn jemand also vielfältig im Grenzbereich sich bewegt hat oder wenn jemand vielfältig Diskussionen einfach stört* [...].« (I-5, Z. 188–191)

Das Löschen von Kommentaren macht die Entscheidung des Social Media-Managers als solche öffentlich sichtbar. Nicht nur das Publikum, auch der Autor erfährt von dem Schicksal des Kommentars im Netzwerk. Sie können nun hierüber wiederum eine Diskussion führen und die Löschpraxis skandalisieren. Die Folge könnten Shitstorms resp. Candystorms sein. Dies wiederum ist für die jeweiligen Sites des Netzwerks nur bedingt von Vorteil – einerseits erlangt die skandalisierte Site durch eine entsprechende Diskursivierung wiederum mehr Öffentlichkeit; andererseits ist dies eine negative Öffentlichkeit im Sinne schlechter Presse.

Die Social Media-Manager stellen deshalb solch eine Entscheidung als gut begründete Entscheidung dar. Kommentare werden nicht einfach nur deshalb gelöscht, weil bestimmte Wörter als Schimpfwörter erkannt wurden. Vielmehr geht es zunächst darum, den Löschvorgang als Entscheidung vorzubereiten. Es geht darum, Kontextdaten zu ermitteln: Profile werden im Hinblick auf ihre online dargestellten Inhalte überprüft. Dies teilt etwa folgende Informantin mit:

> »Ähm ich schau mir nochmal kurz, ich *schau mir immer, bevor ich in Grenzfällen die Entscheidung treff', das Profil an. Oft sagen mir Profile auch schon was darüber, äh ob so jemand (Pause), ob ich damit rechnen muss, dass der in der nächsten Diskussion wieder so 'n Mist schreibt* und äh das sozusagen zu 'nem dauerhaften Problem wird oder ob hier jemandem einmal (Pause), das versuch ich schon herauszufinden, einmal sozusagen, um zwei Uhr nachts, die digitale Schreibfedern ausgerutscht sind.« (I-5, Z. 131–137)

Es geht bei der Vorbereitung der Entscheidung für das Löschen von Kommentaren nicht nur darum, die Kontextdaten in der Sozialdimension zu überprüfen (das Profil des individuellen Users). Es geht auch darum, den Kontext desjenigen Satzes zu ermitteln, der im Hinblick auf Hate Speech störend aufgefallen ist:

> »Du reagierst darauf, indem du's stehen lässt, *weil du sagst, es ist der 300. Kommentar,* er ist nicht so schlimm, es interessiert keinen Menschen mehr, was der Typ da grad geschrieben hat.« (I-5, Z. 129–132)

Der Kontext des Kommentarsatzes entscheidet wiederum über die Bedeutung der getätigten Äußerung. In diesem hier zitierten Fall ist der Kontext die Anzahl der bereits getätigten Kommentare (300). Es ist auffällig an den Aussagen der Social Media-Manager, dass das Löschen von Kommentaren als letzte mögliche Lösung angeführt wird. Schließlich scheint es in erster Linie darum zu gehen, den Prozess der Öffentlichkeitsbildung nicht zu unterbrechen, sondern ihr zumindest in geregelten Bahnen ihren freien Lauf zu lassen.

> »Naja, *letztlich ist es ja so, dass 'ne Diskussion ja der Seite auch hilft,* sofern sie in geregelten Bahnen geht und das ist das, was der Community-Manager oder der Social Media-Manager in dem Moment eben machen muss. Er muss halt schauen, dass die Diskussion im Rahmen bleibt, dass niemand angegriffen wird und dass eben keine Beleidigungen oder irgendwelche Sachen, die unter die Gürtellinie gehen, dann da stehen, das würde natürlich der Seite schaden. Alles andere unterliegt der freien Meinungsäußerung und auch da ist natürlich, *'ne gute Diskussion ist immer förderlich.* Für Deine Seite und, ich mein, Facebook hat ja 'nen bestimmten Algorithmus, Facebook hat Zahlen ähm und *wenn das Engagement auf deiner Seiten gut ist, dann werden deine Inhalte natürlich auch mehr ausgespielt und das ist dann natürlich positiv für deine Seite und deswegen hat 'ne gesunde Diskussion auch durchaus was Gutes.*« (I-1; Z. 115–125)

Zentral scheint an dieser Äußerung zu sein, dass Öffentlichkeit im Web 2.0 nicht scheitert, vielmehr emergiert sie, und zwar gerade durch das Aufkommen von Hasskommentaren. Dieser Befund lässt sich an bereits getroffene Einsichten aus bestehenden qualitativen Studien anbinden. Im Anschluss an McCosker (2013) geht Frances Shaw (2016) davon aus, dass Trolling und Provokationen im Netz nicht unbedingt dazu beitragen, Diskurse zu verhindern und zu zerstören. Sie zeigt am Beispiel der Facebook- und Instagram-Seite »Bye Felipe«, einer feministischen Kampagne, in der Screenshots von Beispielen für Online-Hass gegenüber Frauen abgebildet werden, wie sich provoziert durch frauenfeindliche Kommunikation ein feministischer Diskursraum bildet: »Understood in this way, provocation can provide opportunities for the articulation of political claims.« (Ebd. S. 8) Und weiter: »However, conflict or provocation can also be productive of a discursive politics in which a political community is able to define itself in opposition to others.« Sichtbar werde auf den Online-Seiten besagter Kampagne nicht nur Hasskommunikation, sichtbar werde vielmehr auch, dass es in der Auseinandersetzung zwischen Trollen, Hatern und Feministinnen zu politischen Allianzen (etwa über den Einsatz von Hashtags) sowie zur Artikulation politischer Forderungen komme. Hieraus geht hervor, dass Hass im Netz moralisch, rechtlich und ethisch zwar verwerflich sein kann – für die Emergenz von Öffentlichkeit mag er sich aber durchaus als fruchtbar erweisen. Hasskommentare befördern Diskurse insofern, als sie für Anschlusskommunikationen sorgen. Diese müssen sich zwar nicht unmittelbar aufeinander beziehen. Die Öffentlichkeit, die hierbei entsteht, bildet keinen vernünftigen Diskursraum im Sinne der Habermas'schen Diskurstheorie ab. Hasskommentare erzeugen aber eine Öffentlichkeit insofern, als sich hier antagonistische Parteien aneinander anschließen und abarbeiten können. Wie verhält sich dieser Befund nun wiederum zu bestehenden Öffentlichkeitstheorien? Inwiefern lassen sich bestehende Öffentlichkeitstheorien auf die Öffentlichkeit des Web 2.0 (Facebook) übertragen? Dies soll Gegenstand der nun folgenden Überlegungen sein.

4. Rückblicke

Es war Kurt Imhof, der »vom demokratischen, dialogischen und partizipatorischen Potential des Internets« als Mythos gesprochen hat (Imhof 2015, S. 15). Aus der bloßen Existenz des Internets werde »eine sich selbst erfüllende Demokratisierung prognostiziert, als ob uns eine neue ›unsichtbare Hand‹ (Adam Smith 1776) alternative Zukünfte erobern und uns buchstäblich aus den Clouds eine Neuverteilung der Macht bescheren würde.« (Ebd.) Demgegenüber beobachtet Kurt Imhof eine zunehmende Vermachtung des Netzes und der darin sich abbildenden Kommunikationspraktiken. Zudem gehe »die Rede von ›Mikro-, Teil- oder Gegenöffentlichkeiten‹ in den Social Networks [...] am Faktum der in ihnen vorherrschenden Gemeinschaftskommunikation im Unterschied zur unpersönlichen Kommunikation in der Öffentlichkeit der Informationsmedien vorbei« (Imhof 2015, S. 18). Probleme sozialer Ordnung von Gesellschaften hätten deutlich kleinere Chancen, sich gegen partikularistische Themen moralisch-emotionalen Typs durchzusetzen, und die Chancen, dass politische oder wirtschaftliche Themen die Grenzen egozentrischer Netzwerke überspringen, seien klein (ebd. S. 21). Entsprechend sei das Potential einer »Worldwide Participatory Culture« in den Social Media Sites eher marginal (ebd. S. 23).

Die folgenden Ausführungen plädieren dennoch dafür, die Sozialform der Social Network Sites als *Öffentlichkeit* zu beschreiben. Um dies zu begründen, sei ein etwas längerer Exkurs zur Öffentlichkeitssoziologie gestattet, der freilich nur ausschnitthaft, anhand verschiedener historischer Konzeptionen versucht herauszuarbeiten, wann man soziologisch von einer Öffentlichkeit sprechen kann. Hierzu werden inzwischen klassische Argumentationen skizziert: Nämlich die von Ferdinand Tönnies als Mitbegründer dessen, was man heute Öffentlichkeitssoziologie nennen kann, von Jürgen Habermas als Hauptvertreter jenes Paradigmas, an dem sich auch die derzeitige Öffentlichkeitssoziologie immer noch abarbeitet, von Ernesto Laclau und Chantal Mouffe als Vertreter einer postmodernen (postmarxistischen) Öffentlichkeitskonzeption, und nicht zuletzt von der frühen Internetsoziologie, die Sozialformen im Netz entweder als Community oder aber als Netzwerk bzw. Schwarm beschrieben hat.

4.1 Tönnies: Öffentlichkeit und das Differenzverhältnis von Gemeinschaft und Gesellschaft

Ferdinand Tönnies, der als Begründer der Öffentlichkeitssoziologie angesehen werden kann, hatte Öffentlichkeit im Bereich des Gesellschaftlichen verortet. Öffentlichkeit wird von Tönnies als die Entäußerung eines Willens durch einen Sprecher vor einem Publikum definiert. Dabei unterscheidet Tönnies zwischen öffentlichen Meinungen, die diverse Willensäußerungen beinhalten können, und der »Öffentlichen Meinung« im Sinne von vorherrschenden Weltanschauungen, dem Zeitgeist. Während in der Gemeinschaft der *individuelle Wesenswille* noch durch Formen wie Brauch, Glaube, Sitte und Religion hergestellt wird, erzeugt die Gesellschaft einen *individuellen Kürwillen* über die Mittel des Vertrages, der Satzung und Lehre, der Konvention und Gesetzgebung und schließlich: der öffentlichen Meinung (vgl. Tönnies 1922, S. 219). Diese unterschiedlichen Willensformen zeichnen zwar einerseits historische Entwicklungen nach, werden aber durch gesellschaftliche Evolution nicht vollends aufgelöst: Auch die Gesellschaft kennt gemeinschaftliche Momente (die Möglichkeiten der Teilnahme an diesen unterschiedlichen Sozialformen differenziert Tönnies etwa zwischen den Geschlechtern, den Stadt- und Landbewohnern, den herrschenden Herren und dem Volk, vgl. ebd. S. 225). Öffentliche Meinung ist »wesentlich Urteil« (ebd. S. 228) und gilt als funktionales Äquivalent der Religion: »Die Öffentliche Meinung ist eine Macht, die sich ähnlich wie die Religion vorzugsweise als moralisches Urteil in einem Lande geltend macht [...].« (Ebd. S. 231) Öffentliche Meinung wird vor diesem Hintergrund von Tönnies im Sinne einer herrschenden Meinung bestimmt, einer Weltanschauung, die den Zeitgeist bestimmt:

> »Je mehr das Publikum, das den Zeitgeist trägt, eine politisch oder wenigstens eine geistig und sittlich verbundene Gesamtheit bildet, umso mehr nähert sich seine gemeinsame Ansicht und Überzeugung der Öffentlichen Meinung. [...] Je mehr aber dies der Fall, um so ähnlicher wird nach der Form-Seite die Öffentliche [sic!] Meinung der Religion, oder doch einem religiösen Glauben, weil es diesem wesentlich ist, ›fest‹ zu sein, weil er in seinen ausgeprägten Gestalten als heilige Überzeugung unerschütterlich ist und mit dem Gewissen als der gedankenhaftesten Form des Wesenwillens sich vermählt.« (Ebd. S. 231)

Dabei will Tönnies die Unterschiede zwischen Religion und Öffentlichkeit nicht verwischen. Öffentlichkeit zeichne sich im Vergleich zur Religion durch ihren fluideren Charakter aus (vgl. Ebd. S. 245 f.), setze anstelle auf christliche Barmherzigkeit auf die passiv-duldsamere Toleranz insbesondere »fremder, wenn auch anstößiger und für schädlich gehaltener Meinungen, zumal solcher von religiösem Charakter.« (Ebd. S. 237)

Öffentlichkeit ist für Tönnies *das große Publikum*, vor dem sich die Rede eines Sprechers bewähren muss:

> »Wenn also die Bühne, auch die falsche Bühne, ihr Publikum hat, so hat es jeder Redner, jeder Schriftsteller, hat es jede Zeitung. Aber davon verschieden denken wir, ›das‹ Publikum, das ›große‹ Publikum, die unbegrenzte Menge der Menschen, die ungeachtet ihrer Zerstreuung und endlosen Verschiedenheit möglicherweise in einem und gleichem Sinne denkt und urteilt; sie versammelt sich nicht, sie kann sich gar nicht versammeln, aber sie lebt und wirkt in unzähligen Kreisen, und sie kann sich vernehmbar machen, macht

> sich vernehmbar, wenn auch oft nur in dumpfem Grollen oder in heiserem Schreien, in höhnischem Lachen oder in trübem Wehklagen und, wie das Theaterpublikum, in Zeichen des Beifalls und Mißfallens, des Staunens und der Spannung.« (Ebd. S. 84)

Das *große* Publikum beziehe sich vordringlich auf politische Fragen:

> »Der Tod Mozarts wirkte zunächst auf die ›musikalische‹, der Kants auf die ›philosophische Welt‹. Aber im Vordergrunde seiner gemeinsamen Interessen stehen für das ›große‹ Publikum die wirtschaftlichen und die mit diesen eng zusammenhängenden politischen Angelegenheiten [...]; das große Publikum ist das politische Publikum [...].« (Ebd. S. 85)

Die Erzeugung von Öffentlichkeit bindet Tönnies eng an die Transformation des Sozialen von *Gemeinschaft* zu *Gesellschaft*. Diese Transformation geht laut Tönnies wiederum mit Veränderungen im Mitteilungswesen einher:

> »Dem begrifflichen Unterschied von Gemeinschaft und Gesellschaft entspricht auch ein innerlicher Unterschied der vorherrschenden Mitteilung und Lehre. In ›Gemeinschaft‹ [...] werden vorzugsweise gegebene, überlieferte Meinungen – Glaubenssätze und Dogmen – weiter überliefert; es ist in erster Linie die Unterweisung der Jugend, der die Älteren sich widmen [...]. Anders in ›Gesellschaft‹, wenn wir durch diesen Begriff einen entgegengesetzten sozialen Zustand und zwar den seinem Wesen nach rationalen oder doch nach Rationalität strebenden Zustand bezeichnen und daran messen. Hier fehlt – der Idee nach – die Tradition oder hat doch nur eine bedingte Geltung, weil sie vor der prüfenden Vernunft, der Kritik sich rechtfertigen muss.« (Ebd. S. 91 f.)

Befördert wird diese Transformation durch ein verändertes Mitteilungswesen: Zur Erzeugung von Gesellschaft und moderner öffentlicher Meinung »neigt die schriftliche, vollends gedruckte Mitteilung und Belehrung an sich schon mehr als die mündliche [...].« (Ebd. S. 93) Wesentliche Bedeutung bei dieser Transformation misst Tönnies der Zeitung bei:

> »Sie geht durchaus in die Breite, will von der großen ›Öffentlichkeit‹ aufgenommen werden und in dieser wirken, nicht auf Grund persönlichen Ansehens oder anerkannter Würde, sondern als Sache, die von Unbekannten zu Unbe-

kannten spricht und am sichersten Eindruck macht durch ihre regelmäßige Erneuerung, die das jedesmalige einzelne ›Blatt‹ rasch veralten, bald vergessen werden läßt [...].« (Ebd. S. 94)

Tönnies verortet also Öffentlichkeit im Bereich des Gesellschaftlichen, spricht ihr aber durchaus eine Bindungskraft zu, die gemeinschaftlichem Charakter ähnlich werden kann, wie die Bezüge zur Religion zeigen, die Tönnies herstellt.

4.2 Habermas: Öffentlichkeit als universalisierbare Argumentationsgemeinschaft

Auch Jürgen Habermas beschreibt Öffentlichkeit als modernes Phänomen. Wie bereits erwähnt, bildet sie sich im 17. und 18. Jahrhundert als bürgerliche Öffentlichkeit aus. Interessant in Bezug auf die Figur von »Gemeinschaft und Gesellschaft« ist aber, dass sich für Habermas Öffentlichkeit immer schon an lebensweltliche Bezüge gebunden sieht. Erst in der Lebenswelt bildet sich eine kommunikative Rationalität aus, über die sich die Öffentlichkeit praktisch etabliert. Das heißt, dass öffentliche Praktiken bei Habermas stark an die Sphäre einer kleinfamilialen Intimität angeschlossen sind. Dies wurde bereits an früherer Stelle ausgeführt. Gleichzeitig unterscheiden sich öffentliche Praktiken stark von gemeinschaftlichen Praktiken der Familie. Das Medium der Sprache sorgt für eine Lossagung von sakralen Formen der Vergemeinschaftung und führt zur Vergesellschaftung:

> »Die Entzauberung und Entmächtigung des sakralen Bereichs vollzieht sich auf dem Wege einer Versprachlichung des rituell gesicherten normativen Grundeinverständnisses; und damit geht die Entbindung des im kommunikativen Handeln angelegten Rationalitätspotentials einher. Die Aura des Entzückens und Erschreckens, die vom Sakralen ausstrahlt, die bannende Kraft des Heiligen wird zur bindenden Kraft kritisierbarer Geltungsansprüche zugleich sublimiert und veralltäglicht.« (Habermas 1981, S. 119)

Die über die Sprache vermittelte Verständigung der Interaktionsteilnehmer gilt Habermas dabei als Inklusionsmotor. »Verständigung gilt als ein Prozeß der Einigung unter sprach- und handlungsfähigen Subjekten.« (Ebd. S. 386) Damit sind öffentliche Praktiken für Habermas stark an die lebensweltliche Gemeinschaft gebunden. Erst in ihr entsteht so etwas wie eine kommunikative Vernunft, in der sich dann Verständigungsprozesse entfalten können. Das Verhältnis von Gemeinschaft und Gesellschaft zeigt sich im Habermas'schen Öffentlichkeitskonzept im komplexen Verhältnis der kommunikativen Rationalität zu systemisch strukturierten Bereichen des Sozialen, die über Macht und Geld gesteuert werden. Die lebensweltlich generierte kommunikative Vernunft sorgt für die Inklusion aller an Verständigung orientierten Diskursteilnehmer. Diese richten ihren Wunsch nach Verständigung an potentiell befragbaren Gründen – also am Streit um Geltungsansprüche – aus. Entsprechend kommt Habermas zu folgendem Schluss:

> »Das demokratische Entscheidungsverfahren kann über tiefe weltanschauliche Gegensätze hinweg nur so lange eine legitimierende, alle Bürger überzeugende Bindungskraft entfalten, wie es der Kombination aus zwei Forderungen genügt: Es muss Inklusion, also die gleichberechtigte Beteiligung aller Bürger, mit der Bedingung eines mehr oder weniger diskursiv ausgetragenen Meinungsstreites verbinden.« (Habermas 2008, S. 135)

4.3 Laclau und Mouffe: Die Dekonstruktion von Gemeinschaft und Gesellschaft – Diskursöffentlichkeit und die Unmöglichkeit des Sozialen

In postmodernen Ansätzen wird das Verhältnis von Gemeinschaft und Gesellschaft in Bezug auf Öffentlichkeit radikal dekonstruiert. Sehr eindrücklich lässt sich dies am Werk von Ernesto Laclau und Chantal Mouffe ablesen. Ich habe bereits auf deren Konzept verwiesen – der Vollständigkeit halber sei es an dieser Stelle aber noch einmal dargelegt. Angesichts der sprachtheoretischen Debatten und politischen Auseinandersetzung der 80er Jahre (Hebekkus/Völker 2012; Reckwitz 2006) gehen Laclau und Mouffe von folgendem Szenario aus: Das Soziale lasse sich nicht als feststehendes Phänomen oder als statische Struktur beobachten, sondern allein in seiner Offenheit. Es existiere aber nun keine Möglichkeit, die Gesellschaft innerhalb der Gesellschaft als ein Universales zu beobachten. Erfunden werden müssen Bezeichnungsformen, die vorgeben, für das Ganze zu stehen, ohne eine erneute Differenz des Bezeichnens zu markieren: »[N]ur durch das Entleeren ihrer differentiellen Natur [...] kann das System sich selbst als Totalität bezeichnen.« (Laclau 1996, S. 69) Als solch eine Bezeichnungsform dient Laclau der Begriff des *leeren Signifikanten*: Der leere Signifkant dient als Lösung für das Problem, die Einheit des Systems im System darstellen zu können. Weil dies nicht extramundan, also außerhalb diskursiver Praktiken des Systems möglich ist, wird versucht, die Praxis der systeminternen Signifikation zu unterlaufen. Denn diese kann immer nur erneut auf die Differenz des Bezeichnens im System verweisen: »Aber wenn wir keine Differenz bezeichnen wollen, sondern – ganz im Gegenteil – einen radikalen Ausschluss, welcher Grund und Bedingung aller Differenzen ist, dann kann in diesem Fall keine Produktion *einer weiteren* Differenz diesen Zweck erfüllen.« (Ebd.; Herv. i. O.)

Laclau überträgt nun diesen zunächst sprachtheoretisch gewonnenen Gedanken auf das Soziale. Er interessiert sich für die Füllpraxis dieses solchermaßen entleerten Signifikanten, die sich bei ihm in Gestalt eines politischen Diskurses unterschiedlicher Partikularitäten zeigt. Diese kämpfen um die Beantwortung der Frage, welcher leere Signifikant das System – also: die Gesellschaft – repräsentiert. Es bilden sich im Sinne von Äquivalenzketten Hegemonien heraus, die aber immer nur erneut zeigen, dass das Ganze nicht durch eine Zentralmetapher zusammengehalten wird, sondern vielmehr auf die »Unmöglichkeit von Gesellschaft« (Ebd. S. 76) im Sinne eines feststehenden Begriffs der Totale verweist. Hegemoniale Ordnungen stellen damit eine Praxis dar, die die Stabilisierung und fortlaufende Destabilisierung des Sozialen produziert, ohne sich dabei aus einem ökonomischen Determinismus ableiten zu lassen. »Das Politische ist vielmehr eine Konstellation, in der die Unentscheidbarkeit, die Kontingenz von Diskursen und damit von Lebensweisen sichtbar wird.« (Reckwitz 2006, S. 341)

4.4 Der Internet-Diskurs der 90er Jahre: Zwischen Community, Netzwerk und Schwarm[3]

Internet-Öffentlichkeiten werden im angelsächsischen Sprachraum traditionell als *virtual communities* bezeichnet (im Überblick Jankowski 2002; für den Diskurs der 90er Jahre Kollock/Smith 1999; für den aktuellen Diskurs Detering 2008; Knoblauch 2008; Krotz 2008). Diese Beschreibung von Sozialformen im Internet als Gemeinschaft entstammt der englischsprachigen Diskussion und muss zunächst als Synonym für Soziales schlechthin angesehen werden (vgl. Joas 1993). Mit dem deutschen Gemeinschaftsbegriff, der von Tönnies als Gegenbegriff zu »Gesellschaft« in die Soziologie eingeführt

3 Die folgenden Ausführungen habe ich publiziert in Wagner (2018).

wurde, hat der Begriff der Community zunächst nichts zu tun. Gleichzeitig zeigen frühe Schriften zu Sozialformen im Internet, dass mit dem Begriff der Community doch eine Art Gegenbegriff zu herkömmlichen Vergesellschaftungsformen gebildet wurde.

Abb. 28: Pseudo-Gemeinschaften im Netz? Foto: Florian a. Betz.

So formuliert Howard Rheingold in seinem Werk »Virtuelle Gemeinschaft« als Antwort auf die Frage, warum sich über das Internet Gemeinschaften bilden: »Ich habe den Verdacht, daß die Erklärung für dieses Phänomen in dem wachsenden Bedürfnis nach Gemeinschaft liegt, das die Menschen weltweit entwickeln, weil in der wirklichen Welt die Räume für zwanglose soziale Kontakte immer mehr verschwinden.« (Rheingold 1994, S. 17) Es geht Rheingold also um die Entwicklung einer Art Alternative zu herkömmlichen Formen moderner Vergesellschaftung, wenn er den Begriff der Gemeinschaft zur Beschreibung von Sozialformen im Internet einführt. Interessant liest sich in diesem Zusammenhang auch die Argumentation von Beniger. Dieser geht davon aus, dass Gesellschaften aus der Interaktion von Individuen, Institutionen, technischen Innovationen und ihrer Kontrolle entstehen. Die moderne Gesellschaft führe zu einem Zurückdrängen der Gemeinschaft und zur Betonung unpersönlicher, gesellschaftlicher Beziehungen. Beniger stellt nun eine Personalisierung von Massenkommunikation fest, über die sich neue Gemeinschaften (»Pseudo-Communities«) ausbilden:

> »[T]he development of countless technologies with which to personalize mass communication has brought forth a new infrastructure for major societal change, a reversal of a centuries-old trend from organic community – based on interpersonal relationships – to impersonal association integrated by mass means. Increasingly we will experience the superficially personal relationships of pseudo-community, a hybrid of interpersonal and mass communication – born largely of computer technology – that will mean both more intimate and more effective societal control (whether centralized or dispersed).« (Beniger 1987, S. 369)

Beniger hält also gewissermaßen an einem herkömmlichen Begriff der Gemeinschaft fest, indem er diesen an der Interaktion unter Anwesenden festmacht. Gleichzeitig beobachtet er aber über den Einsatz moderner (Massen-) Medien die Herausbildung neuer Formen von Vergemeinschaftung, die er als Pseudo-Gemeinschaften bezeichnet. Steven G. Jones geht in seiner Auseinandersetzung mit den Communities Studies wiederum davon aus, dass bisherige gruppensoziologische Forschungen zum Internet die Interaktion unter Anwesenden normativ als eigentlichere Kommunikation angesehen und damit ungebührlich überhöht haben. »Creating and maintaining community has traditionally been valued as commendable goal.« (Jones 1998, S. 23) Die Rede von der Online-Community als »Pseudo-Community« (Beniger 1987) rühre daher. Zu fragen sei vielmehr, inwiefern neue Technologien bisherige Vergemeinschaftskonzepte transformieren.

Anhand dieser hier kurz skizzierten Positionen lassen sich in groben Zügen zwei Diskursfiguren zur Kollektivbildung im Internet herausarbeiten. Eine typische Argumentationsfigur beschreibt Sozialformen, die durch das Internet entstehen, als Gemeinschaft im Sinne einer Abgrenzung zu gesellschaftlichen Formen (1). Rheingold dient der Hinweis auf Communities im Internet etwa als eine Alternative zu herkömmlichen Praxisformen, die die moderne Gesellschaft hervorbringt. Communities im Internet seien dann etwas qualitativ Gutes, das der dunklen Seite moderner Vergesellschaftung etwas entgegenzusetzen wisse. Orientiert ist diese Argumentationsfigur an Communities, die sich (noch) über die Interaktion unter Anwesenden herstellt. Deshalb gerät dann Beniger in Argumentationsnöte und spricht von »Pseudo-Communities«, die über moderne (Massen-)Medien entstehen. An der Argumentation von Jones gerät eine weitere Diskursfigur in den Blick. Hier wird die Aufmerksamkeit darauf gerichtet, dass über das Internet zwar

Vergemeinschaftungsformen entstehen; diese nehmen indes eine neue Gestalt an (2). Eine breite Diskurslandschaft versammelt sich um diese Argumentationsfigur, der sich Jones' Arbeit widmet.

Udo Thiedeke geht etwa in seiner Auseinandersetzung mit Online-Vergemeinschaftungsformen davon aus, dass virtuelle Gruppen eine eigenständige Form des Sozialen ausmachen. Virtuelle Gruppen seien »als autonome soziale Systeme von virtuellen Interaktionssystemen, Organisationen sowie Gesellschaftsformen zu unterscheiden.« (Thiedeke 2000, S. 62) Dabei seien virtuelle Gruppenbildungen nicht der Regelfall virtueller Vergesellschaftung: »Ein großer Teil der CMC[4]-gestützten sozialen Kommunikationssysteme läßt sich nicht als virtuelle Gruppe beschreiben, weil die Interaktionsdauer sehr kurz und die Interaktionsdichte reduziert ist.« (Ebd. S. 42) Zu nennen seien hier E-Mail-Kontakte, Lurker-Aktivitäten, Selbstdarstellungen über Websites, flüchtige Kontakte zu Mailinglisten und Foren. Virtuelle Gruppen bilden sich dort aus, »wo eine relative Dauer der Interaktionen möglich ist, eine wechselseitige Identifikation der virtuellen Identität stattfindet und Regelwerke sozialer Erwartungsstrukturen ausgeformt werden, die nur begrenzt formalisiert sind.« (Ebd. S. 43) Als Beispiel dient Thiedeke etwa das auf synchroner Kommunikation basierende Forum des Internet Relay Chat (IRC).

Dabei seien virtuelle Gruppen insbesondere dadurch gekennzeichnet, dass es »keine unmittelbaren Kontakte und keine physisch prüfbare Kenntnis der beteiligten Personen« (Ebd. S. 60) gebe. Hieraus resultiere ein spezifischer emotionaler Kommunikationsstil. Virtuelle Gruppen weisen »eine starke Emotionalisierung der Kommunikation« (Ebd. S. 61) auf, um sich damit gegenseitiges Vertrauen zu signalisieren. Gleichzeitig begünstige die Forumsstruktur auch die Bildung kurzfristiger Interaktionssysteme. Unbeteiligte könnten jederzeit zum Forum hinzukommen und über die technisch gespeicherten Forumskontakte der Gruppenmitglieder die Möglichkeit erhalten, bisherige Kommunikationsabläufe nachzuverfolgen. Typisch für soziale Beziehungen im IRC sei daher ihre Ambivalenz: »Sie sind zugleich intim und öffentlich. Ihre Umwelt ist möglicherweise schon bald ihre Innenwelt und umgekehrt.« (Ebd. S. 53) Ich möchte diesen Vorschlag Udo Thiedekes, Sozialformen im Netz als gleichzeitig intim und öffentlich aufzufassen, später gerne noch einmal aufgreifen. Doch zunächst zum frühen Internet-Diskurs und seinen

---

4 *Computer-mediated communication.*

Bemühungen, Sozialformen im Netz soziologisch zu fassen. Welche Beschreibungsformeln der Soziologie werden hier plausibel?

Andreas Brill macht darauf aufmerksam, dass es sich bei Gruppenbildungsprozessen im Internet ursprünglich um eine soziale Bewegung gehandelt habe. Diese habe wiederum Gruppenbildungen zur Folge gehabt: »Die Bewegung mobilisiert, indem sie Gruppenbildungspotentiale verspricht, und indem sie mobilisiert, steigert sie Gruppenbildungspotentiale.« (Brill 2000, S. 102) Dabei würden wiederum die Eigenschaften des Internets traditionellen Gruppenbildungsprozessen entgegenstehen: Optionalität der Kommunikationspartner, Anonymität der Kommunikation und Offenheit der Internetdienste führten zu spezifisch anderen Gruppenbildungen, als dies herkömmlich der Fall war: »Das Internet entkoppelt, worauf Gruppen angewiesen sind.« (Ebd. S. 103) Dennoch sei eine emphatische Praxis beobachtbar, die sich durch einen hochgradig emotionalen, persönlichen und durchaus auch stabilen Kommunikationsstil auszeichne.

Nancy Baym beschreibt in ihrer empirischen, ethnographischen Studie zu einer Soap Opera-Newsgroup (rec.arts.tv.soaps, kurz: r.a.t.s) Transformationsverhältnisse von Online-Communities. Sichtbar wird, wie sich zu Beginn der 90er Jahre noch relativ abgeschlossene Gruppen immer stärker einer Fremdheitserfahrung ausgesetzt sehen. Neue Mitgliedschaften unterlaufen Kommunikationsformen bisheriger Gruppenmitglieder. Es kommt zu Konflikten zwischen Neuzugängen zur Online-Gruppe und Altnutzern. Der Begriff der Gemeinschaft bestimme zwar nach wie vor die Selbstwahrnehmung der Gruppe, »allerdings ist es eine komplexere Gemeinschaft als früher« (Baym 2000, S. 303). Baym kommt in ihrer Analyse der Online-Newsgroup zu dem Schluss, dass sich der Begriff der Community als problematisch erweist, um unterschiedliche Arten der Vernetzung im Internet zu beschreiben. »[I]t is fundamentally reductionist to conceptualize all ›virtual communities‹ as a single phenomenon and hence to assess them with a single judgment.« (Baym 1998, S. 63) Ihre Forschungsperspektive schlägt eine ethnographische Sichtweise vor. Das bedeutet, dass sich Baym für Emergenzformen, also Praktiken der Herstellung von online vermittelten Vergesellschaftungsformen interessiert.

Nessim Watson vergleicht die Vergesellschaftungsform in der Newsgroup ›Phish.net‹, einem Band-Fan-Forum, mit einem Kaffeehaus. Dies würde es erlauben, die Offenheit des Forums für neue Besucher zu beschreiben, ohne den Verlust von Intimität innerhalb der Community beklagen zu müssen. Watson richtet seinen Blick auf die kommunikativen Herstellungspraktiken von Communities: Auch wenn die Newsgroups offen für Neuzugänge sind und deshalb keine abgeschlossenen Gruppen darstellen, stellt sich die Frage, warum die Nutzer diese als Community erleben. Ähnlich wie Baym stößt er auf spezifische Kommunikationspraktiken, die das Erleben von Gemeinschaftsgefühlen ermöglichen.

> »This combination of community expansion and contraction is made possible through accountability techniques, organization of off-screen actions, attempts to subdivide the community, and an overall increase in the uses of coded discourse to obscure comprehension to those lacking fan knowledge.« (Watson 1997, S. 110)

Watson plädiert dafür, Communities nicht mehr als an einen gemeinsamen Ort gebundene Formen des Sozialen zu betrachten, sondern vielmehr als Beziehungsform: »We should begin thinking of community as a product not of shared space, but of shared *relationships* among people.« (Ebd. S. 120) Der Begriff der Community bezieht sich für Watson zunächst einmal auf ein Organisationsprinzip von demokratischen Gesellschaften, das sich wandeln kann. Medien spielen hierbei im Sinne einer Transformation von Kommunikationsstrukturen eine entscheidende Rolle: Sie transformieren Kommunikationspraktiken und damit die Formen der Herstellung von Communities als Organisationsformen. Watson hält also an dem Begriff der Community fest, plädiert aber für eine Neubeforschung dieser speziellen Sozialform unter den Bedingungen des Internets. Dabei lehnt Watson ausdrücklich den Begriff der virtuellen Community ab. Dieser würde den Auswirkungen von Online-Vergemeinschaftungsformen im Realen nicht gerecht werden. »The danger of accepting this distinction as given is that voluntary online aggregations of people around issues of common interest will not be recognized as worthy of representation within the public sphere.« (Ebd. S. 130)

Dieser Hinweis auf die Empirisierung der Vergemeinschaftungspraxis, den insbesondere Watson und Baym erbringen, hat schließlich innerhalb der soziologischen Diskurslandschaft zu einer noch weitergehenderen Problematisierung der Beschreibung von Sozialformen im Internet als Community geführt. In ihrer Studie weist Maria Bakardjieva (2001) unterschiedliche Nutzungspraktiken des Internets aus und plädiert für eine strengere empirische Beforschung des Netzes. Neben Vergemeinschaftungspraktiken finden sich unterschiedliche Nutzungspraktiken, die sich nicht hierauf reduzieren lassen. Jan Fernback (2007) geht aus seiner empirischen Perspektive davon aus, dass der Begriff ›Community‹ nicht geeignet sei, um die online vermittelten Sozialformen angemessen zu beschreiben. Internetnutzer würden sich zwar online zu Gruppen zusammenfinden. Diese drückten sich aber eher in Erfahrungen aus, die sich als Begegnungen mit Fremden beschreiben lassen, denn als Vergemeinschaftungsformen. Fernback schlägt deshalb vor, alternative Begriffe zu finden für die Sozialformen, die durch das Internet emergieren, anstelle von jenem der Community. John Postill (2008) plädiert aus einer empirischen Perspektive dafür, die eingefahrenen Beschreibungsmuster von Online-Vergesellschaftungen zu überdenken. Jenseits von Communities und Netzwerken könnte an alternative Beschreibungsformen gedacht werden, wie etwa jene des Feldes.

Parallel zur Diskussion der Frage, ob Kollektivierung im Internet als Community beschreibbar ist, finden sich Ansätze, die dafür plädieren, Sozialformen im Internet als Netzwerk zu beschreiben. Bettina Heintz geht in ihrer netzwerkanalytischen Studie davon aus, dass Online-Beziehungen sich weder imaginierten Gemeinschaften noch realweltlichen Gruppenstrukturen zuordnen lassen. »Stattdessen scheinen sie eine eigenständige Sozialform zu begründen, die zwischen realweltlichen Gruppen und imaginierten Gemeinschaften steht.« (Heintz 2000, S. 204) Sie beobachtet ein Changieren zwischen »Netzwerke(n), in denen Ego zu verschiedenen Personen Kontakt hat, ohne dass sich diese untereinander kennen (personal communities)« (ebd.), und »Netzwerke(n), in denen die Alteri auch untereinander Kontakt haben (group communities).« (Ebd. S. 204 f.) Die Bildung von Gruppen mit klaren Grenzen gegen außen sei die letzte Stufe der Vergesellschaftung im Internet. Virtuelle Vergemeinschaftung nehme eher selten die Form einer starken Gruppenbindung an. »Das Internet führt weder zu einer Rückkehr von Gemeinschaft noch zu deren endgültiger Zerstörung, sondern ermöglicht eine neue Form von Beziehungen [...].« (Ebd. S. 205)

Barry Wellman geht davon aus, dass computervermittelte Kommunikation sowohl die Bildung dichter, abgegrenzter Gruppen unterstützt als auch die Formierung von lockeren Netzwerken. »Dichte Gruppen werden unterstützt, wenn jeder Teilnehmer einer Computerkonferenz die Beiträge aller anderen Teilnehmer liest und beantwortet und alle somit online direkt miteinander verbunden sind.« (Wellman 2000, S. 136) Die Funktion des E-Mail-Schreibens und des Chats fördere die Bildung spezialisierter Beziehungen. Zudem würden E-Mails oftmals zwischen Personen ausgetauscht, die sich ohnehin – also auch ohne das Internet – schon kennen. »Viele Online-Bindungen sind vermutlich ›intime Sekundärbeziehungen‹, das heißt, mäßig starke, informelle Bindungen mit häufigem Kontakt und gegenseitiger Unterstützung, wobei diese Bindungen nur in einem spezialisierten Bereich funktionieren.« (Ebd. S. 150) Die Funktionen des Weiterleitens und des Kopierens von Inhalten unterstützen hingegen die Ausbildung von Netzwerken. »Das Weiterleiten von Beiträgen an Dritte schafft indirekte Verbindungen zwischen zuvor nicht miteinander verbundenen Personen, da diese sich ihrer gemeinsamen Interessen bewusst werden.« (Ebd. S. 136) Hieraus können sich wiederum neue Gruppenbildungsprozesse ableiten. Netzwerke wiederum können »abgegrenzte Gruppen oder durchlässige, sich verzweigende Netzwerke mit weit ausgreifenden Kontakten der Teilnehmer sein.« (Ebd. S. 137) In eng abgegrenzten Netzwerken würden fast alle Inhalte innerhalb einer Population verbleiben, während in offenen Netzwerken viele Bindungen nach außen zu Nicht-Mitgliedern bestehen. Die Anonymität des Netzes fördere die Bildung heterogener Netzwerkbindungen. Hierdurch könne aber auch die Ausbildung kulturell homogener Netzwerke gefördert werden, »da diese sich aus Personen mit ähnlichen Sorgen und Wertvorstellungen zusammensetzen.« (Ebd. S. 142) Wellman beobachtet also die Gleichzeitigkeit von zwei Tendenzen: »[D]ie Verbreitung computerunterstützter sozialer Netzwerke [fördert, Anm. E. W.] den gegenwärtigen Trend von dichten, abgegrenzten Gruppen hin zu lockeren, offenen Netzwerken und wirkt diesem Trend gleichzeitig entgegen.« (Ebd. S. 144) Wellman plädiert für eine Netzwerkanalyse von Internetprozessen, weil dabei Gruppenbildungsprozesse nicht vorausgesetzt werden müssen, sondern Gegenstand der Analyse sind. »[T]hose who study such entities as social networks can treat their membership and boundaries as open questions.« (Wellman 1997, S. 181) Moderne Gesellschaften verfügten zwar nach wie vor über Gemeinschaften im Sinne von eng verbundenen Gruppen. Gleichzeitig seien diese durch computervermittelte Kommunikation divers zusammengesetzt und individuell different (also nicht kollektivistisch) organisiert. Computervermittelte Kommunikation unterstütze sowohl Gruppenbildungsprozesse als auch die Herausbildung fluider, unverbundener Netzwerke. Allerdings führe das Internet mit der Möglichkeit des Sharings von Inhalten eher zu fluiden Netzwerkformen, die sich permanent weiterentwickelten.

Netzwerke können sich zu Praxisformen derart verdichten, dass hieraus Schwärme entstehen (vgl. Rheingold 2002). Dies wurde oben anhand der Kopierpraktiken innerhalb von Social Network Sites verdeutlicht. Byung-Chul Han arbeitet unterschiedliche Kriterien des Schwarms heraus. Anders als die Kollektivbildung als Masse zeichne sich der Schwarm nicht dadurch aus, ein Gemeinschaftsgefühl zu entwickeln. »Eine zufällige Ansammlung von Menschen bildet noch keine Masse. Erst eine Seele oder ein Geist verschweißt sie zu einer in sich geschlossenen, homogenen Masse. Dem digitalen Schwarm fehlt die Massenseele oder der Massengeist ganz. Die Individuen, die sich zu einem Schwarm zusammenfügen, entwickeln kein *Wir*.« (Han 2013, S. 20) Zudem würden Schwärme eine andere Topologie aufweisen als Massen.

> »Die digitalen Bewohner des Netzes versammeln sich nicht. Ihnen fehlt die Innerlichkeit der Versammlung, die ein Wir hervorbringen würde. Sie bilden eine besondere Ansammlung ohne Versammlung, eine Menge ohne Innerlichkeit, ohne Seele oder Geist.« (Ebd. S. 21)

Die bisherigen Ausführungen sollten Folgendes zeigen: Es werden unterschiedliche Tendenzen in der soziologischen Beschreibung von Sozialformen im Netz sichtbar. Einerseits wird auf die eher intime Sphäre von geschlossenen Gruppen hingewiesen, die sich in über das Internet vermittelten Kommunikationsformen entwickeln können. Der Begriff der Community hat sich für diese Beschreibung von Sozialformen im Netz als plausibel erwiesen. Andererseits wird dieser Geschlossenheit die Offenheit von Netzwerken und Schwärmen entgegengesetzt. Sozialformen im Netz können etwa durch die Funktion des Teilens von Inhalten einem nahezu unabgeschlossenen Publikum vermittelt werden. Der Vorschlag Udo Thiedekes, Sozialformen im Netz als sowohl intim als auch öffentlich zu beschreiben, erscheint mir daher als sinnvoll. Der Öffentlichkeitsbegriff erweist sich als funktional, um die schier unendlich anmutenden Möglichkeiten der Verbreitung von Inhalten im Netz zu fassen; der Hinweis auf Intimität wird wiederum der Möglichkeit der Abschließung von Gruppen gerecht. Mein Begriffsvorschlag lautet deshalb, Sozialformen im Netz als *intimisierte Öffentlichkeiten* zu beschreiben, weil damit beide Tendenzen aufgegriffen und begrifflich gewürdigt werden. Wie verhält sich aber dieser Begriffsvorschlag nun zu bisherigen soziologischen Beschreibungsformen von aktuellen Sozialformen im Netz? Wie verhält er sich zum soziologischen Diskurs der Beschreibung von Sozialformen, die über Social Network Sites emergieren? Diese Frage will der nun folgende Abschnitt verhandeln.

4.5 Social Network Sites als Öffentlichkeit? Zwischen personalisierten *Mini-Publics* und technisch-vermarkteten Diskursen

Seit dem Jahr 2008, in dem danah boyd und Nicole B. Ellison sich mit der Frage beschäftigten, was man denn forschungspraktisch unter Social Network Sites verstehen kann, wie man sie begrifflich fassen und einordnen kann, haben sich die Diskussionsschwerpunkte zum Thema verschoben bzw. verstärkt. Die damalige Definition der beiden Autorinnen klingt aus der heutigen Perspektive jedenfalls vergleichsweise harmlos. Zu einem Themenheft, das die begriffliche Einordnung des Gegenstandes anvisierte, halten sie fest:

> »We define social network sites as web-based services that allow individuals to (1) construct a public or semi-public profile within a bounded system, (2) articulate a list of other users with whom they share a connection, and (3) view and traverse their list of connections and those made by others within the system. The nature and nomenclature of these connections may vary from site to site.« (boyd/Ellison 2008, S. 210)

Dabei halten sie neben unterschiedlichen Gesichtspunkten zum Thema bereits die Forschungsfrage fest, welche Auswirkungen der Einsatz von Social Network Sites auf die Privatheit der User haben wird. Sie gehen hier von einer grundsätzlichen Verschiebung der beiden Sphären Privatheit und Öffentlichkeit aus, wenn sie formulieren:

> »The rise of SNSs indicates a shift in the organization of online communities. While websites dedicated to communities of interest still exist and prosper, SNSs are primarily organized around people, not interests.« (Ebd. S. 219)

Es ist just jenes Movens, das Jan Schmidt (2009) wiederum dazu geführt hat, die Sozialform von Social Network Sites als »persönliche Öffentlichkeiten« (Schmidt 2009, S. 107 ff.) zu konzipieren: Im Mittelpunkt steht der User, der Informationen nach subjektiven Kriterien auswählt und diese an ein oftmals auch über Offline-Kontakte verbundenes, in jedem Fall aber persönlich definiertes Publikum weiterleitet. Schon zu Beginn des Diskurses über die Sozialformen in und rund um Social Network Sites verschwimmt also das Verhältnis von Öffentlichkeit und Privatheit. Dabei ist die wissenschaftliche Beobachtung dieser Praxis zusehends mehr dazu übergegangen, die Bedrohungen in den Blick zu nehmen, die aus ihr entstehen (können):

Überblickt man die weite Publikationslandschaft der Sozialwissenschaften zum Thema Social Network Sites, lassen sich einerseits Ansätze ausmachen, die sich den eher privatistischen Praktiken widmen, und andere, die sich mit der öffentlichen Wirkungskraft der Nutzung von Web 2.0-Formaten beschäftigen. Geht es um die private Nutzung, werden aktuell unterschiedliche Diskurse geführt, so etwa Diskurse der Gefährdung, die den Eingriff in die Privatsphäre problematisieren (Kirkpatrick 2010; Raynes-Goldie 2010; Richard et al. 2010; al Hasib 2009; Debatin et al. 2009; Marwick 2008; Albrechtslund 2008; Strahilevitz 2008; Donath/Boyd 2007; Friedman 2007; Solove 2007; Boyd 2006; Altheide 2004), Diskurse der Vermachtung, die in den Formaten des Web 2.0 einen Zwang zur Selbstdarstellung beobachten (Leistert/Röhle 2011; Bublitz 2010; Neumann-Braun/Astheimer 2010; Reichert 2008) sowie Diskurse der digitalen Entfremdung, die das Verhältnis von virtuellem Erleben und authentischen Interaktionsformen (Turkle 2011) problematisieren. Begleitet werden diese eher an privaten Formen der Nutzung orientierten Diskurse von Forschungsarbeiten, die sich mit der Frage beschäftigen, inwiefern Formate des Web 2.0 zur Politisierung von Publika führen können. Diese eher an öffentlichkeitswirksamen Nutzungsweisen orientierten Studien versammeln sowohl euphorische als auch pessimistische Stimmen. Manche Autoren schreiben Formaten des Web 2.0 zentrale Bedeutung für die politischen Bewegungen gegen autoritäre Regime im Mittleren Osten und Nordafrika zu (Hamdy/Gomaa 2012; Howard/Parks 2012; Lim 2012; Nisbet/Stoycheff/Pearce 2012; Tufekci/Wilson 2012; Cohen 2011; Webster 2011; Ifukor 2010). Andere wiederum reagieren mit Resignation: Dara Byrne (2008) kommt in ihrer Studie über die Social Network Site ›BlackPlanet.com‹ etwa zu dem Schluss, dass Online-Vernetzung zwar zu mehr Kommunikation, aber nicht zu mehr politisch aktiver Partizipation führt. Geschrieben und vernetzt wird viel – aber was folgt schon groß daraus? Terje Rasmussen (2008) beobachtet ähnlich wie Habermas (2008) eine problematische Fragmentierung des Öffentlichen durch Vernetzungspraktiken im Web 2.0. Zwar vernetzen sich immer mehr Teilnehmer – die Überlast an Input muss aber zu Differenzierungen und Nischenbildung führen.

Schließlich kann sich nicht jeder für alles interessieren. Und Jürgen Gerhards und Mike S. Schäfer (2010) beobachten in ihrer Studie über virtuelle Publika, dass diese dort genauso asymmetrisch organisiert sind wie nicht-virtuelle Publika auch: auf der einen Seiten die Experten – auf der anderen die Masse der Laien.

Was an der Forschungslandschaft auffällt, ist, dass die privaten Nutzungsweisen relativ losgelöst von den öffentlichen Nutzungsweisen untersucht werden. Dabei weiß der Kanon der Soziologie, dass Figuren des Privaten sich stets schon vor einem Publikum ausgebildet haben und dass öffentliche Praktiken aus den Räumen des Privaten heraus entstanden sind. Die eine Seite (Privatheit) ist ohne die andere Seite (Öffentlichkeit) nicht zu haben. Was man aber bis hierher aus der Diskurslandschaft zu Social Network Sites schlussfolgern kann, ist die zunehmende Überlagerung von Öffentlichkeit mit privaten Praktiken (1). Oder – um es mit den Worten von Jacquelyn Burkell und Alexandre Frotier zu formulieren: »What quickly becomes evident is that social networking sites are neither prototypically ›private‹ nor obviously ›public‹.« (Burkell/Frotier 2014, S. 975) Ich möchte dieses Kennzeichen später gerne noch einmal aufgreifen, wenn es darum geht, die Praktiken in Social Network Sites als *intimisierte Öffentlichkeiten* zu beschreiben.

Beobachtet man die sozialwissenschaftliche Mediendebatte zu Social Network Sites, fällt ein weiterer Schwerpunkt auf: Die Technisierung von Kommunikation nimmt ihr zufolge einen ganz offensichtlich dramatischen Charakter an, den es in dieser Form noch nicht gegeben hat. Dies sei im Folgenden skizziert:

Ulrich Dolata und Jan-Felix Schrape (2014) haben sich in einem systematischen Versuch mit der Frage beschäftigt, wie sich die Kollektivformen im Internet aktuell soziologisch fassen lassen. Sie machen zunächst eine Forschungslücke aus. Einerseits fehle es an einer systematischen Einordnung kollektiven Handelns im Internet vor dem Hintergrund bestehender, nicht über Medien vermittelter Kollektivitäten. Andererseits mangele es an einer techniksoziologischen Fundierung der Kollektivitätsbildungsprozesse im Netz. Kollektivitätsbildung im Internet zeichne sich durch ihre Volatilität, Spontaneität und »durch das Fehlen distinkter Koordinations- und Identitätsstrukturen aus, die über den konkreten Moment hinausgehen. Sie werden geprägt durch eine situative Formierung des Kollektiven, das sich nach dem Ereignis zumeist ebenso schnell wieder verflüchtigt, wie es entstanden ist.« (Ebd. S. 14)

Die technischen Infrastrukturen stellen einerseits eine Ermöglichung von Kollektivitätsbildung dar. Sie erweitern die Optionsmöglichkeiten der Vernetzung. Andererseits tragen die technischen Eigenheiten des Netzes zur Strukturierung von Kollektivitäten bei. Zudem schaffen technische Infrastrukturen im Netz neue Möglichkeiten sozialer Kontrolle, wie etwa durch Bewegungsprofile.

Weiterhin beschreiben Dolata/Schrape (2014) unterschiedliche Formen der Kollektivbildung im Netz wie die Herausbildung »vielfältige(r) Varianten von Online-Communities« (Dolata/Schrape 2014, S. 13). Dazu zählen die Autorinnen epistemische Gemeinschaften (siehe auch Haas 1992), »Communities of Practice« (Dolata/Schrape 2014, S. 14), »deren Teilnehmer mit ähnlichen (beruflichen) Aufgaben befasst sind« (ebd.) (siehe auch Wenger 1998), Brand-Communities, welche durch ein »markenbezogenes Zusammengehörigkeitsgefühl« geprägt seien (siehe auch Fournier und Lee 2009), sowie subversive Communities (siehe auch Flowers 2008). Diese nutzen »die technologischen Infrastrukturen in ideologischer oder kommerzieller Absicht abseits legaler Kontexte« (Dolata/Schrape 2014, S. 18). Das ihnen gemeinsame

> »übergreifende [...] Kennzeichen bestehe [...] in einer über Ad-hoc-Aktivitäten deutlich hinausgehenden thematischen [...] Fokussierung sowie der sukzessiven Institutionalisierung einer Gruppenidentität mit geteilten Grundsätzen, Konventionen und Regeln unter den aktiven Gemeinschaftsteilnehmern, die ohne den Unterbau ausgeprägter formal-hierarchischer Organisationsstrukturen Projekte verschiedenster Art betreiben [...]« (Ebd.).

Es ist dabei und angesichts der bis hierher dargestellten engen Verknüpfung von Medialität und Öffentlichkeitsbildung einerseits befremdlich, zu lesen, dass Dolata/Schrape (2014) das Neue hinsichtlich der Kollektivbildung im Netz in den technischen Infrastrukturen sehen, die diesen unterliegen.

> »Diese Neue besteht, kurz gesagt, in der signifikant aufgewerteten Rolle, die Technik – oder konkreter: technologische Infrastrukturen – hinsichtlich der Prägung, Formierung, Bewegung und Organisierung kollektiven Verhaltens bzw. kollektiven Handelns im Internet spielen. Sowohl nicht-organisierte Kollektive als auch kollektive Akteure im Web lassen sich nicht mehr, wie das zuvor üblich und auch sinnvoll war, vorrangig mit sozialen Kategorien

> beschreiben und auf den Punkt bringen, sondern zeichnen sich durch eine enge und neuartige Verschränkung sozialer und technischer Einflussfaktoren aus.« (Ebd. S. 24)

Andererseits wird hieran eine Tendenz sichtbar, die in der Literatur immer öfter aufgegriffen worden ist, wenn es um Social Network Sites geht: das Auftreten technischer Beobachter im Diskurs resp. die Strukturierung von Inhalten auf Social Network Sites durch Algorithmen. Man kann diese Zuspitzung des Diskurses auch an der Argumentation von danah boyd nachvollziehen, die bereits zwei Jahre nach ihrer oben zitierten grundsätzlichen Definition von Social Network Sites diese nicht mehr länger nur als *semi-publics* beschreibt, sondern als hochgradig technisierte *networked publics* (boyd 2010). Sie erklärt:

> »Networked technologies introduce new affordances for amplifying, recording, and spreading information and social acts. These affordances can shape publics and how people negotiate them. While such affordances do not determine social practice, they can destabilize core assumptions people make when engaging in social life. As such, they can reshape publics both directly and through the practices that people develop to account for the affordances. When left unchecked, networked technologies can play a powerful role in controlling information and configuring interactions.« (boyd 2010, S. 46)

Ich möchte diesen Aspekt wiederum später noch einmal aufgreifen, wenn es um die Beschreibung dessen geht, was ich als *intimisierte Öffentlichkeit* ins Spiel bringen möchte: die Technisierung von Publika im Web 2.0 (2).

José van Dijck führt diese Tendenz der Technisierung von Publika im zeitgenössischen Internet zu einem weiteren Aspekt, nämlich der zunehmenden Ökonomisierung von Publika im Netz. Van Dijck beobachtet zunächst die Heterogenität von Kommunikationsweisen auf Facebook: »A continuous stream of informal communication – associative ideas, interests, tastes, hearsay, likes, dislikes, buzz, and news – is generated by digital platforms and is gradually becoming a substantial new communication space.« (van Dijck 2012, S. 161) Entgegen der frühen Internetsoziologie (Barlow 2007 und 2008; Benkler 2006; Bohrman/Roberts 2004; Slevin 2000; Rheingold 2000) nimmt van Dijck jedoch nicht an, dass es durch Social Network Sites zur Ausbildung einer neuen öffentlichen Sphäre kommen werde, wie dies Habermas für das frühe Bürgertum beschrieben hatte. Was van Dijck dem entgegensetzt, ist vor allen Dingen eine ökonomische Kritik am Web 2.0: »Unless alternative ownership models are developed, digital platforms would never meet Habermas' criteria for the public sphere.« (Ebd.) An dem Einfluss des ökonomischen Marktes auf das Web 2.0 könne man nicht vorbeiblicken. Dieser ökonomische Einfluss auf die kommunikativen Strukturen dort würde aber genau jenen Unterschied ausmachen, der das Web 2.0 von den Öffentlichkeiten des frühen Bürgertums trenne: »For Habermas, the public sphere is only possible in a noncorporate, collectivist (communist) culture. Despite the abundant rhetoric of ›sharing‹ and ›produsing‹ used in corporate *manifestoes, common ownership is hard to find in web* 2.0 [...].« (Ebd. S. 164)

Die freie Sphäre der frühbürgerlichen Öffentlichkeit werde durch die ökonomisch vermarkteten Kommunikationsstrukturen auf Facebook formalisiert und standardisiert. Dadurch entstehe keine neue Öffentlichkeit, vielmehr werde das, was immer schon in der bürgerlichen Öffentlichkeit existiert habe, den Bedingungen des Marktes unterworfen.

> »Social media platforms are thus not inaugurating a new public sphere, but they are communicative instruments that formalize and inscribe a heretofore informal discourse that was always already part of the public sphere, hence reconfiguring our norms for sociality and social conduct. Digital hardware, like servers and platforms, are not simply preexisting infrastructures facilitating communication, but their development and deployment is part of a power struggle to recalibrate communicative norms in the public sphere.« (Ebd. S. 165)

Dieser Aspekt scheint mir wiederum zentral für die Beschreibung der aktuellen Debatte um die Praxis auf Social Network Sites zu sein. Dass die Plattformen von einigen wenigen und privatwirtschaftlich organisierten Internetkonzernen eingeführt wurden und nun verwaltet und ökonomisch, ja, man kann sagen: ausgebeutet werden, ist ein Merkmal, das in öffentlichen Debatten immer wieder aufgegriffen wird. Ich möchte diesen Punkt wiederum später noch einmal aufgreifen, wenn es um die Konzeption von *intimisierten Öffentlichkeiten* geht: die ökonomische Steuerung von Diskursen im Netz (3).

Abb. 29: Das Richtige im Falschen. Foto: Florian a. Betz.

Als vorläufig letzten Aspekt möchte ich noch auf ein Kriterium hinweisen, das in jüngster Zeit aufgekommen ist, wenn es um die empirische Analyse der Kommunikation im Social Web ging: die Affektivität der Diskurse im Web 2.0. Zizi Papacharissi zeigt anhand dreier Fallstudien auf Twitter (über #egypt, #ows und über persönliche Tweets zu unterschiedlichen Hashtags), wie sich Öffentlichkeiten dort versammeln. Dabei stößt sie vor allen Dingen auf eines: auf Unterschiede. Öffentlichkeiten im Netz werden zwar durch die Affordanzen der jeweiligen Seiten, über die sie vernetzt sind, geprägt – diese Prägung reicht indes nicht aus, im Sinne einer Monokausalität die Art der Kommunikation zu bestimmen. Trotz aller Unterschiede arbeitet Papacharissi sowohl anhand quantitativer (Netzwerkanalyse) als auch qualitativer (Diskursanalyse) Daten heraus, mit deren Hilfe sich die Kommunikationsform auf Twitter als *affective* beschreiben lässt. Mit diesem Begriff stellt sie weniger auf Emotionalität denn auf die Intensität von Aussagen auf Twitter ab:

> »Affect explains the intensity with which something is experienced; it refers to just that: intensity. Feeling with great intensity does not necessarily lead to deep understanding or engagement with an issue. Affect is capable of supporting thin, moderate, or thick forms of engagement or deep understanding of issues. It represents the way in but does not guarantee a particular outcome [...].« (Papacharissi 2015, S. 135)

Papacharissi beobachtet, dass in den vergangenen Jahren zunehmend soziale Bewegungen entstanden sind, denen ein ideologisches Merkmal fehle. Anstatt sich um Ideologien herum zu gruppieren, würden sie sich eher auf der Basis von Emotionen organisieren. Entsprechend stellt sie ihr Konzept affektiver Öffentlichkeit vor und von nennt fünf Kennzeichen von diesen *»affective publics«* (siehe auch van Dijck 2013; Karatzogianni/Kuntsman 2012; Gregg 2011; Dean 2010):

> »1. Affective publics materialize uniquely and leave distinct digital footprints.« (Papacharissi 2015, S. 127)

Mit dieser These distanziert sich Papacharissi von der Annahme, dass mediale Formate stets ein und dieselbe Form der Kommunikation befördern würden. Anstelle von einem einheitlichen Kommunikationsstil, der etwa durch die Nutzung von Twitter entstehen würde, geht sie davon aus, dass der Kontext der Kommunikation von entscheidender Bedeutung für die Ausformung der Kommunikation auf der jeweiligen Plattform sei. Dabei spiele das mediale Format aber keine untergeordnete Rolle. Vielmehr plädiert Papacharissi für ein symmetrisches Verhältnis von medialem Format und sozialem Kontext.

> »2. Affective publics support connective yet not necessarily collective action.« (Ebd. S. 128)

Hiermit wird betont, dass soziale Netzwerke nicht automatisch zur Ausbildung von Kollektiven führen. Nutzer von sozialen Netzwerkseiten seien zwar miteinander verbunden, sie fügen sich aber nicht automatisch zu einem Verbund kollektiver Akteure zusammen.

> »3. Affective publics are powered by affective statements of opinion, fact or a blend of both, which in turn produce ambient, always-on feeds that further connect and pluralize expression in regimes democratic or otherwise.« (Ebd. S. 129)

Trotz der Kontextgebundenheit von Kommunikation geht Papacharissi davon aus, dass soziale Netzwerke dazu beitragen, zumindest die Konnektivität (Verbundenheit) von Kommunikationspartnern zu befördern. In sozialen Netzwerken wie Twitter stellen Kommunikationspraktiken einerseits eine Mischung aus Nachricht und Emotion dar. Weiterhin pluralisiere sich Kommunikation.

> »4. Affective publics typically produce disruptions/interruptions of dominant political narratives by presenting underrepresented viewpoints.« (Ebd. S. 130)

Papacharissi nimmt weiterhin an, dass über soziale Netzwerke Perspektiven kommunizierbar werden, die bislang im politischen Narrativ ungehört geblieben waren. Insofern stellen soziale Netzwerke Formate bereit, über die durchaus eine Politisierung der Gesellschaft stattfinden könne. Sie schließt ihr Konzept mit dem Hinweis auf die Fluidität und begrenzte Einflussmöglichkeit, die durch Publika im Web 2.0 erzielt werden kann.

> »5. Ambient streams sustain publics convened around affective commonalities: impact is symbolic, agency claimed is semantic, power is liminal.« (Ebd. S. 131)

Es haben sich anhand eines skizzenhaften Literaturüberblicks vier Tendenzen ausmachen lassen, welche die Debatte um Social Network Sites in den Sozialwissenschaften momentan prägen: die zunehmende Überlagerung von Öffentlichkeit mit privaten Praktiken (1), die Technisierung von Publika im Web 2.0 (2), die ökonomische Steuerung von Diskursen im Netz (3) und die Bedeutung von Affekten (4). Diese vier Aspekte sollen im Folgenden wiederum dazu dienen, den Begriffsvorschlag von *intimisierten Öffentlichkeiten* zur Beschreibung der Sozialformen auf Facebook zu diskutieren.

5. Intimisierte Öffentlichkeiten

Intimisierte Öffentlichkeiten im Netz erzeugen Offenheit und Geschlossenheit zugleich. Sie zeigen sich einerseits als Partizipationsschance für jede Userin und jeden User. Große Netzwerke von über Hunderten von Partizipanten etablieren sich; die Genese von Öffentlichkeiten jenseits der Massenmedien wird damit zum Alltag. Gleichzeitig zeigen sich diese Öffentlichkeiten in einer speziellen Gestalt: Sie sind insofern geschlossen nach außen, als sie sich thematisch abdichten und eine Kommunikation befördern, die eher auf Intimität als auf Publizität Hinweise liefert. Plötzlich wird scheinbar alles sagbar; Scham- und Peinlichkeitsgrenzen scheinen zu fallen. Die *eine* Öffentlichkeit der bürgerlichen Welt scheint zu verschwinden und wird – zumindest im Netz – ausgetauscht durch zahlreiche und diverse Publika, deren Kommunikationsstrategie eher privat als politisch, eher affektiv als argumentativ durchdacht angelegt ist. Ich möchte diese Beobachtung, die aus den in diesem Buch versammelten empirischen Materialien herausgearbeitet wurde, abschließend noch einmal strukturieren und zur Diskussion bringen.

5.1 Die zunehmende Überlagerung von Öffentlichkeit mit privaten Praktiken

Es ist insbesondere die schwarmförmige Kommunikation im Netz, die anzeigt, dass es sich bei Öffentlichkeiten im Netz tatsächlich um *Öffentlichkeiten* handelt – und nicht ausschließlich um abgeschlossene Blasen, die allein um sich selber kreisen im Sinne der von Eli Pariser konzipierten Filter Bubble. Pfeffer et al. (2014) arbeiten anhand von Beispielen und einem Literaturüberblick spezifische Dynamiken der Kommunikation auf Social Network Sites heraus – diese beziehen sie vor allen Dingen auf die von ihnen sogenannten *firestorms*; gemeint sind damit Shitstorms. Sie nennen unterschiedliche Kriterien, die einen *firestorm* ausmachen: Die große Geschwindigkeit und das hohe Aufkommen von Kommunikation, die Abwesenheit einer diskursiven Praxis, die Verstrickung und gegenseitige Verstärkung von traditionellen Massenmedien und Online-Medien etc. – entscheidend für die hier zu diskutierende Frage ist, dass Freundeskontakte im Netzwerk zwar einerseits als Filter wirken, die den Informationsfluss auf gewisse Weise restringieren: »[T]he information echoes to a user from different *directions* of his or her social network – creating the impression of everybody talking about the same topics or having the same opinion [...].« (Ebd. S. 122) Gleichzeitig seien diese Freundeskontakte aber selbst auch in neue, eigenständige Netzwerke organisiert, die wiederum Hunderte von Kontakten bündeln: »In contrast, in social media, one can be a *friend* or *follower* of hundreds or even thousands of people. This large number of network neighbors creates a vast amount of communication and of transitive connections that echo and amplify information and opinions.« (Pfeffer et al. 2014, S. 122) Entsprechend bezeichnen Pfeffer et al. den »unrestrained information flow« (ebd.) als ein weiteres wichtiges Kennzeichen von *firestorms*. Dieser Befund wird weiterhin durch eine Studie unterstützt, die die Verstrickungen von traditionellen Massenmedien und Online-Medien untersucht hat. Myers et al. (2012) zeigen demnach das Zusammenspiel dieser beiden Medientypen. Pfeffer et al. nehmen wie folgt auf diese Studie Bezug: »They state that about one-third of the information volume on social media is triggered by ›external events and factors outside the network‹.« (Pfeffer et al. 2014, S. 123) Dies bedeutet, dass die von Pariser angenommene Filter Bubble auch durch die Inhalte herkömmlicher Medien Irritationen erfährt. Im Falle eines Shitstorms scheint diese Irritationsfähigkeit indes begrenzt zu sein. So schlussfolgern Pfeffer et al.: »The filter bubble dominates the *knowledge* step by limiting information that reaches a user, whereas the echo chamber guarantees efficient *persuasion* and *affirmation*.« (Ebd.)

Filter Bubble (Pariser 2012) und Echokammer stellen dabei zwei Konzepte dar, die wiederum auf einen dem Öffentlichkeitsbegriff gegenläufigen Effekt abzielen. Beide Konzepte zielen auf Schließungsbewegungen des Internets, vermittelt über Algorithmen, ab. Nur geringe Variationen und Informationen und Meinungen werden in ihnen sichtbar. Dies führt wiederum zu einer Homogenisierung von Diskursen, was – normativ gesprochen – fatale Konsequenzen nach sich ziehen kann, wie wiederum das Aufkommen von Shitstorms zeigt (Stegbauer 2018). Beide Tendenzen zusammengenommen machen sichtbar, dass es sich bei Sozialformen in Social Network Sites einerseits um Öffentlichkeiten handelt, dass diese aber zugleich derartige Schließungsprozesse erfahren, dass sie eher privatistisch anmuten. Man kann entsprechend von einer intimisierten Öffentlichkeit sprechen, um diese Tendenzen begrifflich auf einen Nenner zu bringen.

5.2 Die Technisierung von Publika im Web 2.0

Der bislang erzielte Befund, dass sich Algorithmen im Sinne medialer Affordanzen in die Generierung von Öffentlichkeiten einschreiben, wurde bereits an dem Konzept der »networked publics« (boyd) veranschaulicht. Tarleton Gillespie spricht hingegen von »calculated publics«, womit er dezidiert auf die Bedeutung von Algorithmen für die Herstellung von Publika eingehen will: »The friction between the ›networked publics‹ forged by users and the ›calculated publics‹ offered by algorithms further complicates the dynamics of networked sociality.« (Gillespie 2017, S. 189) Für ihn stellt sich die Frage, wie Algorithmen selbst dazu beitragen, Öffentlichkeiten zu kuratieren – so etwa, wenn Amazon auf der Grundlage von Online-Einkäufen Produkte anempfiehlt (»costumers like you also bought …«). Gillespie stellt entsprechend einer »editorial logic« (ebd., S. 192) eine »algorithmic logic« (ebd.) an die Seite, wobei sich beide in die Wissensproduktion von Publika gleichermaßen einschreiben.

Auch Armin Nassehi geht von einer Art neuem Strukturgewand aus, wenn er die Bedeutung von Big Data für aktuelle Diskurse beschreibt. Einerseits sei »die Idee bürgerlicher Privatheit seit ihren Anfängen das Ergebnis gesellschaftlicher/staatlicher Kontrollstrategien« (Nassehi 2019, S. 73). Andererseits markiere der Einsatz von Big Data einen Trendwechsel, der sich entscheidend auf über das Internet vermittelte Publika auswirke:

> »Der große Unterschied zu früheren Daten besteht darin, dass hier nun Daten ausgewertet werden, die nicht für den genannten Zweck erhoben wurden. Die Datenspuren stammen aus ganz anderen Zusammenhängen und werden erst im Nachhinein zu Informationen für einen bestimmten Zweck. Aktuelle Big Data sind in der Lage, ganz unterschiedliche Datenquellen miteinander kompatibel zu machen.« (Ebd.)

Die maschinelle Verknüpfung von Daten, die nicht füreinander bestimmt waren, wird hier in den Mittelpunkt der Aufmerksamkeit gerückt.

Ich schließe mich mit meinem Begriffsvorschlag einer intimisierten Öffentlichkeit an diese beiden Konzepte an, allerdings möchte ich dabei gleichermaßen die Warnung von Gillespie aufnehmen: »[W]e must firmly resist putting the technology in the explanatory driver's seat.« (Gillespie 2017, S. 182) Bei aller Notwendigkeit, den bis hierher skizzierten Trendwechsel zu beschreiben und analytisch in den Blick zu nehmen, – es geht hier dezidiert nicht darum, die »Wendung zur Zahl« (Simanowski 2016) bzw. den Wandel zu einem »metrischen Wir« (Mau 2017) zu beklagen und in der Tendenz eher kulturpessimistisch zu begleiten. Vielmehr kann und muss es zumindest aus einer soziologischen Perspektive zunächst einmal um die empirisch-praktische Beschreibung davon gehen, wie sich Publika aktuell herstellen und welche Plausibilitäten hiermit erzeugt werden. Oder, um es vielleicht etwas zugespitzter mit Andreas Reckwitz zu formulieren: »Um die gesellschaftliche Transformation, die sie [die Digitalisierung, Anm. E. W.] bedeutet, zu begreifen, bedarf es [...] mehr als [...] pauschaler Fortschritts- oder Verfallsnarrative.« (Reckwitz 2017, S. 226) Wessen es aber bedarf, ist: Forschung.

5.3 Die ökonomischen Strukturen von Diskursen im Netz

Gleichwohl ich die Macht der (privatwirtschaftlich genutzten) Algorithmen nicht mystifizieren möchte, soll der Hinweis auf die Ökonomisierung der Strukturen der Öffentlichkeitsbildung im Netz hier nicht ausgespart bleiben. Ich habe oben bereits auf Debattenbeiträge innerhalb der Sozialwissenschaften hingewiesen, die diesen Aspekt zum Thema machen. Mit Schlagworten wie »Plattformkapitalismus« (Hill 2017, S. 36), »kybernetischer Kapitalismus« (Schaupp 2016) oder »unternehmerisches Selbst« (Bröckling 2013), »digitaler Peer-to-Peer-Panoptismus« (Kergel 2018) und »Kontrollgesellschaft« (Deleuze 2005) können diese Debattenbeiträge skizzenhaft abgesteckt werden. Worum es hier grundsätzlich geht, ist eine Verschiebung der vormals eher selbstorganisierten Strukturen des Netzes hin zu weitgehend durchökonomisierten Plattformen, die sich in den Händen einiger weniger privatwirtschaftlich arbeitender Unternehmen befinden. Private Userdaten werden im Back-End ausgewertet und für ökonomische oder aber politische Zwecke nutzbar gemacht. Tim Wu (2010) hat hieraus versucht, ein systematisches Argument abzuleiten. In seiner medienhistorischen Analyse der US-amerikanischen Informationsindustrie arbeitet er heraus, wie bereits die neuen Medien des 20. Jahrhunderts, wie etwa das Telefon, Radio, Fernsehen und der Film, zunächst einmal dezentral organisiert waren und sich erst im Laufe der Zeit zu monopolartigen Strukturen verdichtet haben. Nichts anderes hat sich ganz offensichtlich im Falle des Internets ereignet. Dies wird jedenfalls im Rückblick auf die 90er Jahre sichtbar.

Man muss diesen ökonomischen Aspekt tatsächlich ernst nehmen bzw. zumindest zur Kenntnis nehmen – die soziologische Frage ist: Was folgt hieraus für die User von Social Network Sites? Welche Konsequenzen hat dies auf der ›Software-Ebene‹, also am Front-End des Bildschirms? Man könnte die oben erwähnten Begrifflichkeiten und Hinweise zum Anlass nehmen, auf eine »neoliberale Subjektivierung« (Kergel 2018) zu sprechen zu kommen, auf »Start-Ups als Prekasierungstreiber« (ebd.) oder dazu, die Sharing-Praxis im Web 2.0 als Ideologie zu bezeichnen (»Connectivity as Ideology« [van Dijck 2013, S. 172]). Solche Beobachtungen mögen in ökonomischer Hinsicht stimmig sein – und eben deshalb ist es mir auch wichtig, hier darauf zu verweisen. Gleichwohl bleibt festzustellen, dass zumindest auf der Software-Ebene, also am Front-End, eigenständige Probemlösungskonstellationen emergieren, die sich nicht ohne Weiteres auf die Logik des Ökonomischen zurückrechnen lassen. Schließlich, dies sollten die empirischen Anteile der vorliegenden Studie zeigen, bewältigen die Autorinnen des Web 2.0 die appellativen Affordanzen auf ganz eigenständige Weise und im Hinblick auf den jeweiligen Kontext; zudem bleibt festzustellen, dass die Autorinnen, die hier im Sample auftauchten, Facebook in ihre Kommunikationsofferten durchaus miteinkalkulierten. Es sind also einerseits emergente Schreibweisen, die hier sichtbar wurden und die es nach wie vor auch weiterhin forschungspraktisch zu analysieren gilt. Gleichzeitig hat es die soziologische Beobachterin nicht (!) mit »cultural dopes« (Garfinkel 1967, S. 68) zu tun, die nicht wüssten, auf welchen Schreibvorlagen sie sich betätigen. Dass dabei wiederum Dynamiken am Werk sind, die gleichermaßen wieder gut ökonomisch zu vermarkten sind, sei nicht verhohlen. Als eine »nicht intendierte Nebenfolge« des Netzwerks beschreiben Niklas Barth und Martin Stempfhuber etwa, wie die Schreibfigur eines Sekretärs durch die Nutzung von Facebook generiert wird. Sie erklären: »Entgegen gängiger Kulturkritiken, die im Liken nur eine verflachte oder vermachtete Form kommunikativer Praxis entdecken, zeigt sich mit Blick auf die mediale Ökologie des Netzwerks, dass die Praktiken des Likens immer auch eine sekretärische Arbeit am Selbst darstellen können. Im täglichen Registrieren, Inventarisieren, Archivieren, Verwalten und Ordnen von Freundeslisten, Kommentaren, Fotos und Likes zeigt sich dabei die Buchführung moderner Subjekte.« (Barth/Stempfhuber 2017, S. 45)

5.4 Die Bedeutung von Affekten

Bilder und Filme, Texte und Töne werden im Netz 2.0 so kommuniziert, dass sie eher Affekte als Kognition hervorrufen. Hierauf hat unter anderem Andreas Reckwitz hingewiesen: »Seine zirkulierenden Bestandteile erregen, unterhalten, stimmen freudig, entspannen, hetzen auf oder bewirken, dass man sich angenehm aufgehoben fühlt.« (Reckwitz 2017, S. 234) Das Internet ist »zu erheblichen Teilen eine *Affektmaschine*« (ebd.). Diese Affektmaschine neigt Reckwitz zufolge zu Extremen: »Im Internet herrscht eine *digitale Affektkultur der Extreme.*« (Ebd., S. 270) Der phatischen Kommunikation nach innen entspreche eine Indifferenz oder gar »ein Freund-Feind-Denken nach außen« (ebd., S. 269). Man kann diesen Befund, der in der jüngeren Vergangenheit immer wieder aufgegriffen worden ist (siehe oben), noch einmal an das Konzept des Postmarxismus zurückbinden, wie es vor allen Dingen in den Arbeiten von Chantal Mouffe verhandelt worden ist.

Chantal Mouffe hat bekanntlich dem Konsensmodell liberaler Demokratiekonzepte (Habermas) ein konflikthaftes, kämpferisches Modell von agonistisch aufeinander bezogenen, in Äquivalenzketten organisierten Gruppierungen gegenübergestellt. Sie gewinnt dieses Modell in Auseinandersetzung mit dem Begriff des Politischen von Carl Schmitt, unterscheidet dabei aber den Schmitt'schen unüberwindbaren, antagonistischen Gegensatz zwischen Freund und Feind von einem agonistischen Verhältnis: Einerseits bestehe zwar ein grundsätzlich antagonistisches Verhältnis, wenn es um das Politische gehe – die Auflösung des Kampfes um hegemoniale Ordnungen wird sich niemals einstellen; stets wird bei der Bezeichnung einer hegemonialen Ordnung eine Differenz erzeugt, ein Außen, das die Einheit der Hegemonie immer wieder aufs Neue infrage stellen kann: »Die Freund/Feind-Unterscheidung zielt auf eine Negation ab, die nicht dialektisch überwunden werden kann.« (Mouffe 2014, S. 199) Andererseits aber kann sich der Kampf um das Politische auch als agonistischer zeigen: Hier hat man es »nicht mit einer Freund/Feind-Beziehung zu tun [...], sondern mit Gegnern, die auch die Legitimität der gegnerischen Forderungen anerkennen« (ebd., S. 200). Worauf Mouffe hinaus möchte, ist ein »konflikthafter Konsens« (ebd.): »Sie [die Gegner, Anm. E. W.] stimmen über die grundsätzlichen ethischen und politischen Prinzipien überein, die ihre politische Gemeinschaft ausmachen, widersprechen sich aber im Hinblick auf deren inhaltliche Auslegung.« (Ebd.) Was hieraus folgt, ist nicht nur die Vereinbarkeit von einem grundsätzlich unüberwindbaren Antagonismus mit dem Konzept einer pluralistisch demokratischen Ordnung. Was hieraus weiterhin folgt, ist die Vereinbarkeit eines agonistischen Kampfes mit demokratischen Ordnungen, oder, um es mit Chantal Mouffe zu formulieren: »[...] dass solch ein Kampf genau das ist, was eine pluralistische, demokratische Politik ausmacht« (ebd.).

Dieser Kampf ist nun nicht nur ein rein kognitiv-rationalistisch geführter – vielmehr geht es um »Leidenschaften« (ebd. S. 201), um »Affekte« (Mouffe 2018, S. 84) – auch hiermit grenzt sich Chantal Mouffe von Habermas' Modell einer deliberativen Demokratie ab: »Will man der Entstehung eines kollektiven Willens Vorschub leisten, der auf die Radikalisierung der Demokratie abzielt, so muss man affektive Energie mobilisieren, indem man diskursive Praktiken etabliert, die eine Identifikation mit einer demokratischen, egalitären Vision hervorbringen.« (Mouffe 2018, S. 87) Es ist just jener affektive Zug, der in Social Network Sites zumindest mit unterstützt wird. Zu glauben, diese affektive Komponente würde nun zu einem Projekt beitragen wie dem des von Chantal Mouffe favorisierten einer »radikalen Demokratie«, muss indes enttäuscht werden. In der jüngeren Vergangenheit ist es eher rechtspopulistischen Strömungen gelungen, die Affektgeladenheit von Öffentlichkeiten im Netz für sich nutzbar zu machen. Offenbar gelingt es rechtspopulistischen Strömungen weitaus besser als »linkspopulistischen« (ebd.) Gruppierungen, Äquivalenzketten im Netz zu bilden. Diese sind aber notwendig, um ein gegenhegemoniales Projekt diskursiv wirksam werden zu lassen.

Man kann an den aktuellen öffentlichen und durchaus affektgeladenen Debatten vielleicht noch mehr sehen. Sichtbar wird sicherlich das, was Chantal Mouffe als »populistisches Moment« (ebd., S. 92) bezeichnet hat: »Dieser ist Ausdruck der Widerstände gegen die postdemokratischen Zustände, die dreißig Jahre neoliberale Hegemonie hinterlassen haben.« (Ebd.) Die aktuellen Protestbewegungen gegen die vermeintliche ›Lügenpresse‹ eines etablierten, bürgerlichen Journalismus sowie die Bedeutungszunahmen rechtsgerichteter, populistischer Parteien und Gruppierungen in den USA, Brasilien und Europa zeigen aber auch, dass das bisherige agonistische Demokratiemodell aufzubrechen und sich in eine Politik der unüberwindbaren, antagonistischen Gegensätze zu verwandeln droht. Was sich derzeit an politischen Artikulationen findet, sind immer wieder auch solche, die den Konsens liberaler, pluralistischer Demokratien infrage zu stellen scheinen. Es würde nun zu weit führen, die Genese dieser Artikulationen allein den neueren Aufschreibesystemen des Web 2.0 anzulasten – ökonomische Ungleichheiten, gepaart mit Rassismen, scheinen hier in erster Linie am Werk zu sein. Dennoch: Die medialen Aufschreibesysteme des Web 2.0 machen diese Artikulationen sichtbar, stellen sie auf Dauer und befördern damit eine alternative Wirkmächtigkeit stärker, als wenn diese allein am Stammtisch oder im Hinterzimmer geäußert würden. Gleichzeitig scheinen sich zumindest rechtspopulistische Kreise das Moment der Intimisierung von Diskursen im Netz zunutze zu machen, wenn etwa Verschwörungstheorien und Fake News eine bislang nicht geahnte Aufmerksamkeit erlangen. Der Ausbildung rechtspopulistischer Äquivalenzketten scheinen Filterblasen und Echokammern im Netz also eher zuzuarbeiten als ihnen entgegenzuwirken.

V. Schluss: Digitale Publika – zwischen Abschottung und Vernetzung

Die vorliegende Studie hat sich sehr stark abgearbeitet an einem bürgerlichen Öffentlichkeitsmodell, das Jürgen Habermas einmal prominent in den Sozialwissenschaften etablieren konnte. Sie hat versucht, einen empirischen Blick auf die über neuartigere mediale Aufschreibesysteme vermittelten Publika vor diesem Hintergrund in den Blick zu nehmen. Weil Habermas' Arbeiten für diese hier vorgenommene Argumentation eine solch große Rolle eingenommen haben, sei zum Schluss noch einmal auf seine Positionierung der Öffentlichkeiten im Netz rekuriert – sozusagen: um den Kreis zu schließen.

Es ist inzwischen mehr als zehn Jahre her, dass Jürgen Habermas vor der Zersplitterung der einen bürgerlichen Öffentlichkeit durch das Internet gewarnt hat. Einerseits scheint »Internetkommunikation die Schwächen des anonymen und asymmetrischen Charakters der Massenkommunikation auszugleichen, indem es den Wiedereinzug interaktiver und deliberativer Elemente in einen unreglementierten Austausch zwischen Partnern zulässt, die virtuell, aber auf gleicher Augenhöhe miteinander kommunizieren« (Habermas 2008, S. 161). Andererseits wird diesen von Habermas als positiv eingestuften Tendenzen insofern entgegengearbeitet, als das Netz zur Fragmentierung jenes Diskursraumes führt, den die bürgerliche Gesellschaft einmal aufeinander beziehen konnte: die bürgerliche Öffentlichkeit. So argumentiert Habermas weiter: »Hier (im Internet, Anm. E. W.) fördert die Entstehung von Millionen von weltweit zerstreuten *chat rooms* und weltweit vernetzten *issue publics* eher die Fragmentierung jenes großen, in politische Öffentlichkeiten jedoch gleichzeitig auf gleiche Fragestellungen zentrierten Massenpublikums. Dieses Publikum zerfällt im virtuellen Raum in eine riesige Anzahl von zersplitterten, durch Spezialinteressen zusammengehaltenen Zufallsgruppen. Auf diese Weise scheinen die bestehenden nationalen Öffentlichkeiten eher unterminiert zu werden.« (Ebd. S. 161f.) Und in der Tat: Auch mehr als zehn Jahre nach dieser Zeitdiagnose scheint diese ihre Gültigkeit und Beobachterschärfe nicht eingebüßt zu haben. Andreas Reckwitz' Konzept »partikularer Neogemeinschaften« (Reckwitz 2018, S. 264f.; 394ff. und 429ff.) in einer »Gesellschaft der Singularitäten« könnte man etwa hieran anschließen. Er geht von einer Diversifizierung unterschiedlicher Teilöffentlichkeiten aus, die sich gegeneinander abschotten, wenn er schreibt:

> »Nicht zuletzt angetrieben durch die Entwicklung der digitalen Medien, verlagert sich die politische Debatte in autonome Teilöffentlichkeiten. Die diversen politischen Tendenzen des Kulturessenzialismus – von den religiösen Fundamentalismen über die Subpolitik der Ethnizität bis hin zum nationalen Populismus – tragen zusätzlich zu dieser Parzellierung bei; kulturelle Neogemeinschaften entziehen ihre Essenzialisierungen der politischen Debatte und erklären sich selbst für sakrosankt.« (Ebd. S. 434f.)

Hatten über Massenmedien vermittelte Öffentlichkeiten in der klassischen Moderne noch die Aufgabe, eine sozialintegrative Funktion für die Gesellschaft herzustellen, scheint diese Aufgabe nun mehr bedroht:

> »Die Parzellierung der politischen Öffentlichkeit in diverse Communities, auch das Erstarken der insbesondere ethnischen und religiösen Partikularismen des Kulturessenzialismus sowie der partielle Rückzug des Staates können [...] als Ausdruck eines Verschwindens des Allgemeinen aus der Politik interpretiert werden.« (Ebd. S. 436)

Gesamtgesellschaftliche Kommunikationsformen scheinen sich dieser Zeitdiagnose zufolge aufzulösen. Die hier vorgenommene Argumentation folgt dieser Zeitdiagnose einerseits – andererseits stellt sie indes fest, dass sich trotz aller Zersplitterung, Diversifizierung und Fragmentierung von der *einen* bürgerlichen Öffentlichkeit doch auch noch so etwas wie gemeinsame Bezugsprobleme herstellen lassen. Dies wird im digitalen Netz allein durch mediale Affordanzen wie Hashtags, das Teilen und das Kopieren von Inhalten technisch ermöglicht. Die Filter Bubble der intimisierten Öffentlichkeiten erweist sich zwar einerseits als geschlossen und algorithmisch gesteuert verdichtet – andererseits können durchaus auch Außeneinwirkungen und Irritationen beobachtet werden. Wäre dies nicht der Fall, käme die Filter

Bubble letztlich irgendwann zum Stillstand. Nicht zuletzt wird sichtbar, dass herkömmliche, bürgerliche Medien durchaus immer wieder auf die Inhalte aus dem Web 2.0 Bezug nehmen – etwa dann, wenn ein YouTube-Video als Beleg für eine Nachricht gilt, wenn Tweets und Facebook-Postings in Fernseh- und Radionachrichten als Kommentare zitiert werden. Ganz so abgeschlossen, wie die Literatur es darstellt, erweisen sich die Filterblasen des digitalen Netzes also womöglich doch nicht. Entsprechend schlägt die hier vorgenommene Studie trotz aller Intimisierungstendenzen vor, den Gegenbegriff der Öffentlichkeit aufrechtzuerhalten, wenn es um die Beschreibung von Sozialformen im Netz geht.

Neben der Diskussion um Abschottung und Vernetzung von Publika im Netz lässt sich noch ein weiterer Aspekt beobachten, der die Netzkommunikation ausmacht – und der auf der politischen Agenda zu erheblichen Selbstbegründungsformen bislang etablierter Praktiken der Öffentlichkeitserzeugung geführt hat. Was immer wieder in der Diskussion um die Kommunikation im Netz angemerkt worden ist, ist das Aufbrechen von Asymmetrien hinsichtlich der Erzeugung von Öffentlichkeit. Habermas hat dies in den oben zitierten Textauszügen typisch formuliert: Das Internet galt stets als Garant für mehr Partizipation und damit mehr Demokratie. Die Hoffnung, dass mehr Partizipation zu mehr Demokratie im Sinne einer liberal organisierten Gesellschaft führt, wird allerdings inzwischen von einem Gegendiskurs überschattet, der aus beobachtbarer Hasskommunikation, rechtspopulistischen Strömungen, Fake News und dem Verweis auf die sogenannte ›Lügenpresse‹ seine Lehren gezogen hat. Begreift man Demokratie nicht nur als ein Mehr an Partizipation, sondern auch als Minderheitenschutz, so transportiert die Internetkommunikation heutzutage oftmals auch Inhalte, die dieser politischen Organisationsform eher entgegenzulaufen scheinen. Der vermeintlich kritische Pöbel, der herkömmlichen bürgerlich-liberalen Journalismus als ›Lügenpresse‹ tituliert, macht dann womöglich genau dies sichtbar: Netzkommunikation führt tatsächlich zum Abbau von Asymmetrien – aber nicht unbedingt zur Herstellung von Demokratie im Sinne einer – normativ formuliert – *guten* Gesellschaft.

Die hier vorgenommene Argumentation hat zunächst auf Schreibprozesse aufmerksam gemacht, mit Hilfe derer Publika im Netz aktiv hergestellt werden. Sie hat weiterhin auf mediale Rahmungen und Affordanzen hingewiesen, die eine spezifische Art der Rede zumindest wahrscheinlicher werden lassen. Was hieraus entsteht, ist eine Kommunikation, die insoweit intimisiert ist als sie sich leicht emotionalisieren lässt, was dann wiederum (auch) als Hass im Netz beobachtbar wird. Der weiterhin erfolgte Hinweis auf Öffentlichkeiten resp. die Einführung des Öffentlichkeitsbegriffs sollte dann einerseits zeigen, dass Publika im Netz zwar fragmentiert sind und durchaus im Sinne einer Filter Blase operieren – gleichzeitig soll der Begriff der Öffentlichkeiten aber auch zeigen, dass diese Filter Blasen durchaus vernetzt sind, aufeinander Bezug nehmen können und nicht berührungslos nebeneinander her existieren. Vor dem Hintergrund eines bürgerlichen Öffentlichkeitsmodells muss diese Gemengelage seltsam anmuten: der sachliche Argumentationsstil scheint einer emotionalen Kommunikation zu weichen; die *eine* Öffentlichkeit wird fragmentiert und in Teilen zumindest zersetzt. Mein Begriffsvorschlag zur Beschreibung dieser Phänomene soll einen kleinen Beitrag dazu leisten, diese soziale Praxis von Publika zumindest soziologisch einfangen und fassen zu können.

Literatur

Acquisti, Alessandro/Gross, Ralph (2006): »Imagined Communities. Awareness, Information Sharing, and Privacy on the Facebook«, Conference Paper, präsentiert auf dem Workshop über Privacy Enhancing Technologies, Cambridge, 28–30 Juni 2006. Online: https://www.heinz.cmu.edu/~acquisti/papers/acquisti-gross-facebook-privacy-PET-final.pdf vom 11.01.2019.

Adamek, Sascha (2011): Die facebook-Falle: Wie das soziale Netzwerk unser Leben verkauft. Wilhelm Heyne Verlag. München.

Adorno, Theodor W. (1953): »Prolog zum Fernsehen«, in: Michael Grisko (Hg.): Texte zur Theorie und Geschichte des Fernsehens. Stuttgart: Reclam, S. 52–66.

Al Hasib, Abdullah (2009): »Threats of Online Social Networks«, International Journal of Computer Science and Network Security 9 (11), S. 288–293.

Albrechtslund, Anders (2008): »Online Social Networking as Participatory Surveillance«, First Monday 13 (3). Online: http://firstmonday.org/htbin/cgiwrap/bin/ojs/index.php/fm/article/view/2142/1949 vom 11.01.2019.

Altheide, David L. (2004): »The Control Narrative of the Internet«, Symbolic Interaction 27 (2), S. 223–245. Online: https://doi.org/10.1525/si.2004.27.2.223.

Althusser, Louis (1977): *Ideologie und ideologische Staatsapparate. Aufsätze zur marxistischen Theorie.* Hamburg/Berlin: VSA.

Ang, Ien (1985): *Watching Dallas. Soap Opera and the Melodramatic Imagination.* London/New York: Methuen.

Assmann, Jan (1995): »Text und Kommentar. Einführung«, in: Ders./Burkhard Gladigow (Hg.): Text und Kommentar. Archäologie der literarischen Kommunikation IV. München: Fink, S. 9–34.

Astheimer, Jörg (2010): »Doku-Glamour. (Semi-)Professionelle Nightlife-Fotografie und ihre Inszenierungen«, in: Klaus Neumann-Braun/Jörg Astheimer (Hg.): Doku-Glamour im Web 2.0. Party-Portale und ihre Bilderwelten. Baden-Baden: Nomos, S. 163–186. Online: https://doi.org/10.5771/978 3845221250-163.

Austin, John L. (1985): *Zur Theorie der Sprechakte*. Stuttgart: Reclam.

Awan, Imran (2016): »Islamophobia on Social Media. A Qualitative Analysis of the Facebook's Walls of Hate«, International Journal of Cyber Criminology 10 (1), S. 1–20.

Baecker, Dirk (2007a): *Studien zur nächsten Gesellschaft*. Frankfurt a. M.: Suhrkamp.

Baecker, Dirk (2007b): *Wozu Gesellschaft?* Berlin: Suhrkamp.

Baecker, Dirk (2000): »Ernste Kommunikation«, in: Karl Heinz Bohrer (Hg.): Sprachen der Ironie – Sprachen des Ernstes. Frankfurt a. M.: Suhrkamp, S. 389–403.

Bakardjiva, Maria/Smith, Richard (2001): »The Internet in Everyday Life. Computer Networking from the Standpoint of the Domestic User«, New Media & Society 3 (1), S. 67–83. Online: https://doi.org/10.1177/146144480100 3001005.

Barlow, Aaron (2008): *Blogging America. The New Public Sphere*. New York: Greenwood.

Barlow, Aaron (2007): *The Rise of the Blogosphere*. New York: Greenwood.

Barthes, Roland (1968/2000): »Der Tod des Autors«, in: Fotis Jannidis et al. (Hg.): Texte zur Theorie der Autorschaft. Stuttgart: Reclam, S. 185–197.

Barth, Niklas/Stempfhuber, Martin (2017): »Alltagssekretäre. Facebooks Like-Button und die Praktiken der Ordnung«, Österreichische Zeitschrift für Soziologie 42 (1), S. 45–64. Online: https://doi.org/10.1007/s11614-017-0253-y.

Barth, Niklas/Wagner, Elke (2017): »Die unendliche Liste. Facebooks Kneipengespräche«, POP-Zeitschrift. Kultur und Kritik, 2/2017, Online: www.pop-zeitschrift.de/2017/02/19/social-media-februarvon-niklas-barthelke-wagner19-2-2017/ vom 11.01.2019.

Barth, Niklas/Wagner, Elke (2019): »Die schrille Polyphonie aufrichtiger Meinungen. Zur Medialität der Netzwerkmoral«, in: Stefan Joller/Maria Stanisavljevic (Hg.): Moralische Kollektive. Wiesbaden: VS. (Im Erscheinen).

Baudelaire, Charles (1859/1989): »Der Salon von 1859«, in: Ders.: Sämtliche Werke/Briefe, Bd. 5 (Aufsätze zu Literatur und Kunst 1857–1860), hg. von Friedhelm Kemp et al. München: Carl Hanser, S. 127–212.

Bauerlein, Mark (2011) (Hg.): *The Digital Divide*. New York: Penguin, Random House.

Baym, Nancy/Markham, Annette N. (2009): »Introduction. Making Smart Choices on Shifting Ground«, in: Dies. (Hg.): Internet Inquiry. Conversations about method. Los Angeles: Sage.

Baym, Nancy (1997): »Vom Heimatdorf zum Großstadtdschungel«, in: Udo Thiedeke (Hg.): Virtuelle Gruppen. Charakteristika und Problemdimensionen. Wiesbaden: VS, S. 292–312.

Belknap, Robert E. (2004): *The List. The Uses and Pleasures of Cataloguing*. New Haven/London: Yale, University Press. Online: https://doi.org/10.12987/yale/9780300103830.001.0001.

Beniger, James (1987): »Personalization of Mass Media and the Growth of Pseudo-Community«, Communication Research 14 (3), S. 352–371. Online: https://doi.org/10.1177/009365087014003005.

Benjamin, Walter (1935/1974): »Das Kunstwerk im Zeitalter seiner technischen Reproduzierbarkeit«, in: Ders.: Illuminationen. Ausgewählte Schriften I. Frankfurt a. M.: Suhrkamp, S. 136–169.

Benkler, Yochai (2006): *The Wealth of Networks. How Social Production Transforms Markets and Freedom*. New Haven: Yale University Press.

Bergmann, Jörg R. (2003): »Konversationsanalyse«, in: Uwe Flick et al. (Hg): Qualitative Forschung. Ein Handbuch. Stuttgart: Rowohlt, S. 524–537.

Bernard, Andreas (2018): *Das Diktat des #hashtags. Über ein Prinzip der aktuellen Debattenbildung*. Frankfurt a. M.: Fischer.

Bohman, James (2004): »Expanding Dialogue. The Internet, the Public Sphere and Prospects of Transnational Democracy«, in: Nick Crossley (Hg.): After Habermas. New Perspectives on the Public Sphere. Oxford: Blackwell, S. 131–155.

Bohrer, Karl Heinz (2000): »Sprachen der Ironie – Sprachen des Ernstes: Das Problem«, in: Ders. (Hg.): Sprachen der Ironie – Sprachen des Ernstes. Frankfurt a. M.: Suhrkamp, S. 11–35.

Bolter, Jay David (1991): Writing Space. The Computer, Hypertext, and the History of Writing, Hillsdale: Routledge.

Bossler, Adam M./Holt, Thomas J./May, David C. (2012): »Predicting online harassment: Victimization among a Juvenile population«, Youth & Society 44, S. 500–523. Online: https://doi.org/10.1177/0044118X11407525.

Bourdieu, Pierre (1996): *On Television*. New York: New Press.

Boie, Johannes (2016): »Wie Facebook Menschen zum Schweigen bringt«, Süddeutsche Zeitung, www.sueddeutsche.de/digital/zensur-in-sozialenmedien-wie-facebook-menschen-zum-schweigen-bringt-1.3130204 vom 11.01.2019.

boyd, danah (2006): »Facebook's Privacy ›Trainwreck‹. Exposure, Invasion, and Drama.« Convergence. The International Journal of Research into New Media Technologies 14 (1), S. 13–20.

boyd, danah (2010): »Social Network Sites as Networked Publics. Affordances, Dynamics, and Implications«, in: Zizi Papacharissi (Hg.): Networked Self. Identity, Community, and Culture on Social Network Sites. New York: Routledge, S. 39–58.

boyd, danah/Ellison, Nicole B. (2008): »Social Network Sites. Definition, History, and Scholarship«, Journal of Computer-Mediated Communication 13, S. 210–230.

Brecht, Bertolt (1932/2000): »Der Rundfunk als Kommunikationsapparat«, in: Lorenz Engell et al. (Hg.): Kursbuch Medienkultur. Die maßgeblichen Theorien von Brecht bis Baudrillard. Stuttgart: DVA, S. 259–263.

Breckner, Roswitha (2012): »Bildwahrnehmung – Bildinterpretation. Segmentanalyse als methodischer Zugang zur Erschließung bildlichen Sinns«, Österreichische Zeitschrift für Soziologie 37, S. 143–164. Online: https://doi.org/10.1007/s11614-012-0026-6.

Brill, Andreas (1997): »Paradoxe Kommunikation im Netz. Zwischen Virtueller Gemeinschaft, Cyberspace und Virtuellen Gruppen«, in: Udo Thiedeke (Hg.): Virtuelle Gruppen. Charakteristika und Problemdimensionen. Wiesbaden: VS, S. 94–112.

Bröckling, Ulrich (2013): *Das unternehmerische Selbst. Soziologie einer Subjektivierungsform*. Frankfurt a. M.: Suhrkamp.

Brühl, Jannis (2018): »Die Kälte der Algorithmen zeigt sich nach einer Stillgeburt«, Süddeutsche Zeitung, 12.12.2018. Online: https://www.sueddeutsche.de/digital/facebook-instagram-werbung-fehlgeburt-stillgeburt-anzeigen-1.4250009?fbclid=IwAR25AVN2myUrn5NVA7Y6ufnFKCgtHHh9b9vRZ32-RKRFNoIq9bFVqYy_BvU (Abrufdatum 16.12.2018) vom 12.01.2019.

Brückner, Fabian/Wolff, Stephan (2014): »Die Listen der Organisation – und der Blick zwischen die Zeilen«, in: Victoria v. Groddeck/Sylvia Wilz (Hg.): Formalität und Informalität in Organisationen. Wiesbaden: VS, S. 341–370.

Bublitz, Hannelore (2010): *Im Beichtstuhl der Medien. Die Produktion des Selbst im öffentlichen Bekenntnis*. Bielefeld: transcript. Online: https://doi.org/10.14361/transcript.9783839413715.

Burkell, Jacquelyn/Frotier, Alexandre (2014): »Facebook: public space, or private space?«, Information, Communication & Society 17 (8), S. 974–985. Online: https://doi.org/10.1080/1369118X.2013.870591.

Butler, Judith (2009): *Die Macht der Geschlechternormen und die Grenzen des Menschlichen*. Frankfurt a. M.: Suhrkamp.

Butler, Judith (2006): *Hass spricht. Zur Politik des Performativen*. Frankfurt a. M.: Suhrkamp.

Butler, Judith (1993): »Für ein sorgfältiges Lesen«, in: Seyla Benhabib et al. (Hg.): Der Streit um Differenz. Feminismus und Postmoderne in der Gegenwart. Frankfurt a. M.: S. Fischer, S. 122–132.

Buzzfeed (2018): »Das sind 8 der erfolgreichsten Falschmeldungen auf Facebook 2018«, online: https://www.buzzfeed.com/de/karstenschmehl/falschmeldungen-facebook-2018-fakes-luegen-fake-news vom 12.01.2019.

Carr, Nicholas (2010): Wer bin ich, wenn ich online bin ...: und was macht mein Gehirn solange? – Wie das Internet unser Denken verändert. Karl Blessing Verlag. München.

Citron, Danielle Keats & Norton, Helen (2011): »Intermediaries and Hate speech. Fostering Digital Citizenship for Our Information Age«, Boston University Law Review 91 (4), S. 1435–1484.

Crawford, Kate (2016): »What is a flag for? Social media reporting tools and the vocabulary of complaint«, New Media and Society 18 (3), S. 410–428. Online: https://doi.org/10.1177/1461444814543163.

Dean, Jodi (2010): »Affective Networks«, Media Tropes eJournal 2 (2), S. 19–44.

Debatin, Bernhard et al. (2009): »Facebook and Online Privacy. Attitudes, Behaviors, and Unintended Consequence«, Journal of Computer-Mediated Communication 15 (1), S. 83–108. Online: https://doi.org/10.1111/j.1083-6101.2009.01494.x.

Deleuze, Gilles (2005): »Postskriptum über die Kontrollgesellschaften«, in: Helmut Breit et al. (Hg.): Kontrollgesellschaft und Schule. Insbruck: Studienverlag, S. 7–14.

Derrida, Jacques (2001/2004): »Signatur Ereignis Kontext«, in: Ders.: Die différance. Ausgewählte Texte. Stuttgart: Reclam, S. 68–109.

Derks, Daantje et al. (2007): »Emoticons and social in-teraction on the Internet: the importance of social context«, Computers in Human Behavior 23 (1), S. 842–849. Online: https://doi.org/10.1016/j.chb.2004.11.013.

Detering, Sebastian (2008): »Virtual Communities«, in: Ronald Hitzler et al. (Hg.): Posttraditionale Gemeinschaften. Theoretische und ethnografische Erkundungen. Wiesbaden: VS, S. 115–131.

Dolata, Ulrich/Schrape, Jan-Felix (2014): »Kollektives Handeln im Internet. Eine akteurtheoretische Fundierung«, Berliner Journal für Soziologie 24, S. 5–30. Online: https://doi.org/10.1007/s11609-014-0242-y.

Donath, Judith/boyd, danah (2007): »Public Displays of Connection«, BT Technology Journal 22 (4), S. 71–82.

Douglas, Mary (1998): »Ritual, Reinheit und Gefährdung«, in: Andréa Belliger/ David J. Krieger (Hg.): Ritualtheorien. Ein einführendes Handbuch. Wiesbaden: VS, S. 77–96. Online: https://doi.org/10.1007/978-3-322-95615-6_4.

Duffy, Margaret E. (2003): »Web of Hate: A Fantasy Theme Analysis of the Rhetorical Vision of Hate Groups Online«, Journal of Communication Inquiry 27 (3), S. 291–312. Online: https://doi.org/10.1177/0196859903252850.

Dwyer, Catherine/Hiltz, Starr Roxanne/Passerini, Katia (2007): »Trust and Privacy Concern Within Social Networking Sites: A Comparison of Facebook and MySpace«, Proceedings of the Thirteenth Americas Conference of Information Systems, Keystone, Colorado, 9–12 August 2007. Online: http://csis.pace.edu/~dwyer/research/DwyerAMCIS2007.pdf vom 11.01.2019.

Eco, Umberto (2011): *Die unendliche Liste*. München: dtv.

Ernst, Wolfgang (1988): »(In)Differenz: Zur Extase der Originalität im Zeitalter der Fotokopie«, in: Hans Ulrich Gumbrecht/Ludwig K. Pfeiffer (Hg.): Materialität der Kommunikation. Frankfurt a. M.: Suhrkamp, S. 498–518.

Fehrmann, Gisela et al. (2004): Originalkopie. Praktiken des Sekundären. Köln: DuMont.

Fernback, Jan (2007): »Beyond the diluted community concept: a symbolic interactionist perspective on online social relations«, New Media & Society, 9 (1), S. 49–69. Online: https://doi.org/10.1177/1461444807072417.

Feyerabend, Karl (1914): »Die siebente Kunst?«, Neue Preußische (Kreuz-)Zeitung 181 vom 19.4.1914, 2. Beilage.

Foucault, Michel (1976): *Überwachen und Strafen. Die Geburt des Gefängnisses*. Frankfurt a. M.: Suhrkamp.

Foucault, Michel (1969/2000): »Was ist ein Autor?«, in Fotis Jannidis et al. (Hg.): Texte zur Theorie der Autorschaft. Stuttgart: Reclam, S. 198–232.

Fiske, John (2000): *Lesarten des Populären*. Cultural Studies Band 1. Wien: Turia + Kant.

Fiske, John (1987): *Television Culture*. London: Routledge.

Flowers, Stephen (2008): »Harnessing the hackers: the emergence and exploitation of Outlaw Innovation«, Research Policy 37, S. 177–193. Online: https://doi.org/10.1016/j.respol.2007.10.006.

Friedman, Lawrence (2007): *Guarding Life's Dark Secrets: Legal and Social Controls over Reputation, Propriety and Privacy*. Stanford: Stanford University Press.

Forte, Maximilian (2005): »Centring the Links: Understanding Cybernetic Patterns of Co-production, Circulation and Consumption«, in: Christine Hine (Hg.): Virtual Methods. Issues in Social Research on the Internet. Oxford: Berg, S. 93–108.

Foxman, Abraham H./Wolf, Christopher (2013): *Viral Hate: Containing Its Spread on the Internet*. London: Palgrave Macmillan.

Fournier, Susan/Lee, Lara (2009): »Getting Brand Communities Right«, Harvard Business Review 87, S. 105–111.

Garfinkel, Harold (1967). *Studies in ethnomethodology*. Englewood Cliffs, NJ: Prentice Hall.

Geertz, Clifford (1983): *Dichte Beschreibung. Beiträge zum Verstehen kultureller Systeme*. Frankfurt a. M.: Suhrkamp.

Gerhards, Jürgen (1988): *Soziologie der Emotionen. Fragestellungen, Systematik und Perspekti-ven*. Weinheim/München: Juventa.

Gillespie, Tarleton (2017): »The Relevance of Algorithm«, in: Ders. et al. (Hg.): Media Technologies, Cambridge MA: MIT Press, S. 167–194.

Glanz, Berit (2018): »Rhetorik des Hashtags«, Pop-Zeitschrift. Kultur und Kritik 12/2018. Online: www.pop-zeitschrift.de/2018/09/18/social-media-september-von-berit-glanz/ vom 11.01.2019.

Glaser, Barney/Strauss, Anselm (1967): *The Discovery of Grounded Theory: Strategies for Qualitative Research*. New Brunswick/London: Taylor & Francis, S. 1–43.

Gluckmann, Max (Hg.) (1964): *Closed Systems and Open Minds: The Limits of Naivety in Anthropology*. London: Oliver & Boyd.

Goethe, Johann Wolfgang (1809/1956): Die Wahlverwandschaften. Stuttgart: Reclam.

Goethe, Johann Wolfgang (1988): Briefe. Bd. 1: Briefe der Jahre 1764–1786, Hamburg: Wegener.

Grampp, Sven/Wiebel, Eva (2008): »Revolution in Permanenz. Die Erfindung des Buchdrucks als Gründungsfigur der Neuzeit«, in: Sven Grampp et al. (Hg.): Revolutionsmedien – Medienrevolutionen. Konstanz: UVK, S. 95–123.

Gregg, Melissa (2011): *Work's intimacy*. Cambridge: Polity.

Haas, Peter (1992): »Epistemic communities and international policy coordination«, International Organization 46, S. 1–35. Online: https://doi.org/10.1017/S0020818300001442.

Habeck, Robert (2019): »bye bye twitter und Facebook«, online: https://www.robert-habeck.de/texte/blog/bye-bye-twitter-und-facebook/ vom 12.01.2019.

Habermas, Jürgen (2008): *Ach, Europa*. Kleine politische Schriften XI. Frankfurt a. M.: Suhrkamp.

Habermas, Jürgen (1983): *Moralbewusstsein und kommunikatives Handeln*. Frankfurt a. M.: Suhrkamp.

Hahn, Alois (2000): *Konstruktionen des Selbst, der Welt und der Geschichte*. Frankfurt a. M.: Suhrkamp.

Hall, Stuart (1980): »Encoding/decoding«, in: Ders.: Culture, Media, Language. Working Papers Cultural Studies 1972–79. London: Hutchinson, S. 128–138.

Hamdy, Naila/Gomaa, Ehab H. (2012): »Framing the Egyptian Uprising in Arabic Language Newspapers and Social Media«, Journal of Communication 62, S. 195–211. Online: https://doi.org/10.1111/j.1460-2466.2012.01637.x.

Hebekus, Uwe/Völker, Jan (2012): *Neue Philosophien des Politischen zur Einführung*. Hamburg: junius.

Heintz, Bettina (2010): »Numerische Differenz. Überlegungen zu einer Soziologie des (quantitativen) Vergleichs«, Zeitschrift für Soziologie 39 (3), Juni 2010, S. 162–181.

Heintz, Bettina (1997): »Gemeinschaft ohne Nähe?«, in: Udo Thiedeke (Hg.): Virtuelle Gruppen. Charakteristika und Problemdimensionen. Wiesbaden: VS, S. 188–218. Online: https://doi.org/10.1515/zfsoz-2010-0301.

Hill, Steven (2017): Die Start-up Illusion. Wie die Internet-Ökonomie unseren Sozialstaat ruiniert. München: Knaur.

Hine, Christine (2009): »How Can Qualitative Internet Researchers Define the Boundaries of Their Projects?«, in: Nancy K. Baym/Annette N. Markham (Hg.): Internet Inquiry. Conversations about Method. Los Angeles: Sage, S. 1–20. Online: https://doi.org/10.4135/9781483329086.n1.

Hine, Christine (2005): »Virtual Methods and the Sociology of Cyber-Social-Scientific Knowledge«, in: Dies. (Hg.): Virtual Methods. Issues in Social Research on the Internet. Oxford: Berg, S. 1–16.

Hine, Christine (2000): *Virtual Ethnography*. London: Sage. Online: https://doi.org/10.4135/9780857020277.

Hirschauer, Stefan (2001): »Ethnografisches Schreiben und die Schweigsamkeit des Sozialen. Zu einer Methodologie der Beschreibung«, Zeitschrift für Soziologie 30 (6), S. 429–451. Online: https://doi.org/10.1515/zfsoz-2001-0602.

Hoever, André (2012): »Individualität und die Voreinstellungen des Positiven – Ein Essay über den Erfolg von Facebook«, kommunikation@gesellschaft 13. Online: https://www.ssoar.info/ssoar/bitstream/handle/document/28269/B2_2012_Hoever.pdf vom 11.01.2019.

Holzer, Boris (2006): *Netzwerke*. Bielefeld: transcript.

Houghton, David/Joinsen, Adam (2010): »Privacy, Social Network Sites, and Social Relations«, Journal of Technology and Human Services 28 (1-2), S. 74–94. Online: https://doi.org/10.1080/15228831003770775.

Howard, Philip N./Parks, Malcolm R. (2012): »Social Media and Political Change: Capacity, Constraint, and Consequence«, Journal of Communication 62, S. 359–362. Online: https://doi.org/10.1111/j.1460-2466.2012.01626.x.

Hutchby, Ian/Tanna, Vanita (2008): »Aspects of sequential organization in text message exchange«, Discourse & Communication 2, S. 143–164. Online: https://doi.org/10.1177/1750481307088481.

Ifukor, Presley (2010): »›Elections‹ or ›Selections‹? Blogging and Twittering the Nigerian 2007 General Elections«, Bulletin of Science Technology & Society 30, S. 398–414. Online: https://doi.org/10.1177/0270467610380008.

Illouz, Eva (2011): *Warum Liebe weh tut*. Berlin: Suhrkamp.

Imhof, Kurt (2015): »Demokratisierung durch Social Media?«, in: Ders. et al. (Hg.): Demokratisierung durch Social Media? Mediensymposium 2012. Wiesbaden: Springer, S. 15–26. Online: https://link.springer.com/chapter/10.1007/978-3-658-10140-4_2.

Innis, Harold A. (1950/1997): Kreuzwege der Kommunikation. Wien/New York: Springer.

Jäger, Ludwig (2012): »Bezugnahmepraktiken. Skizze zur operativen Logik der Mediensemantik«, in: Ders. et al. (Hg.): Medienbewegungen. Praktiken der Bezugnahme. München: Fink, S. 13–42.

Jankowski, Nicholas W. (2002): »Creating Community with Media: History, Theories and Scientific Investigations«, in: Leah A. Lievrouw/Sonia Livingstone (Hg.): Handbook of New Media. London: Sage, S. 34–49. Online: https://doi.org/10.4135/9781848608245.n4.

Joinson, Adam N. (2005): »Internet Behaviour and the Design of Virtual Methods«, in: Christine Hine (Hg.): Virtual Methods. Issues in Social Research on the Internet. Oxford: Berg, S. 21–34.

Junker, Klaus/Stähli, Adrian (2008): *Original und Kopie*. Wiesbaden: Reichert.
Kalthoff, Herbert (2006): »Beobachtung und Ethnographie«, in: Ruth Ayaß/ Jörg Bergmann (Hg): Qualitative Methoden der Medienforschung. Hamburg: Rowohlt, S. 146–182.
Kalthoff, Herbert (2003): »Beobachtende Differenz. Instrumente der ethnografisch-soziologischen Forschung«, Zeitschrift für Soziologie 32 (1), S. 70–90. Online: https://doi.org/10.1515/zfsoz-2003-0104.
Kant, Immanuel (1784/1999): *Was ist Aufklärung?* Hamburg: Meiner.
Karatzogianni, Athina & Kuntsman, Adi (2012): Digital Cultures and the Politics of Emotion: Feelings, Affect and Technological Change. London: Palgrave Macmilian. Online: https://doi.org/10.1057/9780230391345.
Keipi, Matti Näsi et al. (2017): Online Hate and Harmful Content. Cross-national perspectives. London/New York: Routledge.
Kirkpatrick, David (2010): *The Facebook Effect: The Inside Story of the Company That Is Connecting the World*. New York: Simon & Schuster.
Kittler, Friedrich (1986): *Grammophon, Film Typewriter*. Berlin: Brinkmann & Bose.
Kivits, Joelle (2005): »Online Interviewing and the Research Relationship«, in: Hine, Christine (Hg.): Virtual Methods. Issues in Social Research on the Internet. Oxford: Berg, S. 35–49.
Knoblauch, Hubert (2008): »Kommunikationsgemeinschaften. Überlegungen zur kommunikativen Konstruktion einer Sozialform«, in: Ronald Hitzler et al. (Hg.): Posttraditionale Gemeinschaften. Theoretische und ethnografische Erkundungen. Wiesbaden: VS, S. 73–88.
Koch, Christoph (2010): Ich bin dann mal offline: Ein Selbstversuch. Leben ohne Internet und Handy. Blanvalet Verlag, München.
Kolesch, Doris/Lehmann, Annette Jael (2002): »Zwischen Szene und Schauraum – Bildinszenierungen als Orte performativer Wirklichkeitskonstitution«, in: Uwe Wirth (Hg.): Performanz. Zwischen Sprachphilosophie und Kulturwissenschaften. Frankfurt a. M.: Suhrkamp, S. 347–365.
Kollock, Peter/Smith, Marc A. (1999) (Hg.): Communities in Cyberspace. London: Routlege.
Koschorke, Albrecht (2012): *Wahrheit und Erfindung. Grundzüge einer Allgemeinen Erzähltheorie*. Frankfurt a. M.: Fischer.
Koschorke, A. (1999): *Körperströme und Schriftverkehr. Mediologie des 18. Jahrhunderts*. München: Fink.

Kracauer, Siegfried (1960): *Theory of Film. The Redemption of Physical Reality.* Oxford: University Press.

Kracauer, Siegfried (1963): *Das Ornament der Masse.* Essays. Frankfurt a. M.: Suhrkamp.

Krämer, Sybille (2008): *Medium, Bote, Übertragung. Kleine Metaphysik der Medialität.* Frankfurt a. M.: Suhrkamp.

Krämer, Sybille (2002): »Sprache – Stimme – Schrift: Sieben Gedanken über Performativität als Medialität«, in: Uwe Wirth (Hg.): Performanz. Zwischen Sprachphilosophie und Kulturwissenschaften. Frankfurt a. M.: Suhrkamp, S. 323–346.

Krotz, Friedrich/Hepp, Andreas (2012): *Mediatisierte Welten. Forschungsfelder und Beschreibungsansätze.* Wiesbaden: Springer VS. Online: https://doi.org/10.1007/978-3-531-94332-9.

Krotz, Friedrich (2008): »Posttraditionale Vergemeinschaftung und mediatisierte Kommunikation. Zum Zusammenhang von sozialem, medialem und kommunikativem Wandel«, in: Ronald Hitzler et al. (Hg.): Posttraditionale Gemeinschaften. Theoretische und ethnografische Erkundungen. Wiesbaden: VS, S. 151–169.

Kümmel, Albrecht, et al. (Hg.) (2004): *Einführung in die Geschichte der Medien.* München: UTB.

Laclau, Ernesto (1996): *Emanzipation und Differenz.* Wien: Turia + Kant.

Lange, Patricia (2007): »Publicly Private and Privately Public: Social networking on Youtube«, Journal of Computer-Mediated Communication 13 (1), S. 361–380. Online: https://doi.org/10.1111/j.1083-6101.2007.00400.x.

Langer, Susanne K. (1979/1965): *Philosophie auf neuem Wege. Das Symbol im Denken, im Ritus und in der Kunst.* Frankfurt a. M.: Suhrkamp.

Leistert, Oliver/Röhle, Thomas (Hg.): *Generation Facebook. Über das Leben im Social Web.* Bielefeld: transcript.

Lenhart, Amanda/Madden, Mary (2007): »Teens, Privacy and Online Social Networks: How Teens Manage Their Online Identities and Personal Information in the Age of My-Space«, Washington DC: Pew Internet & American Life Project. Online: www.pewinternet.org/2007/04/18/teens-privacy-and-online-social-networks/ vom 11.01.2019.

Lenk, Carsten (1997): *Die Erscheinung des Rundfunks. Einführung und Nutzung eines neuen Mediums 1923-1932.* Opladen: Westdeutscher Verlag, S. 208–252.

Lepsius, M. Rainer (1964): »Kritik als Beruf. Zur Sozioloige der Intellektuellen«, Kölner Zeitschrift für Soziologie und Sozialpsychologie 16, S. 75–91.

Leschke, Rainer (2008): »Vom Eigensinn der Medienrevolutionen. Zur Rolle der Revolutionsrhetorik in der Medientheorie«, in: Sven Grampp et al. (Hg.): Revolutionsmedien – Medienrevolutionen. Konstanz: UVK, 143–169.

Leukfeldt, Eric Rutger (2014): »Phishing for Suitable Targets in the Netherlands: Routine Activity theory and Phishing Victimization«, Cyberpsychology, Behavior, and Social Networking 17, S. 551–555. Online: https://doi.org/10.1089/cyber.2014.0008.

Leukfeldt, Eric Rutger & Yar, Majid (2016): »Applying Routine Activity Theory to Cybercrime: A Theoretical and Empirical Analysis«, Deviants Behavior 37, S. 263–280. Online: https://doi.org/10.1080/01639625.2015.1012409.

Licoppe, Christian/Smoreda, Zbingiew (2005): »Are social networks technologically embedded?«, Social Networks 27 (4), S. 317–335. Online: https://doi.org/10.1016/j.socnet.2004.11.001.

Lim, Merlyna (2012): »Clicks, Cabs, and Coffee Houses: Social Media and Oppositional Movements in Egypt 2004–2011«, Journal of Communication 62, S. 231–248. Online: https://doi.org/10.1111/j.1460-2466.2012.01628.x.

Liu, Hugo (2007): »Social Network Profiles as Taste Performances«, Journal of Computer-Me-diated Communication 13 (1), S. 252–275. Online: https://doi.org/10.1111/j.1083-6101.2007.00395.x.

Livingstone, Sonia et al. (2011): »Risks and Safety on the Internet: The Perspective of European Children. Full findings of EU Kids Online«. London: LSE. Online: www.lse.ac.uk/media@lse/research/EUKidsOnline/EU Kids II (2009-11)/EUKidsOnlineIIReports/D4FullFindings.pdf vom 11.01.2019.

Lotman, Juri (1974/1985): *Aufsätze zur Theorie und Methodologie der Literatur und Kunst*. Kronberg: Scriptor.

Luhmann, Niklas (2000): *Die Politik der Gesellschaft*. Frankfurt a. M.: Suhrkamp.

Luhmann, Niklas (1997): *Die Gesellschaft der Gesellschaft*. Frankfurt a. M.: Suhrkamp.

Luhmann, Niklas (1996): *Die Realität der Massenmedien*. Wiesbaden: VS. Online: https://doi.org/10.1007/978-3-663-01103-3.

Luhmann, Niklas (1978/2008): *Die Moral der Gesellschaft*. Frankfurt a. M.: Suhrkamp, S. 56–162.

Luhmann, Niklas (1975/2005): »Veränderungen im System gesellschaftlicher Kommunikation und die Massenmedien«, in: Ders.: Soziologische Aufklärung 3. Soziales System, Gesellschaft, Organisation. Wiesbaden: VS, S. 355–369.

Markham, Annette (2005): »The Methods, Politics, and Ethics of Representation in Online Ethnography«, in: Norman Denzin/Yvonna Lincoln (Hg.): The SAGE Handbook of Qualitative Research. Thousand Oaks, CA: Sage, S. 793–820.

Marwick, Annette (2008): »To Catch a Predator? The MySpace Moral Panic«, First Monday 13 (6). Online: https://firstmonday.org/ojs/index.php/fm/article/view/2152/1966 vom 11.01.2019.

Marwick, Annette/boyd, danah (2011): »I tweet henstly, I tweet passionately: Twitter users, context collapse, and the imagined audience«, New Media and Society 13 (1), S. 114–133.

Malinowski, Bronislaw (2006/1923): »On Phatic Communion«, in: Adam Jaworski/Nikolas Coupland (Hg.): The Discourse Reader. London: Routledge, S. 296–298.

McLuhan, Marshall (1962/1995): Die Gutenberg-Galaxis. Das Ende des Buchzeitalters. Bonn/Paris: Reading.

Mead, George Herbert (1926/1983): »Das Wesen der ästhetischen Erfahrung«, in: Ders.: Gesammelte Aufsätze, Bd. 2, hg. von Hans Joas. Frankfurt a. M.: Suhrkamp, S. 347–362.

Miller, Daniel (2011): *Tales from Facebook*. Cambridge: Polity.

Milne, Etsther (2010): *Letters, Postcards, Emails. Technologies of Presence*. London: Routlege.

Morley, David (2007): *Media, Modernity and Technology. The Geography of the New*. London: Routledge.

Morozov, Evgeny (2011): *The Net Delusion. How Not to Liberate the World*. London: Penguin.

Mouffe, Chantal (2018): *Für einen linken Populismus*. Berlin: Suhrkamp.

Mouffe, Chantal (2014): *Agonistik. Die Welt politisch denken*. Berlin: Suhrkamp.

Münch, Richard/Schmidt, Jan (2005): »Medien und sozialer Wandel«, in: Michael Jäckel (Hg.): Mediensoziologie. Grundlagen und Forschungsfelder. Wiesbaden: VS, S. 201–218. Online: https://doi.org/10.1007/978-3-322-80675-8_13.

Münker, Stefan (2009): *Emergenz digitaler Öffentlichkeiten. Die sozialen Medien im Web 2.0*. Frankfurt a. M.: Suhrkamp.

Nardi, Bonnie (2005): »Beyond Bandwidth: Dimensions of Connection in Interpersonal Communication«, in: Comput Supported Coop Work 14, 91–130.

Nassehi, Armin (2014): »Die Zurichtung des Privaten. Gibt es analoge Privatheit in einer digitalen Welt? «, in: Martin Stempfhuber/Elke Wagner (Hg.): Praktiken der Überwachten. Wiesbaden: VS, S. 63–77.

Nassehi, Armin (2006): Der soziologische Diskurs der Moderne. Frankfurt a. M.: Suhrkamp.

Nassehi, Armin (1994): »Die Form der Biographie. Theoretische Überlegungen zur Biographieforschung in methodologischer Absicht«, BIOS. Zeitschrift für Biographieforschung und Oral History 1, S. 46–63.

Näsi, Matti et al. (2015): »Cybercrime victimization among young people: A multinational study«, Journal of Scandinavian Studies in Criminology and Crime Prevention 16 (2), S. 203–210. Online: https://doi.org/10.1080/14043858.2015.1046640.

Nasi, Matti et al. (2015): »Exposure to online hate material and social trust among Finnish youth«, Information, Technology and People 28, S. 607–622. Online: https://doi.org/10.1108/ITP-09-2014-0198

Navarro, Jordana N. & Jasinski, Jana L. (2012): »Going cyber: Using routine activities theory to predict cyberbullying experiences«, Sociological Spectrum 32, S. 81–94. Online: https://doi.org/10.1080/02732173.2012.628560.

Neumann-Braun, Klaus/Astheimer Jörg (2010): *Doku-Glamour im Web 2.0. Party-Portale und ihre Bilderwelten*. Baden-Baden: Nomos.

Nisbet, Erik C./Stoycheff, Elizabeth/Pearce, Katy E. (2012): »Internet Use and Democratic Demands: A Multinational, Multilevel Model of Internet Use and Citizen Attitudes About Democracy«, Journal of Communication 62, S. 249–265. Online: https://doi.org/10.1111/j.1460-2466.2012.01627.x.

Orgad, Shani (2009): »How Can Researchers Make Sense of the Issues Involved in Collecting and Interpreting Online and Offline Data?«, in: Nancy K. Baym/Annette N. Markham (Hg.): Internet Inquiry. Conversations about Method. Los Angeles: Sage. Online: https://doi.org/10.4135.

Palmgren, Ann-Charlotte (2011): »Fat Talk: Constructing the Body through Eating Disorders Online among Swedish Girls«, in: Elza Dunkels et al. (Hg.): Youth Culture and Net Culture. Online Social Practices. Hershey: IGI Global, S. 64–82. Online: https://doi.org/10.4018/978-1-60960-209-3.ch004.

Papacharissi, Zizi (2015): *Affective Publics. Sentiment, Technology and Politics*. Oxford: Oxford University Press.

Pfeffer, Jürgen et al. (2014): »Understanding online firestorms: Negative word-of-mouth dynamics in social media networks«, Journal of Marketing Communications 20 (1-2), S. 117–128. Online: https://doi.org/10.1080/13527266.2013.797778.

Postill, John (2008): »Localizing the internet beyond communities and networks«, New Media & Society 10 (3), S. 413–431. Online: https://doi.org/10.1177/1461444808089416.

Postman, Neil (1985): *Wir amüsieren uns zu Tode. Urteilsbildung im Zeitalter der Unterhaltungsindustrie*. Frankfurt a. M.: Fischer.

Rammert, Werner (1989): »Wie das Telefon in unseren Alltag kam… – Kulturelle Bedingungen einer technischen Innovation und ihrer gesellschaftlichen Verbreitung«, Hessische Blätter für Volks- und Kulturforschung. Sonderband Telefonieren 28, 77–90.

Raynes-Goldie, Kate (2010): »Aliases, Creeping, and Wall Cleaning. Understanding Privacy in the Age of Facebook«, First Monday 15 (1). Online: https://firstmonday.org/article/viewArticle/2775/2432 vom 11.01.2019.

O'Reilly, Tim (2005): »What Is Web 2.0. Design Patterns and Business Models for the Next Generation of Software«. Online: www.oreillynet.com/pub/a/oreilly/tim/news/2005/09/30/what-is-web-20.html vom 11.01.2019.

Reckwitz, Andreas (2017): *Die Gesellschaft der Singularitäten*. Berlin: Suhrkamp.

Reckwitz, Andreas (2006): »Ernesto Laclau. Diskurse, Hegemonien, Antagonismen«, in: Stephan Moebius/Dirk Quadflieg (Hg.): Kultur. Theorien der Gegenwart. Wiesbaden: Springer, S. 339–349. Online: https://doi.org/10.1007/978-3-531-90017-9_27.

Reichert, Ramón (2008): *Amateure im Netz. Selbstmanagement und Wissenstechnik im Web 2.0. Bielefeld*: transcript.

Reinecke, Leonard/Trepte, Sabine (2008): »Privatssphäre 2.0: Konzepte von Privatheit, Intimsphäre und Werten im Umgang mit user-generated-content«, in: Ansgar Zerfass et al. (Hg.): Kommunikation, Partizipation und Wirkungen im Social Web, Band 1. Köln: Halem, S. 205–228.

Requate, Jörg (1995): *Journalismus als Beruf. Entstehung und Entwicklung des Journalistenberufs im 19. Jahrhundert*. Göttingen: Vandenhoeck & Ruprecht.

Reuter, Markus (2017): *Hate-Speech-Gesetz: Geteilte Reaktionen auf den Entwurf des Justizminister*. Online: https://netzpolitik.org/2017/hate-speech-gesetz-geteilte-reaktionen-auf-den-entwurf-des-justizministers/ vom 11.01.2019.

Reyns, Bradford W. (2015): »A routine activity perspective on online victimisation: Results from the Canadian General Social Survey«, Journal of Financial Crime 22, S. 396–411. Online: https://doi.org/10.1108/JFC-06-2014-0030.

Reyns, Bradford W. et al. (2011): »Being pursued online: Applying cyberlife-style-routine activities theory to cyberstalking victimization«, Criminal Justice and Behavior 38, S. 1149–1169. Online: https://doi.org/10.1177/0093854811421448.

Rheingold, Howard (2002): *Smart Mobs. The Next Social Revolution*. Cambridge: Basic Books.

Rheingold, Howard (2000): *The Virtual Community: Homesteading on the Electronic Frontier*. London: MIT Press.

Rheingold, Howard (1994): *Virtuelle Gemeinschaft. Soziale Beziehungen im Zeitalter des Computers*. Bonn/Paris et al.: Addison-Wesley. Online: https://doi.org/10.7551/mitpress/7105.001.0001.

Richard, Birgit et al. (Hg.) (2010): *Flickernde Jugend – rauschende Bilder. Netzkulturen im Web 2.0*. Frankfurt a. M.: Campus.

Rorty, Richard (1989): *Kontingenz, Ironie und Solidarität*. Frankfurt a. M.: Suhrkamp. Online: https://doi.org/10.1017/CBO9780511804397.

Ruchatz, Jens (2004): »Das Telefon – Ein sprechender Telegraf«, in: Albert Kümmel et al. (Hg.): Einführung in die Geschichte der Medien. Paderborn: UTB, S. 125–150.

Rutter, Jason/Smith, Gregory (2005): »Ethnographic presence in a nebulous setting«, in: Christine Hine (Hg.): Virtual methods: Issues in social research on the Internet. Oxford: Berg, S. 81–92.

Saake, Irmhild/Nassehi, Armin (2004): »Die Kulturalisierung der Ethik. Eine zeitdiagnostische Anwendung des Luhmannschen Kulturbegriffs«, in: Günter Burkart/Gunter Runkel (Hg.): Luhmann und die Kulturtheorie. Frankfurt a. M.: Suhrkamp, S. 102–135.

Saake, Irmhild (2005): »Selbstbeschreibungen als Weltbeschreibungen«, Sociologica Internationalis 43 (1-2), S. 99–139.

Saake, Irmhild/Maier, Veronika (2010): »Gefühlte Kritik: Casting Shows als Visualisierung des moralischen Diskurses«, Soziale Systeme 16 (1), S. 177–202. Online: https://doi.org/10.1515/sosys-2010-0109.

Sanders, Teela (2005): »Researching the Online Sex Work Community«, in: Christine Hine (Hg.): Virtual Methods: Issues in Social Research on the Internet. Oxford: Berg, S. 67–79.

Schandorf, Michael (2012): »Mediated gesture: Paralinguistic communication and phatic text«, Convergence: The International Journal of Research into New Media Technologies 19 (3), S. 319–344. Online: https://doi.org/10.1177/1354856512439501.

Schütte, Christian (2014): »Zur Funktion von Hass-Zuschreibungen in Online-Diskussionen: Argumentationsstrategien auf islamkritischen Websites«, in: Jörg Meibauer (Hg.): Hassrede/Hate Speech. Interdisziplinäre Beiträge zu einer aktuellen Diskussion. Gießen: Gießener Elektronische Bibliothek (= Linguistische Untersuchungen 6), S. 121–142.

Schweinitz, Jörg (1992): *Prolog vor dem Film. Nachdenken über ein neues Medium 1909-1914*. Leipzig: Reclam.

Schaupp, Simon (2016): »Wir nennen es flexible Selbstkontrolle. Self-Tracking als Selbsttechnologie des kybernetischen Kapitalismus«, in: Stefanie Duttweiler et al. (Hg.): Leben nach Zahlen. Self-Tracking als Optimierungsprojekt. Bielefeld: transcript, S. 63–86.

Scheve von, Christian (2009): *Emotionen und soziale Strukturen. Die affektiven Grundlagen sozialer Ordnung*. Frankfurt a. M./New York: Campus.

Sennett, Richard (2002): *Verfall und Ende des öffentlichen Lebens. Die Tyrannei der Intimität*. Frankfurt a. M.: Fischer.

Shaw, Frances (2016): »›Bitch I said Hi‹: The Bye Felipe Campaing and Discoursive Activism in Mobile Dating Apps«, Social Media + Society, 2 (4), S. 1–10.

Siegmund, Gerald (2011): »›Un-Fug‹: Gespenster und das Wahrnehmungsdispositiv des Theaters«, in: Ders./Petra Bolte-Picker (Hg.): Subjekt. Theater – Beiträge zur analytischen Theatralität, Festschrift für Helga Finter zum 65. Geburtstag. Frankfurt a. M.: Peter Lang, S. 31–45.

Simmel, Georg (1908/1992): *Soziologie. Untersuchungen über die Formen der Vergesellschaftung*. Frankfurt a. M.: Suhrkamp.

Slevin, James (2000): *The Internet and Society*. Malden, MA: Polity Press.

Solove, Daniel J. (2007): *The Future of Reputation: Gossip, Rumor and Privacy on the Internet*. Yale: Yale University Press.

Spiegel Online (2017): »Löschung von Hayali-Kommentar – Facebook entschuldigt sich«. Online: www.spiegel.de/kultur/gesellschaft/dunja-hayali-facebook-entschuldigt-sich-fuer-loeschung-des-kommentars-a-1161964.html, vom 11.01.2019.

Stäheli, Urs (2011): »Das Soziale als Liste. Zur Epistemologie der ANT«, in: Friedrich Balke et al. (Hg.): Die Wiederkehr der Dinge. Berlin: Kadmos, S. 83–102.

Stäheli, Urs (2009): »Übersteigerte Nachahmung – Tardes Massentheorie«, in: Ders./Christian Borch (Hg.): Soziologie der Nachahmung und des Begehrens. Frankfurt/a. M.: Suhrkamp, S. 397–416.

Stäheli, Urs (2000): »Die Kontingenz des Globalen Populären«, Soziale Systeme 6, S. 85–110.

Stegbauer, Christian (2018): *Shitstorms. Der Zusammenprall digitaler Kulturen.* Wiesbaden: Springer.

Stempfhuber, Martin/Wagner, Elke (Hg.) (2018): *Praktiken der Überwachten. Öffentlichkeit und Privatheit im Web 2.0.* Wiesbaden: Springer.

Strahilevitz, Lior (2008): »Reputation Nation. Law in an Era of Ubiquitous Personal Information«, Northwestern University Law Review 102 (4), S. 1668–1736.

Strübing, Jörg (2008): *Grounded Theory. Zur sozialtheoretischen und epistemologischen Fundierung des Verfahrens der empirisch begründeten Theoriebildung.* Wiesbaden: Springer.

Thacker, Eugene (2009): »Netzwerke – Schwärme – Multitudes«, in: Eva Horn/Lucas Marco Gisi (Hg.): Schwärme. Kollektive ohne Zentrum. Bielefeld: transcript, S. 27–68.

Thiedeke, Udo (1997): »Virtuelle Gruppen«, in: Ders. (Hg.): Virtuelle Gruppen. Charakteristika und Problemdimensionen. Wiesbaden: VS, S. 23–73.

Tufekci, Zeynep/Wilson, Christopher (2012): »Social Media and the Decision to Participate in Political Protest. Observations from Tahrir Square«, in: Journal of Communication 62, S. 363–379. Online: https://doi.org/10.1111/j.1460-2466.2012.01629.x.

Turkle, Sherry (1995): *Life on the Screen. Identity in the Age of the Internet.* New York: Simon & Schuster.

Turkle, Sherry (2012): *Alone Together. Why We Expect More from Technology and Less from Each Other.* New York: Basic Books.

Tynes, Brendesha (2006): »Children, Adolescents, and the Culture of Hate Online«, in: Nancy Dowd et al. (Hg.): Handbook of Children, Culture, and Violence. New York: Sage, S. 267–289.

Van Dijck, José (2012): »Facbook as a Tool for Producing Sociality and Connectivity«, Television & New Media 13 (2), S. 160–176. Online: https://doi.org/10.1177/1527476411415291.

Van Dijck, José (2013): *The Culture of Connectivity. A Critical History of Social Media.* New York: Oxford University Press. Online: https://doi.org/10.1093/acprof:oso/9780199970773.001.0001.

van Wilsem, Johan (2011): »Worlds tied together? Online and non-domestic routine activities and their impact on digital and traditional threat victimization«, European Journal of Criminology 8, S. 115–127. Online: https://doi.org/10.1177/1477370810393156.

van Wilsem, Johan (2013): »Hacking and harassment. Do they have something in common? Comparing risk factors fo online victimization«, Journal of Contemporary Criminal Justice 29, S. 437–453. Online: https://doi.org/10.1177/1043986213507402.

Villa, Paula-Irene (2012): *Judith Butler. Eine Einführung*. Frankfurt a. M./New York: Campus.

Waldron, Jeremy (2012): *The Harm in the Hate Speech*. Cambridge, MA: Harvard University Press. Online: https://doi.org/10.4159/harvard.9780674065086.

Wagner, Elke (2012): »Unsichtbare Medien? Zur Genese und therapeutischen Funktion von Mediendebatten«, in: Simone Brühl/Jakob Christoph Heller (Hg.): Re: Medium. Standortbestimmungen zwischen Medialität und Mediatisierung. Marburg: Tectum (Kleine Mainzer Schriften zur Theaterwissenschaft), S. 197–216.

Wagner, Elke (2014a): *Mediensoziologie*. Stuttgart: UTB.

Wagner, Elke (2014b): »Intimate Publics 2.0«, in: Kornelia Hahn (Hg): E<3Motion. Intimität der Medienkultur. Wiesbaden: Springer, S. 125–149. Online: https://doi.org/10.1007/978-3-658-02732-2_8.

Wagner, Elke (2018): »Intimisierte Öffentlichkeiten. Zur Erzeugung von Publika auf Facebook«, in: Dies./Martin Stempfhuber (Hg.): Praktiken der Überwachten. Öffentlichkeit und Privatheit im Web 2.0. Wiesbaden: Springer, S. 243–266.

Wagner, Elke/Barth, Niklas (2016): »Die Medialität der Liste. Digitale Infrastrukturen der Kommunikation«, in: Herbert Kalthoff et al. (Hg.): Materialität. Herausforderungen für die Sozial- und Kulturwissenschaften. München: Fink, S. 343–358.

Wagner, Elke/Schweyer, Christian/Wiestler, Dinah (2016): »Internetforschung als Methode und Befund«, in: Ronald Hitzler et al. (Hg.): Old School – New School? Zur Frage der Optimierung ethnographischer Datengenerierung. Essen: Oldib, S. 427–440.

Walther, Joseph B./Kyle, P. D'Addario (2001): »The Impacts of Emoticons on Message Interpretation in Computer-Mediated Communication«, Social Science Computer Review 19 (3), S. 324–347.

Watson, Nessim (1997): »Why We Argue about Virtual Community. A Case Study of the Phish.Net Fan Community«, in: Steven Jones (Hg.): Virtual

Culture. Identity and Communication in Cybersociety. London et al.: Sage, S. 102–132.

Weber, Max (1919/1988): »Politik als Beruf. Vortrag«, in: Ders.: Gesammelte Politische Schriften, hg. v. Johannes Winckelmann. Tübingen: UTB, Mohr Siebeck, S. 505–560.

Welther, Tilman (2000): Medienrevolutionen und Redereflexe. Die Etablierung neuer Medien im Spiegel ihrer Diskurse. München: GRIN.

Wellman, Barry (1997): »Die elektronische Gruppe als soziales Netzwerk«, in: Udo Thiedeke (Hg.): Virtuelle Gruppen. Charakteristika und Problemdimensionen. Wiesbaden: VS, S. 23–73.

Wenger, Etienne (1998): Communities of Practice. Learning, Meaning and Identity. Cambridge: Cambridge University Press. Online: https://doi.org/10.1017/CBO9780511803932.

Woodmansee, Martha (1992/2000): »Der Autor-Effekt. Zur Wiederherstellung von Kollektivität«, in: Fotis Jannidis et al. (Hg.): Texte zur Theorie der Autorschaft. Stuttgart: Reclam, S. 298–314.

Wu, Tim (2010): *The Master Switch. The Rise and Fall of Information Empires*. New York: Vintage.

Soziologie

Juliane Karakayali, Bernd Kasparek (Hg.)
movements.
Journal for Critical Migration and Border Regime Studies
Jg. 4, Heft 2/2018

Februar 2019, 246 S., kart.
24,99 €(DE), 978-3-8376-4474-6

Sybille Bauriedl, Anke Strüver (Hg.)
Smart City –
Kritische Perspektiven auf die Digitalisierung in Städten

2018, 364 S., kart.
29,99 € (DE), 978-3-8376-4336-7
E-Book: 26,99 € (DE), ISBN 978-3-8394-4336-1
EPUB: 26,99 € (DE), ISBN 978-3-7328-4336-7

Weert Canzler, Andreas Knie, Lisa Ruhrort, Christian Scherf
Erloschene Liebe?
Das Auto in der Verkehrswende
Soziologische Deutungen

2018, 174 S., kart., zahlr. Abb.
19,99 € (DE), 978-3-8376-4568-2
E-Book: 17,99 € (DE), ISBN 978-3-8394-4568-6
EPUB: 17,99 € (DE), ISBN 978-3-7328-4568-2

Leseproben, weitere Informationen und Bestellmöglichkeiten finden Sie unter www.transcript-verlag.de